高职高专"十二五"规划教材
21世纪高职高专能力本位型系列规划教材·物流管理系列

仓储与配送管理

（第2版）

主　编　吉　亮
副主编　钟茂林　唐少艺
参　编　姚建凤　张洪营
　　　　张中华　李凤燕

内容简介

本书基于仓储与配送管理的工作流程，紧密结合仓储与配送管理活动的实际要求，系统介绍了仓储与配送管理的基础知识。全书共12章：第1章至第4章是仓储部分，第5章至第7章是配送部分，第8章至第12章是仓储与配送综合部分。本书内容选材恰当，知识涵盖面广，编写思路清晰，具有很强的适用性和操作性。

本书可作为高职院校物流管理及相关专业的教材，也可作为物流企业相关人员的培训教材和参考用书。

图书在版编目(CIP)数据

仓储与配送管理/吉亮主编. —2版. —北京：北京大学出版社，2014.9
(21世纪高职高专能力本位型系列规划教材·物流管理系列)
ISBN 978-7-301-24598-9

Ⅰ. ①仓… Ⅱ. ①吉… Ⅲ. ①仓库管理—高等职业教育—教材②物资配送—物资管理—高等职业教育—教材 Ⅳ. ①F253

中国版本图书馆CIP数据核字(2014)第176459号

书　　　名：	仓储与配送管理(第2版)
著作责任者：	吉　亮　主编
责 任 编 辑：	蔡华兵
标 准 书 号：	ISBN 978-7-301-24598-9/F·4007
出 版 发 行：	北京大学出版社
地　　　址：	北京市海淀区成府路205号　100871
网　　　址：	http://www.pup.cn　新浪官方微博:@北京大学出版社
电 子 信 箱：	pup_6@163.com
电　　　话：	邮购部 62752015　发行部 62750672　编辑部 62750667　出版部 62754962
印　刷　者：	北京鑫海金澳胶印有限公司
经　销　者：	新华书店
	787毫米×1092毫米　16开本　18印张　420千字
	2010年5月第1版
	2014年9月第2版　2018年8月第4次印刷（总第8次印刷）
定　　　价：	36.00元

未经许可，不得以任何方式复制或抄袭本书之部分或全部内容。
版权所有，侵权必究
举报电话：010-62752024　电子信箱：fd@pup.pku.edu.cn

前言

随着经济全球化的发展,现代物流业已经成为各国国民经济新的经济增长点。发达国家的实践经验表明,现代物流对地区经济的发展有极大的促进作用。加快发展现代物流业,是我国应对经济全球化的迫切需要,对于提高我国经济运行质量和效益,优化资源配置,改善投资环境,增强综合国力和企业竞争力具有重要意义。

作为现代物流体系中重要环节之一的仓储与配送,在企业中的作用显得越来越重要。仓储与配送活动是商品流通乃至社会再生产过程中不可缺少的,如何提高仓储与配送工作效率,降低仓储与配送成本,从根本上提高物流管理水平,是每个企业都必须面对和解决的问题。

随着现代物流的发展和我国市场经济的深化,现代仓储和配送管理的地位都发生了深刻的变化,其在企业经营、政府监管、提高经济运行质量和优化资源配置等方面发挥的作用越来越大,仓储和配送独立运行的局面也将逐步发生转变,向仓储和配送整合一体化的方向发展。

关于本课程

"仓储与配送管理"是一门综合性很强的学科,又是一种复杂的、需要运用多种技能与方法的专项活动。因此,其教学过程必须理论联系实际,结合岗位需求,充分体现能力本位的思想,注重基础理论知识与实践能力的培养,将围绕学生专业技能培养的实训教学贯穿于教学过程。

本课程是物流管理专业的一门专业核心课程,其功能在于培养学生具有仓储经营管理能力、仓储设施设备操作能力、仓库保管作业能力、配送流程操作能力等多种岗位职业能力,达到本专业应具备岗位职业能力的要求,培养其分析问题与解决问题的能力、仓储与配送岗位职业能力、职业道德素养及可持续发展能力。

本课程的设计思路是以就业为导向,通过对物流管理专业所涵盖的岗位群进行工作任务和职业能力分析,并以此为依据确定本课程的工作任务和课程内容。根据仓储与配送岗位所涉及的工作内容,分解成若干教学活动,在仓储与配送教学中加深对专业知识、技能的理解和应用,培养学生的综合职业能力和可持续发展能力。整个课程内容以够用为度,培养模式主要以校企合作、工学结合、工作过程系统化、项目课程人才培养模式为重要切入点。

关于本书

本书按照项目导向、任务驱动等人才培养模式的改革导向和教学过程中"基本理论、基础知识够用为度"的改革重点的要求,结合当前市场经济发展的前沿问题编写。针对高职高专学生的学习特点,本书每个模块都围绕职业能力目标来设计任务,组织课程内容,整个教学过程强调以学生为主体,按照"教师引导,学生参与"→"学生练习,教师辅导"→"学生动手,教师评价"3个步骤进行,极大地发挥了学生的创造性思维,促进其理论知识向实践能力的转化，真正达到"教、学、做一体化"的效果。

本书以仓储与配送作业流程为线索，按照学科知识内在联系，将 12 章分为 3 部分，即仓储篇、配送篇和综合篇。仓储篇主要介绍仓储的基本知识、仓库布局、仓储经营管理及仓库作业管理；配送篇主要介绍配送及配送中心的基本知识、配送作业管理及配送运输管理；综合篇是仓储与配送共有的部分，介绍仓库与配送中心的设备、现场管理、库存管理、成本管理与安全管理。

本书内容全面，反映了最新的物流理论与技术，理论与实践相结合，定性分析与定理分析相结合，力求突出"理论够用、重在实操"和"简单明了、方便实用"的特色。

如何使用本书

本书内容可按照 50 学时安排，推荐学时分配见下表：

第1章	第2章	第3章	第4章	第5章	第6章	第7章	第8章	第9章	第10章	第11章	第12章
4课时	4课时	4课时	6课时	4课时	4课时	4课时	4课时	4课时	6课时	4课时	2课时

教师可根据教学过程中具体情况，灵活安排学时。本书配有电子课件和参考答案，可登陆北京大学出版社第六事业部网站 http://www.pup6.cn 下载。

本书编写队伍

参加本书编写的人员都是来自教学第一线的教师，教学实践经验丰富，理论知识较高，很多具有多年的企业工作经历，是名副其实的"双师型"教师团队。

本书由吉亮担任主编，由钟茂林和唐少艺担任副主编，由姚建凤、张洪营、张中华和李凤燕参编。具体编写分工为：吉亮编写第 1 章、第 2 章和第 4 章，姚建凤编写第 3 章和第 5 章，张洪营编写第 6 章，张中华编写第 7 章，钟茂林编写第 8 章和第 10 章，唐少艺编写第 9 章和第 12 章，李凤燕编写第 11 章。吉亮负责本书的总体设计以及最后统稿。

本书在编写过程中，还参考和引用了国内外相关的文献资料，吸收和听取了国内外许多资深物流人士的宝贵经验和建议，在此谨向对本书编写、出版提供过帮助的人士表示衷心的感谢！

由于编者水平有限，编写时间仓促，书中难免存在不妥之处，敬请广大读者批评指正。您的宝贵意见请反馈到电子信箱 sywat716@126.com。

编　者

2014 年 5 月

目 录

第一部分 仓储篇

第1章 走进仓储 ……………… 3
1.1 认知仓储 ………………… 4
1.1.1 仓储的概念 …………… 4
1.1.2 仓储的作用 …………… 5
1.1.3 仓储的类型 …………… 7
1.2 仓储的功能 ……………… 9
1.2.1 仓储的基本功能和增值服务功能 ………………… 9
1.2.2 仓储在物流中的作用 … 10
1.3 仓储管理 ………………… 11
1.3.1 仓储管理的概念 ……… 11
1.3.2 仓储管理的基本内容 … 11
1.3.3 仓储管理的原则 ……… 11
1.3.4 仓储管理岗位的基本要求 … 12
本章实训 …………………… 14
课后练习 …………………… 15

第2章 仓库布局 ……………… 17
2.1 认知仓库 ………………… 18
2.1.1 仓库的概念 …………… 18
2.1.2 仓库的总体构成 ……… 20
2.1.3 仓库的结构 …………… 21
2.2 仓库布局类型 …………… 23
2.2.1 仓库总平面布局 ……… 23
2.2.2 仓库各部分布局 ……… 24
2.3 储货布置 ………………… 25
2.3.1 储货区的布置 ………… 25
2.3.2 储货区布局要求 ……… 28
2.3.3 货位编号 ……………… 29
2.3.4 储位管理 ……………… 32
本章实训 …………………… 34
课后练习 …………………… 35

第3章 仓储经营 ……………… 38
3.1 仓储经营方法 …………… 39
3.1.1 保管仓储经营 ………… 39
3.1.2 混藏仓储经营 ………… 40
3.1.3 消费仓储经营 ………… 41
3.1.4 仓库租赁经营 ………… 42
3.1.5 仓储多种经营和增值服务 … 43
3.2 仓储合同 ………………… 44
3.2.1 仓储合同的标的和标的物 … 44
3.2.2 仓储合同的法律特征 … 45
3.2.3 仓储合同的主要条款 … 46
3.2.4 仓储合同中当事人的义务和权利 …………………… 49
3.2.5 仓储合同中的违约责任 … 52
3.3 认知仓单 ………………… 52
3.3.1 仓单的概念 …………… 52
3.3.2 仓单业务 ……………… 54
本章实训 …………………… 57
课后练习 …………………… 58

第4章 仓库作业 ……………… 61
4.1 入库作业 ………………… 62
4.1.1 入库前相关事项 ……… 62
4.1.2 入库作业流程 ………… 63
4.2 在库作业 ………………… 70
4.2.1 理货作业 ……………… 70
4.2.2 堆码作业 ……………… 70
4.2.3 垫垛和苫盖 …………… 79
4.2.4 货垛牌 ………………… 80
4.3 出库作业 ………………… 80
4.3.1 出库作业相关事项 …… 81
4.3.2 商品出库的形式 ……… 81
4.3.3 出库作业流程 ………… 82
4.3.4 出库过程中出现的问题及处理 …………………… 84
本章实训 …………………… 86
课后练习 …………………… 86

第二部分 配送篇

第5章 走进配送 ……………… 95
5.1 认知配送 ………………… 96

        5.1.1 配送的概念 …………… 96
        5.1.2 配送的类型 …………… 97
        5.1.3 配送合理化 …………… 99
    5.2 配送的功能、模式和流程 ………… 101
        5.2.1 配送的作用 …………… 101
        5.2.2 配送的功能要素 ……… 102
        5.2.3 配送的模式 …………… 104
        5.2.4 配送的流程 …………… 105
    5.3 认知配送中心 …………………… 106
        5.3.1 配送中心的概念 ……… 106
        5.3.2 配送中心的功能 ……… 108
        5.3.3 配送中心选址 ………… 110
        5.3.4 配送中心的规划与布局 … 112
    本章实训 ……………………………… 117
    课后练习 ……………………………… 118

第6章 配送作业 ………………………… 120
    6.1 订单处理 ………………………… 121
        6.1.1 订单处理的流程 ……… 122
        6.1.2 订单接受 ……………… 123
        6.1.3 订单内容确认 ………… 123
        6.1.4 存货查询及分配 ……… 125
        6.1.5 订单资料输出 ………… 126
    6.2 拣货作业 ………………………… 127
        6.2.1 拣货作业的概念 ……… 127
        6.2.2 拣货作业的流程 ……… 127
        6.2.3 拣货单位 ……………… 128
        6.2.4 拣货方式 ……………… 128
        6.2.5 拣货策略 ……………… 130
    6.3 补货作业 ………………………… 133
        6.3.1 补货方式 ……………… 133
        6.3.2 补货时机 ……………… 135
    6.4 配货作业 ………………………… 136
        6.4.1 贴客户标签 …………… 136
        6.4.2 分拣 …………………… 136
        6.4.3 出货检查 ……………… 137
        6.4.4 包装、捆包 …………… 138
    6.5 送货作业 ………………………… 139
        6.5.1 送货作业的特点 ……… 139
        6.5.2 送货作业的流程 ……… 140
    本章实训 ……………………………… 143
    课后练习 ……………………………… 144

第7章 配送运输 ………………………… 147
    7.1 车辆调度 ………………………… 148
        7.1.1 车辆调度的作用和特点 … 148
        7.1.2 车辆调度的方法 ……… 149
    7.2 积配载 …………………………… 152
        7.2.1 车辆积配载的概念 …… 152
        7.2.2 车辆积配载的原则 …… 153
        7.2.3 提高车辆装载效率的办法 … 154
        7.2.4 装车堆积 ……………… 154
    7.3 路线选择与优化 ………………… 156
        7.3.1 路线选择与优化的意义 … 156
        7.3.2 路线选择与优化的方法 … 156
    本章实训 ……………………………… 163
    课后练习 ……………………………… 164

第三部分   综合篇

第8章 仓储设备 ………………………… 169
    8.1 认知设备 ………………………… 171
        8.1.1 仓储与配送中心设备的
              种类 ……………………… 171
        8.1.2 仓储与配送中心设备的
              选择 ……………………… 171
    8.2 叉车 ……………………………… 174
        8.2.1 叉车的概念 …………… 174
        8.2.2 叉车的特点 …………… 174
        8.2.3 叉车的种类 …………… 174
    8.3 托盘 ……………………………… 177
        8.3.1 托盘的概念 …………… 177
        8.3.2 托盘的种类 …………… 178
        8.3.3 托盘标准化 …………… 180
    8.4 货架 ……………………………… 181
        8.4.1 货架的概念 …………… 181
        8.4.2 货架的种类 …………… 181
    8.5 自动化立体仓库 ………………… 183
        8.5.1 自动化立体仓库的概念 … 183
        8.5.2 自动化立体仓库的功能 … 184
        8.5.3 自动化立体仓库的设施与
              设备 ……………………… 185
        8.5.4 自动化立体仓库的优、
              缺点 ……………………… 188
    8.6 其他设备 ………………………… 188
        8.6.1 手车和手推车 ………… 188

8.6.2 堆垛机 ·············· 189
8.6.3 跨车 ················ 189
8.6.4 牵引车 ·············· 189
8.6.5 传送带 ·············· 190
本章实训 ························ 191
课后练习 ························ 192

第9章 现场管理 ············ 195

9.1 管理工具 ···················· 196
   9.1.1 5S 管理 ·············· 196
   9.1.2 目视管理 ············ 201
   9.1.3 颜色管理 ············ 205
9.2 保管养护 ···················· 208
   9.2.1 物品质量变化的形式 ··· 208
   9.2.2 物品养护的技术和方法 ··· 209
9.3 盘点作业 ···················· 214
   9.3.1 盘点的目的和内容 ··· 214
   9.3.2 盘点的流程和方法 ··· 215
   9.3.3 盘点作业的准备与组织 ··· 215
   9.3.4 盘点作业结果的处理 ··· 216
本章实训 ························ 217
课后练习 ························ 218

第10章 库存控制 ············ 221

10.1 认知库存 ···················· 222
   10.1.1 库存的概念 ············ 222
   10.1.2 库存的分类 ············ 223
   10.1.3 库存管理的目标和方法 ··· 224
10.2 ABC 分类法 ················ 224
   10.2.1 ABC 分类法的基本原理 ··· 224
   10.2.2 确定 ABC 分类的国际惯例 ··· 225
   10.2.3 ABC 三类存货库存的控制 ··· 226
10.3 经济订货批量法 ············ 228
   10.3.1 经济订货批量法的基本原理 ··· 228
   10.3.2 经济订货批量的确定 ····· 229
10.4 订货方法 ···················· 231
   10.4.1 定量订货法 ············ 231
   10.4.2 定期订货法 ············ 233
10.5 MRP 库存控制法 ··········· 236

10.5.1 MRP 库存控制法的基本原理 ··· 236
10.5.2 MRP 库存控制法的应用 ··· 237
本章实训 ························ 240
课后练习 ························ 241

第11章 运营分析 ············ 243

11.1 仓储成本管理 ·············· 244
   11.1.1 仓储成本的构成 ······ 244
   11.1.2 仓储成本的计算 ······ 247
   11.1.3 仓储成本的控制 ······ 249
11.2 配送成本管理 ·············· 250
   11.2.1 配送成本的构成 ······ 250
   11.2.2 配送成本的计算 ······ 251
   11.2.3 配送成本的控制 ······ 252
   11.2.4 降低配送成本的策略 ··· 252
11.3 绩效评价 ···················· 254
   11.3.1 仓储与配送绩效评价的标准 ··· 254
   11.3.2 仓储与配送绩效评价指标体系 ··· 255
本章实训 ························ 259
课后练习 ························ 260

第12章 安全管理 ············ 262

12.1 消防管理 ···················· 263
   12.1.1 火灾知识 ············ 263
   12.1.2 防火工作 ············ 265
   12.1.3 如何灭火 ············ 266
   12.1.4 消防管理措施 ········ 270
12.2 防盗和安全作业 ············ 271
   12.2.1 防盗工作 ············ 271
   12.2.2 安全作业 ············ 272
12.3 其他安全管理 ·············· 274
   12.3.1 防台风工作 ·········· 274
   12.3.2 防汛工作 ············ 275
   12.3.3 防雷工作 ············ 275
   12.3.4 防震工作 ············ 276
   12.3.5 防静电工作 ·········· 276
本章实训 ························ 277
课后练习 ························ 277

参考文献 ·························· 279

第一部分 仓储篇

第 1 章

走进仓储

ZOUJIN CANGCHU

【学习目标】

知识目标	技能目标
(1) 掌握仓储和仓储管理的概念 (2) 掌握仓储的作用、种类及功能 (3) 了解仓储管理的内容	(1) 能区别各种仓储类型 (2) 能根据仓储类型分别描述各自管理的内容

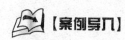【案例导入】

2006年10月12日,我国国家第一个战略石油储备库——浙江镇海油库正式建成,标志着中国结束了没有国家石油战略储备的历史。

从我国建设第一批石油储备基地起,我国石油战略储备发展将满10年。10年来经过各方共同努力,一期项目全部建成投入运行(截至2013年年底,一期4个基地全部装满储备),二期项目建设有序推进,三期项目正开展前期选址。

据了解,我国建立石油战略储备的讨论始于2000年。当年,我国原油净进口量为6000万吨,对外依存度尚不到30%。但当时80%的进口原油却来自中东,进口依赖单一而漫长的海路。基于规避原油供应不足或中断风险的考虑,发改委、交通部、海运公司、石油公司等方面组成讨论组,专题研究油源的多元化和建立石油储备问题。

2003年油价走高后,我国的原油进口量也大幅攀升,2003年8000万吨,2004年1.2亿吨,2007年更是增长至1.5亿吨,2009年首次突破2亿吨。我国石油对外依存度已多年超过50%,建立石油储备,保障国家能源安全变得越来越紧迫。

2010年进入秋冬季以来,我国东部、南部许多地区突然出现严重的柴油供应短缺,但很快趋于缓解。一般认为,2007年12月成立的国家石油储备中心对应对类似成品油供应短缺起到了极其关键的作用。

思考

国家为什么要建立石油储备?意义何在?

 ## 1.1 认知仓储

在物流系统中,仓储是一个不可或缺的构成要素。仓储业是随着物资储备的产生和发展而产生并逐渐发展起来的,又随着生产力的发展而发展。仓储是商品流通的重要环节之一,也是物流活动的重要支柱。在社会分工和专业化生产的条件下,为保持社会再生产过程的顺利进行,必须储存一定量的物资以满足一定时期内社会生产和消费的需要。

1.1.1 仓储的概念

1. 仓储的起源

人类社会自从有剩余产品以来就产生了储存。原始社会末期,当某个人或者某个部落获得的食物自给有余时,就会把多余的产品储藏起来,同时还需要专门储存产品的场所和条件,于是就出现了"窖穴"。在仰韶遗址发现了许多储存食物和用具的窖穴,它们多密集在居住区内,和房屋交错在一起,这可以说是我国最早的仓库的雏形。

在古籍中常常看到有"仓廪""窦窖"这样的词语。所谓"仓廪","仓"是指专门藏谷的场所,"廪"是指专门藏米的场所;所谓"窦窖",是指储藏物品的地下室,椭圆形的叫做"窦",方形的叫做"窖"。古代也有把存放用品的地方叫做"库"的情况,后人接着把"仓"和"库"两个概念合用,逐渐合成一个概念,即把储存和保管物资的建筑物叫做"仓库",所以也就出现了"仓库"一词。

2. 仓储的含义

仓储是指通过仓库对暂时不用的物品进行储存和保管的活动。"仓"即仓库,为存放物品的建筑物和场地,可以是房屋建筑、洞穴、大型容器或特定的场地等,具有存放和保护物品的功能。"储"即储存、储备,表示收存以备使用,具有收存、保管、交付使用的意思,当适用有形物品时也称为储存。"仓储"则为利用仓库存放、储存未及时使用的物品的行为。简而言之,仓储是将物品存放在特定场所的行为。

仓储具有静态和动态两种:当产品不能被及时消耗掉,需要专门场所存放时,就产生了静态的仓储;将物品存入仓库以及对于存放在仓库里的物品进行保管、控制、提供使用等的管理,形成了动态的仓储。可以说,仓储是对有形物品提供存放场所,并在储存期间对存放物品进行保管、控制的过程。

仓储包括以下几个要点:仓储是物质产品的生产持续过程,物质的仓储也创造产品的价值;仓储既有静态的物品储存,也包括动态的物品存取、保管、控制的过程;仓储活动发生在仓库等特定的场所;仓储的对象既可以是生产资料,也可以是生活资料,但必须是实物动产。

1.1.2 仓储的作用

1. 积极作用

作为社会生产发展的产物,仓储的出现对社会的发展具有极大的推动作用,其积极作用表现在以下几个方面:

(1) 仓储是保证社会生产顺利进行的必要过程。现代社会生产的一个重要特征就是大规模的专业化生产。一方面,劳动生产率极高、产量巨大,绝大多数产品都不能在短期内消费掉,需要用仓储的手段进行储存才能避免生产过程被堵塞,保证生产过程能够继续进行;另一方面,生产所使用的材料、原料等需要有合理的储备,才能在需要时保证供应。

仓储本身是生产率提高的结果,同时仓储的发展又促进了生产率的提高。良好的仓储条件可以进一步扩大生产规模,促进专业化分工的进一步细化,使劳动生产率进一步提高。

(2) 协调生产和消费的时间差别,满足消费需求。人们需求的持续性与产品生产的季节性、批量性生产的集中供给之间存在供需时差,只有通过仓储将集中生产的产品进行储存,持续不断地进行供给,才能保证满足消费需求。

(3) 保持劳动产品价值。生产出的产品在消费之前必须保持其使用价值,否则将会被废弃。这项任务要由仓储来完成，在仓储过程中对产品进行管理、保护，防止价值的损失。同时，仓储是产品用于消费的最后一道环节，生产者可以根据市场对产品的需求偏好对产品进行最后加工改造和流通加工，提高产品的附加值，以促进产品的销售，从而增加收益。

（4）提供现货交易的场所。存货人要转让已在仓库存放的商品时，购买人可以到仓库查验商品取样检验后双方可以在仓库进行转让交割。在国内众多的批发交易市场就是既有商品存储功能的交易场所，又有商品交易功能的仓储场所。众多具有便利交易条件的仓储都提供交易活动服务，甚至部分形成有影响力的交易市场。近年来，我国大量发展的仓储商店（如各地的各类生产资料交易市场）以及由原来的储运公司转变过来的仓储企业，就是仓储功能高度发展、仓储与商业密切结合的结果。

（5）提供信用保证。进行大批量实物交易时，购买方必须检验货物、确定货物的存在和品质后方可成交。购买方可以到仓库查验货物，由仓库保管人出具的货物仓单可以作为实物交易的凭证，作为对购买方提供的保证。仓单本身还可以作为一种融资工具，即使用仓单进行质押。

（6）衔接流通过程。产品从生产到消费，需要经过"分散—集中—分散"的过程，还可能需要经过多种方式进行运输。为了有效率地利用各种运输工具、降低运输过程中的作业难度、实现经济运输，物品需要通过仓储进行候装、配载、包装、成组、分批、疏散等。为了更好地适应销售，可将商品在仓储中进行分类、整合、拆除包装以及配送等处理和存放。

（7）市场信息的传感器。任何产品的生产都必须满足社会的需要，生产者都需要把握市场需求的动向，因为把握社会仓储产品的变化是了解市场需求极为重要的途径。仓储量减少、周转量加大表明社会需求旺盛；反之，则为需求不足。厂家存货增加，表明其产品需求减少或者竞争力降低，或者生产规模不合适。仓储环节所获得的市场信息虽然比销售信息滞后，但更为准确和集中，且信息成本较低。现代企业生产特别重视仓储环节的信息反馈，将仓储量的变化作为决定生产的依据之一。

（8）搞好仓储活动有利于保障国家安全和社会稳定。国家建立储备库可以有效地应对地震、水灾、旱灾、虫灾、风灾等自然灾害以及战争，保障国家安全和社会稳定。

2. 消极作用

仓储是物流系统中一种必要的活动，但也经常存在冲减物流系统效益、恶化物流系统运行的趋势。为此，仓储会使企业付出巨大代价，这些代价主要包括以下几个方面：

（1）固定费用和可变费用支出。仓储使得企业在仓库建设、仓库管理、仓库工作人员工资及福利等方面支出大量的成本费用，开支增高。

（2）机会损失。储存物资占用的大量资金缺乏流动性，失去了用于投资其他可能会有更高收益项目的机会。

（3）陈旧损失与跌价损失。随着储存时间的增加，存货时刻都在发生陈旧变质，严重的更会完全丧失价值及使用价值。同时，一旦错过有利的销售期，又会因为必须低价贱卖而不可避免地出现跌价损失。

（4）保险费支出。为了分担风险，很多企业对储存物采取投保缴纳保险费的方法。保险费支出在仓储成本中占了相当大的比例。在信息经济时代，社会保障体系和安全体系日益完善，这个费用支出的比例还会呈上升的趋势。

上述各项费用支出都是降低企业效益的因素，再加上在企业运营中，仓储对流动资金的占用达到 40%～70%，有的企业库存在某段时间甚至占用了全部流动资金，使企业无法正常运转。

由此可见，仓储既有积极的一面又有消极的一面，只有考虑到仓储作用的两面性，尽量使仓储合理化，才能有利于仓储业务活动的顺利开展。

1.1.3 仓储的类型

仓储的本质是为了储藏和保管，但由于经营主体、仓储对象、仓储功能和仓储物处理方式的不同，使得不同的仓储活动具有不同的特征。

1. 按照仓储经营主体划分

1) 自营仓储

自营仓储主要包括生产企业仓储和流通企业仓储。生产企业为保障原材料供应、半成品及成品的保管需要而进行的仓储，包括原材料仓储、在制品仓储和成品仓储，其储存的对象较为单一，以满足生产为原则。流通企业自营仓储则为流通企业所经营的商品进行仓储保管，其目的是支持销售。

自营仓储不具有经营独立性，仅仅是为企业的生产或经营活动服务，相对来说规模小、数量众多、专业性强、仓储专业化程度低、设施简单。

2) 营业仓储

营业仓储是仓储经营人以其拥有的仓储设施向社会提供仓储服务。仓储经营人与存货人通过订立仓储合同的方式建立仓储关系，并且依据合同约定提供仓储服务并收取仓储费。

营业仓储面向社会，以经营为手段，实现经营利润最大化。与自营仓库相比，营业仓储的使用效率较高。

3) 公共仓储

公共仓储是公用事业的配套服务设施，为车站、码头提供仓储配套服务，其运作的主要目的是保证车站、码头等的货物作业，具有内部服务的性质，处于从属地位。但对于存货人而言，公共仓储也适用营业仓储的关系，只是不独立订立仓储合同，而是将仓储关系列在作业合同、运输合同之中。

4) 战略储备仓储

战略储备仓储是国家根据国防安全、社会稳定的需要，对战略物资进行储备。战略储备仓储特别重视储备品的安全性，且储备时间较长，其所储备的物资主要有粮食、油料、有色金属等。

2. 按照仓储功能划分

1) 储存型仓储

储存型仓储指物资需较长时间存放的仓储。由于物资存放时间长，存储费用低廉就很必要。储存型仓储一般在较为偏远的地区。储存型仓储存放的物资较为单一，品种少，但存量大，且存期长，因此要特别注意物资的质量保管，如国家粮食储备。

2) 流通型仓储

流通型仓储指货物存期短的仓储，一般有储存的品种多、注重货物的周转等特点，如物流中心仓储、配送仓储、运输转换仓储。

3. 按照仓储对象划分

1) 普通物品仓储

普通物品仓储是指不需要特殊条件的物品仓储，其设备和库房建造都比较简单，使用范围较广。这类仓储有一般性的保管场所和设施，常温保管，自然通风，无特殊要求。

2) 特殊物品仓储

特殊物品仓储是在保管中有特殊要求和需要满足特殊条件的物品仓储。这类仓储必须配备有防火、防爆、防虫等专门设备，其建筑构造、安全设施都与一般仓库不同，如冷冻仓库、石油库、化学危险品仓库等。特殊物品仓储一般为专用仓储，按物品的物理、化学、生物特性以及相关法律法规规定进行仓库建设和实施管理。

4. 按照仓储物品处理方式划分

1) 保管式仓储

保管式仓储也称为纯仓储，是以保管物原样保持不变的方式进行的仓储。存货人将特定的物品交由保管人进行保管，到期保管人原物交还存货人。保管物除了所发生的自然损耗和自然减量以外，数量、质量、件数不发生变化。保管式仓储又分为仓储物品独立保管仓储和将同类仓储物品混合在一起的混藏式仓储。

2) 加工式仓储

加工式仓储是指保管人在仓储期间，根据存货人的要求对保管物进行一定加工的仓储方式。保管物在保管期间，保管人根据委托人的要求对保管物的外观、形状、成分构成、尺寸等进行加工，使仓储物发生委托人所希望的变化。

3) 消费式仓储

消费式仓储是保管人在接受保管物的同时，接受保管物的所有权，保管人在仓储期间有权对仓储物行使所有权，在仓储期满，保管人将相同种类、品种和数量的替代物交还给委托人所进行的仓储。消费式仓储特别适合于保管期较短(如农产品)、市场价格变化较大的商品的长期存放，具有商品保值和增值功能，已经成为仓储经营的重要发展方向。

【知识链接】

仓 储 协 会

世界上第一个仓储协会是 1891 年美国成立的全美公共仓储行业协会，该协会是美国最早成立的企业集团之一，也是全美公共仓储行业唯一的经营代表机构。

中国仓储协会(CAWS)是 1997 年在国家民政部登记成立的全国仓储行业跨部门、跨系统、跨地区的社团法人，协会会员涉及商业、外贸、物资、粮食、供销社、交通、军队、邮政、工业生产、设备制造等 10 个系统或行业。中国仓储协会于 1998 年加入国际仓储与物流协会联盟(IFWLA)。中国仓储协会目前有"中转运输分会""冷藏库分会""危险品仓储分会"3 个分支机构。

1.2 仓储的功能

仓储的物资储存决定了仓储的基本功能是存储保管、存期控制、数量管理和质量维护。同时，利用物资在仓库的存放，开展和开发多种服务是提高仓储附加值、加速物资的流通、提高社会资源效益的有效手段，也是仓储的主要任务。此外，仓储作为物流体系中唯一的静态环节，也称为时速为零的运输，是物流中的重要环节，具有重要的作用。

1.2.1 仓储的基本功能和增值服务功能

1. 基本功能

1) 存储保管

存储保管是指在一定的场所将物品收存并进行妥善保管，确保被存储的物品不受损害，是仓储的最基本功能。存储的对象必须是有价值的物品，要在特定的场地进行，必须将存储物移到存储地。存储的目的是确保存储物的价值不受损害，保管人的主要义务就是妥善保管好存储物。存储物始终属于存货人所有，存货人有权处置存储物。

2) 流通控制

物资的存储有可能是长期的存储，也可能只是短时间的周转存储。对存期的控制自然就形成了对流通的控制；反过来，由于流通的需要，也就决定了物品是存储还是流通。这也就是可以把仓储看作一个"蓄水池"功能，当交易不利时，将物品储存，等待有利的交易机会。流通控制任务就是对物资是仓储还是流通作出安排，确定储存时机、存放时间，其中还包括储存地点的选择。

3) 数量管理

仓储的数量管理包括两个方面：一方面是存货人交付保管的仓储物的数量和提取仓储物的数量必须一致；另一方面是保管人可以根据存货人的要求分批收货和分批出货，严格控制存储物的数量，配合物流管理的有效实施，随时向存货人提供存货数量的信息服务，以便存货人控制存货。

4) 质量管理

根据收货时仓储物的质量交还仓储物是保管人的基本义务。为了保证仓储物的质量不发生变化，保管人需要采取先进的技术、合理的保管措施，妥善地保管仓储物。仓储物发生危险时，保管人不仅要及时通知存货人，而且还需要及时采取有效的措施减少损失。

2. 增值服务功能

1) 配送

配送是根据生产的进度和销售的需要由仓库分批、分量地将仓储物送到各个生产线和零售商店或收货人手上。仓储配送业务的发展有利于生产企业把存货成本降低、减少固定资金投入、实现准时生产，同时有利于商店减少存货，减少流动资金数量，且能保证销售。

2) 配载

大多数运输转换仓储都具有配载的功能。货物在仓库中按照运输的方向分门别类地仓储，当运输工具到达时出库装运。仓储通过配载能充分利用运输工具。

3) 交易中介

仓储经营人利用存放在仓库的大量有形资产与物资使用部门开展广泛的业务联系，开展现货交易业务，有利于加速仓储物的周转和吸引仓储。仓储经营人利用仓储物开展物资交易，不仅会给仓储经营人增加利润，而且还能充分利用社会资源、加速资金运转、减少资金沉淀。交易功能的开发是仓储经营发展的重要方向。

4) 流通加工

加工本身属于生产的一部分，但是为了满足消费个性化、多样化，产品的更新极快。而且，为了严格控制物流成本的需要，生产企业将产品的定型、分装、组装、装饰等工序留到最接近销售的仓储环节进行，使得仓储成为流通加工的重要环节。

1.2.2 仓储在物流中的作用

在物流过程中，物品有相当一部分时间处在仓储之中：在仓储中重新进行整合，在仓储中进行配送准备，在仓储中进行流通加工，也在仓储中根据市场调整供给。仓储中的成本是物流成本的最重要的组成部分，因此仓储是物流的重要环节，在物流中有重要的作用。

1. 对货物质量起到把关作用

货物在物流过程中，通过仓储环节对进入下一环节前进行检查可以防止伪劣货物混入市场。通过仓储来保证货物的质量主要反映在3个关键环节：一是货物入库时的质量检验关，二是货物储存期间的保质关，三是货物出库时的质量检验关。对于前者，应严格检查待入库货物是否满足仓储要求，严禁不合格货物混入仓库；对于中者，则是对处于相对静止状态中的货物尽可能使其不发生物理、化学变化，保证在存货物的数量和质量；对于后者，出库货物应严格检查，使不符合要求的货物不流入市场。

2. 实现物流增值服务的重要环节

众多的物流增值服务在仓储环节进行，流通加工在仓储环节物资流动停止时开展；通过加工提高产品的质量、改变功能、实现产品个性化；通过仓储的时间控制，使生产节奏与消费节奏同步，实现物流管理的时间效用的价值；通过仓库的商品整合，开展消费个性化的服务等。

3. 物流成本构成和控制的重要环节

虽然说物流管理是为了系统地降低物流成本，以降低产品的最终成本，但物流成本同样表现在具体的操作过程之中，具体分为仓储成本、运输成本、作业成本等。

仓储环节不仅是物流成本的组成部分，而且是整体上对物流成本实施管理的控制环节。仓储成本的控制和降低直接实现物流成本的降低。产品在仓储中的组合、妥善配载和包装、成组等流通加工就是为了提高装卸效率，充分利用运输工具，从而降低运输成本的支出。合理和准确的仓储会减少商品的换装、流动，减少作业次数，采取机械化和自动化的仓储作业，都有利于降低作业成本。优良的仓储管理对商品实施优秀的保管和养护，准确的数量控制会大大降低风险成本。

4. 保障物流活动的顺利开展

产品从生产到消费需要经过多种运输方式，而各种运输方式的运力差别较大，如船舶有数万吨，火车有几千吨，而汽车只有十吨左右。为了有效率地利用各种运输工具、降低运输过程中的作业难度，实现经济运输，物品需要通过仓储进行候装、配载、包装、成组、疏散等，保障物流活动的顺利进行。

 1.3 仓储管理

1.3.1 仓储管理的概念

仓储管理是指对仓库和仓库中货位和储存的货物进行的管理，是仓储企业为充分利用所拥有的仓储资源来提高仓储服务所进行的计划、组织、控制和协调的活动。

仓储管理的内涵随着其在社会经济领域中的作用不断扩大而变化，已从单纯意义上的对货物存储的管理，发展成为物流过程中的中心环节。它的功能已不是单纯的货物存储，而是兼有包装、分拣、整理、简单装配等多种辅助性功能，因此，广义的仓储管理应包括对这些工作的管理。

1.3.2 仓储管理的基本内容

仓储管理的对象是仓库及库存物资，具体包括以下几个方面：

（1）仓库的选址与建筑问题。例如，仓库的选址、仓库建筑面积的确定、库内运输通道与作业区域的布置等。

（2）仓库机械设备的选择与配置问题。例如，如何根据仓库作业特点、所储存物资的种类、理化特性选择机械装备以及应配备的数量，如何对这些机械进行管理等。

（3）仓库的业务管理问题。例如，如何组织物资出入库，如何对在库物资进行储存、保管与养护。

（4）仓库的库存管理问题。

此外，仓库业务的考核问题，新技术、新方法在仓库管理中的应用问题，仓库安全与消防问题等，都是仓储管理所涉及的内容。

1.3.3 仓储管理的原则

1. 效率原则

效率是指在一定劳动要素投入量时的产品产出量。只有较小的劳动要素投入和较高的产品产出量才能实现高效率，高效率就意味着劳动产出大，劳动要素利用率高。高效率是现代生产的基本要求。仓储的效率表现在仓容利用率、货物周转率、进出库时间、装卸车时间等指标上，表现出"快进、快出、多存储、保管好"的高效率仓储。

仓储生产管理的核心就是效率管理，实现以最少的劳动量的投入获得最大的产品产出。劳动量的投入包括生产工具、劳动力的数量以及他们的作业时间和使用时间。效率是仓储其他管理的基础，没有生产的效率就不会有经营的效益，就无法开展优质的服务。

2. 经济效益原则

企业生产经营的目的是为了追求利润最大化，这是经济学的基本假设条件，也是社会现实的反映。利润是经济效益的表现，其计算公式为

$$利润 = 经营收入 - 经营成本 - 税金$$

实现利润最大化则需要做到经营收入最大化和经营成本最小化。

作为参与市场经济活动主体之一的仓储企业，也应围绕着获得最大经济效益的目的进行组织和经营，但同时也需要承担部分的社会责任，履行环境保护、维护社会安定的义务，满足社会不断增长的需要等，实现生产经营的社会效益。

3. 服务原则

仓储活动本身就是向社会提供服务产品。服务是贯穿在仓储中的一条主线，仓储的定位、仓储具体操作、对储存货物的控制都围绕着服务进行。仓储管理就需要围绕着服务定位，对如何提供服务、改善服务、提高服务质量进行管理，包括直接的服务管理和以服务为原则的生产管理。

仓储的服务水平与仓储经营成本有着密切的相关性，两者互相对立。服务好，成本高，收费则高，仓储服务管理就是在降低成本和提高（保持）服务水平之间保持平衡。

1.3.4 仓储管理岗位的基本要求

1. 仓储管理人员的基本素质要求

（1）具有丰富的商品知识。对于所储存的商品要十分熟悉，掌握其理化性质和保管要求，能针对性地采取管理措施。

（2）掌握现代仓储管理的技术。对仓储管理技术充分掌握，并能熟练运用，特别是现代信息技术的使用。

（3）熟悉仓储设备。能合理和高效地安排使用仓储设备。

（4）办事能力强。能分清轻重缓急，有条有理地处理事务。

（5）具有一定的财务管理能力。能查阅财务报表，进行经济核算、成本分析，正确掌握仓储经济信息，进行成本管理、价格管理和决策。

（6）具有一般的管理能力。

2. 仓库保管员的职责要求

（1）认真贯彻仓库保管工作的法律、法规和政策。仓库管理人员应严格执行仓库保管工作的方针、政策和法律、法规，树立高度的责任感，忠于职守，廉洁奉公，热爱仓库工作，

具有敬业精神；树立为客户服务、为生产服务的观点，具有合作精神；树立讲效率、讲效益的思想，关心企业的经营。

（2）严格遵守仓库管理的规章制度和工作规范。严格履行岗位职责，及时做好物资的入库验收、保管保养和出库发运工作；严格遵守各项手续制度，做到收有据、发有凭，及时准确登记销账，手续完备，账物相符，把好收、发、管三关。

（3）熟悉仓库布局和作业要求。熟悉仓库的结构、布局、技术定额；熟悉仓库规划；熟悉堆码、苫垫技术，掌握堆垛作业要求；在库容使用上做到妥善地安排货位，合理高效地利用仓容，堆垛整齐、稳固，间距合理，方便作业、清点、保管、检查、收发。

（4）熟悉仓储物资的特性和保管要求。熟悉仓储物资的特性、保管要求，能针对性地进行保管，防止货物损坏，提高仓储质量；熟练地填写表账、制作单证，妥善处理各种单证业务；了解仓储合同的义务约定，完整地履行义务；妥善处理风、雨、热、冻等自然灾害对仓储物资的影响，防止和减少损失。

（5）重视仓储成本管理，不断降低仓储成本。妥善保管好剩料、废旧包装，收集和处理好的脚货，做好回收工作；用具、苫垫、货板等妥善保管、细心使用，以延长其使用寿命；重视研究物资仓储技术，提高仓储利用率，降低仓储物耗损率，提高仓储的经济效益。

（6）加强业务学习和训练。熟练地掌握计量、衡量、测试用品和仪器的使用；掌握分管物资的货物特性、质量标准、保管知识、作业要求和工艺流程；及时掌握仓库管理的新技术、新工艺，适应仓储自动化、现代化、信息化的发展，不断提高仓储的管理水平；了解仓库设备和设施的性能和要求，督促设备维护和维修。

（7）安全管理永不放松。时刻保持警惕，做好防火、防盗、防损、防虫鼠害等安全保卫工作，防止各种灾害和人身伤亡事故，确保人身、物资、设备的安全。

拓展阅读

国家石油储备基地建设

2003年起，我国开始筹建石油储备基地，初步规划用15年时间分三期完成油库等硬件设施建设。2004年，我国正式开始在镇海、舟山、黄岛、大连4个沿海地区建设第一批石油储备基地。截至2013年年底，一期4个基地全部装满储备原油，共注入1.02亿桶原油，合1640万立方米。

2009年起，开始建设第二批石油储备基地，设计容量为2680万立方米，约合1.69亿桶。天津滨海新区的石油储备基地、新疆独山子基地、辽宁锦州基地、鄯善石油储备基地、广东惠州基地、江苏金坛基地（利用岩盐开采后留出的空间）、甘肃兰州基地等7个基地已经开始了建设。

目前，我国战略石油储备基地三期工程正在规划中，重庆市万州区、海南省和河北省曹妃甸都有望入选。

根据规划，我国计划到2020年完成建立战略石油储备的全部工作，总共将建成约5亿桶储备，大致相当于90天的石油进口量，届时中国的石油储备规模将位居世界第二。

【本章实训】

仓储企业岗位要求调查

一、实训要求

（1）教师带领学生参观本地某仓储企业，让学生了解仓储企业各工作岗位人员有哪些具体要求。

（2）将全班同学按5人为一组，分成若干小组。

（3）每一组调查完成后写一份岗位调查报告。

二、操作步骤

（1）事前设计一份表格，包含岗位的工作内容、所需的知识和技能。
（2）每一组指定调查一个岗位。
（3）现场和岗位工作人员交流，并观察和分析相关事项，认真做好相关记录。
（4）整理完成书面材料并分组讨论。

【课后练习】

一、单项选择题

1. 生产企业中的原材料仓储属于（　　）。
   A. 企业自营仓储　　B. 营业仓储　　C. 公共仓储　　D. 战略储备仓储
2. 仓储具有（　　）和静态两种。
   A. 动态　　B. 流动　　C. 静止　　D. 停滞
3. 当某些库存承担起国家的安全使命时，这些库存通常被称为（　　）。
   A. 战略库存　　B. 保险库存　　C. 国家储备　　D. 制造库存
4. 注重货物周转作业效率和周转率的是（　　）。
   A. 储存仓储　　B. 物流中心仓储　　C. 保税仓储　　D. 运输转换仓储
5. 货物所有权随货物交付而转移的仓储是（　　）。
   A. 保管式仓储　　B. 混藏式仓储　　C. 消费式仓储　　D. 加工式仓储
6. 下列不能作为仓储物的是（　　）。
   A. 桌子　　B. 电视机　　C. 课本　　D. 知识产权

二、多项选择题

1. 仓储管理的内容包括（　　）。
   A. 仓库选址　　B. 仓库机械选择　　C. 仓库人员
   D. 库存管理　　E. 质量维护
2. 纵观中国仓储活动的发展历史，大致经过了（　　）几个阶段。
   A. 中国古代仓储业　　B. 中国近代仓储业　　C. 社会主义仓储业
   D. 仓储业现代化发展阶段　　E. 古典仓储业
3. 仓储的基本功能包括（　　）。
   A. 存储保管　　B. 流通控制　　C. 数量管理
   D. 质量管理　　E. 交易中介
4. 仓储的积极作用有（　　）。
   A. 调节供需　　B. 满足生产和销售　　C. 保值和增值
   D. 保证市场稳定　　E. 现货交易
5. 空调的生产厂家，通过储存来保证较短的热销季节的旺盛需求的做法，实现全年的稳定生产，体现了仓储作用中的（　　）。
   A. 降低生产成本　　B. 调节供需　　C. 降低运输成本
   D. 满足生产的需要　　E. 满足消费的需要

三、判断题

1. 仓储就是在特定的场所储存的物品，其对象必须是实物动产。　　　（　）
2. 无形资产可以作为仓储物。　　　（　）
3. 仓储既有积极的一面也有消极的一面，只有考虑到仓储作用的两面性，尽量使仓储合理化才能有利于物流业务活动的顺利开展。　　　（　）
4. 仓储连接了生产者和客户，其运作的好坏将直接影响整个物流系统的成本与效率。　　　（　）
5. 由于仓储消极作用的存在，应该完全取消仓储环节。　　　（　）

四、思考题

1. 仓储管理的作用体现在哪几个方面？
2. 仓储的消极作用是如何表现的？
3. 如何看待仓储业的发展方向？
4. 仓储有什么功能？
5. 仓储管理人员应该具备哪些基本素质和能力？

第 2 章

仓库布局

CANGKU BUJU

【学习目标】

知识目标	技能目标
（1）掌握仓库的类型	（1）能够识别仓库类型
（2）掌握仓库的布局及其构成	（2）能对仓库进行布局
（3）掌握货位的编号	（3）能够按一定的规则对货位进行编号
（4）了解储位管理	

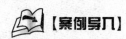【案例导入】

某仓储企业新建一座仓库,准备用来储存的主要货物有农产品、果蔬、机电产品、金属材料、建筑材料和日用百货等。由于储存的货物比较多,并且各种货物需要的保管条件又有不同,所以必须分开存放。为了提高仓库的利用率,同时有利于仓库货物的保管养护和仓库作业,要求对新仓库进行合理规划。

××库房仓储平面设计规划图

思考

如何对仓库进行规划和布置才有利于货物的保管养护?

 2.1 认知仓库

2.1.1 仓库的概念

仓库是保管、存储物品的建筑物和场所的总称,可以理解为是用来存放货物包括商品、生产资料、工具和其他财产,及对其数量和价值进行保管的场所或建筑物等设施,还包括用于防止减少或损伤货物而进行作业的土地或水面。从社会经济活动来看,无论生产领域还是流通领域,都离不开仓库。

1. 根据仓库所处领域分类

1)生产性仓库

生产性仓库主要是为保证生产企业生产正常进行而建立的仓库。这类仓库主要存放生产企业生产所需要的原材料、设备、工具等,并存放企业生产的成品。按存放物品性质的不同,生产性仓库可分为原材料仓库和成品仓库。

2)中转性仓库

中转性仓库是专门从事储存和中转业务的仓库,如专业的储运仓库和铁路、公路、港口、码头等的货运仓库。

3）储备性仓库

储备性仓库是政府为了防止自然灾害、战争及国民经济比例严重失调而设立的，一般储备的商品储存时间较长，对仓储条件、质量维护和安全保卫要求较高。

2. 根据仓库用途分类

1）自用仓库

自用仓库是指生产企业或流通企业为了本企业物流业务的需要而修建的附属仓库。这类仓库只储存本企业的原材料、燃料、产品或成品，一般工厂、企业、商店的仓库以及部队的后勤仓库多属于这一类。

2）营业仓库

营业仓库是指专门为了经营储存业务而修建的仓库，它面向社会服务，或以一个部门的物流业务为主，兼营其他部门的物流业务，如商业、物资、外贸等系统的储运公司的仓库等。营业仓库由仓库所有人或者由分工的仓库管理部门独立核算经营。

3）公用仓库

公用仓库属于公共服务的配套设施，是为社会物流服务的公共仓库，如铁路车站上的仓库。

3. 根据仓库功能分类

1）储存仓库

这种仓库主要对货物进行保管，以解决生产和消费的不均衡，如将季节性生产的大米储存到第二年卖，常年生产的化肥通过仓储在春、秋季节集中供应。

2）流通仓库

这种仓库除具有保管功能之外，还具有进行装配、简单加工、包装、理货以及配送功能，具有周转快、附加值高、时间性强的特点，可以减少流通过程中商品停滞费用。

4. 根据仓库的建筑形态分类

1）平房仓库

平房仓库构造简单，建筑费用便宜，人工操作比较方便。

2）楼房仓库

楼房仓库是指两层楼以上的仓库，它可以减少土地占用面积，进出库作业可采用机械化或半机械化。

3）高层货架仓库

采用高层货架存放货物，可实现机械化和自动化操作，减少土地占用面积，提高仓库利用率。

4）罐式仓库

罐式仓库的构造特殊，成球形或柱形，主要用来储存石油、天然气和液态化工品等。

5）简易仓库

简易仓库的构造简单、造价低廉，一般是在仓库库容不足而又不能及时建库的情况下采用的临时代用办法，包括一些固定或活动的简易货棚等。

6）露天仓库

露天仓库俗称货场，其最大的优点是装卸作业极其方便，适宜存放较大型、大批量的货物，以露天存储为主。

5. 根据仓库保管条件分类

1）普通仓库

这种仓库是指用于存放无特殊保管要求的物品的仓库。

2）保温、冷藏、恒湿恒温仓库

这种仓库是指用于存放要求保温、冷藏或恒湿恒温的物品的仓库。

3）特种仓库

特种仓库用于储存具有特殊性能、要求特殊保管条件的物品，如石油仓库、化工危险品仓库等。这类仓库必须配备有防火、防爆等专用设备，其建筑构造、安全设施都与一般仓库不同。特种仓库主要包括以下几种：

（1）石油仓库。石油仓库是接受、保管、配给石油和石油产品的仓库。商业性石油仓库主要保管石油产品（汽油、润滑油等）。石油产品具有易燃易爆等特性，这类仓库被指定为危险品仓库。

（2）化学危险品仓库。化学危险品仓库负责保管化学工业原料、化学药品、农药以及医药品。为了安全起见，根据物品的特性和状态以及受外部因素影响的危险程度进行分类，分别储藏。

4）水上仓库

水上仓库是漂浮在水面上的储存货物的建船、囤船、浮驳或其他水上建筑，或者在划定水面保管木材的特定水域、沉浸在水下保管物资的水域。近年来，由于国际运输油轮的超大型化，许多港口因水深限制，大型船舶不能直接进港卸泊，所以往往采用在深水区设立大型水面油库（超大型油轮）作为仓库进行转驳作业。

2.1.2 仓库的总体构成

根据各区域的主要用途，仓库可划分为几个区域。大型仓库通常由生产作业区、辅助生产区和行政生活区三大部分组成。

1. 生产作业区

生产作业区是仓库的主体部分，是商品储运活动的场所，主要包括储货区、铁路专用线及道路、装卸站台等。

1）储货区

储货区是储存保管货物的场所，具体分为库房、货棚、货场。

（1）库房是储存货物的封闭式建筑，根据建筑的结构不同，可以分为砖木结构、水泥混凝土结构和全钢结构的库房，主要用来储存受气候条件影响的商品或货物。

（2）货棚是用于存放货物的设施，只有顶棚，四周并不是封闭的。货棚可以用来储存受气候影响不大的货物，如桶装液体货物、有色钢材、汽车及机械设备等。

（3）货场是用于储存货物的露天堆场，主要用于储存不受气候条件影响的货物，如大型钢材、水泥制品等。当然货场不仅可存放商品，同时还起着货位周转和调剂的作用。

2）铁路专用线及道路

它们是库内外的商品运输通道，商品的进出库、库内商品的搬运都要通过这些运输线路。专用线应与库内道路相通，保持畅通。

3）装卸站台

装卸站台是供火车或汽车装卸商品的平台，一般有单独站台和库边站台两种，其高度和宽度应根据运输工具和作业方式而定。

2. 辅助生产区

辅助生产区是为了商品储运保管工作服务的辅助车间或服务站，包括车库、变电室、油库、维修车间、包装材料间等。辅助生产区应尽量靠近生产作业区。

3. 行政生活区

行政生活区是仓库的行政管理机构和生活区域，一般设在仓库入库口附近，便于业务接洽和管理。行政生活区应与生产作业区分开，并保持一定距离，以保证仓库的安全及行政办公和居民生活的安静。

2.1.3 仓库的结构

1. 库房结构

库房结构对于实现仓库的功能起着很重要的作用，其设计应考虑以下几个方面因素。

1）平房建筑和多层建筑

仓库的结构从出入库作业的合理化方面考虑，应尽可能采用平房建筑，这样储存产品就不必上下移动。因为利用电梯将储存产品从一个楼层搬运到另一个楼层费时费力，而且电梯往往也是产品流转中的一个瓶颈，许多材料搬运时通常都会竞相利用数量有限的电梯影响库存作业效率。但是在城市内，尤其是在商业中心地区，那里的土地有限或者昂贵，为了充分利用土地，采用多层建筑成为了最佳的选择。在采用多层仓库时，要特别重视对上下楼通道的设计。

2）仓库出入口和通道

仓库出入口的位置和数量是由"建筑的开建长度、进深长度""库内货物堆码形式""建筑物主体结构""出入库次数"和"出入库作业流程"等因素所决定的。出入库口尺寸的大小是由载货汽车是否出入库内，所用叉车的种类、尺寸、台数、出入库次数，保管货物尺寸大小所决定的。库内的通道是保证库内作业的畅顺的基本条件。通道应延伸至每一个货位，使每一个货位都可以直接进行作业；通道需要路面平整和平直，减少转弯和交叉；作为大型载货汽车入库的通道应大于3m，叉车作业通道应达到2m。

3）立柱间隔

库房内的立柱是出入库作业的障碍，会导致保管效率低下，因而立柱应尽可能减少。但当平房仓库梁的长度超过25m时，建立无柱仓库有困难，则可设中间的梁柱，使仓库成为有柱结构。一般仓库的立柱间隔，因考虑出入库作业的效率，以汽车或托盘的尺寸为基准，通常为 7m 的间隔比较适宜，它适合 2 台大型货车(宽度 2.5m×2)或 3 台小型载货车(宽度 1.7m×3)的作业。采用托盘存货或作业的，因托盘种类规格不同，以适合放标准托盘 6 个为间隔，如采用标准托盘时，间隔略大于 7.2m(1.2m×6)。

4) 天花板的高度

由于实现了仓库的机械化、自动化，所以现在对仓库天花板的高度也提出了很高的要求。在使用叉车的时候标准提升高度是 3m，而使用多段式高门架的时候要达到 6m。另外，从托盘装载货物的高度看，包括托盘的厚度在内，密度大且不稳定的货物通常以 1.2m 为标准，密度小而稳定的货物通常以 1.6m 为标准。以其倍数(层数)来看，1.2m/层×4 层＝4.8m，1.6m/层×3 层＝4.8m，因此，仓库的天花板高度最低应该是 5～6m。

5) 地面

地面的构造主要是地面的耐压强度，地面的承载力必需根据承载货物的种类或堆码高度具体研究。通常，一般平房普通仓库 1m² 地面承载力为 2.5～3t，多层仓库层数加高，地面承受负荷能力减少，一层是 2.5～3t，二层是 2～2.5t，三层是 2～2.5t，越往高越小。地面的负荷能力是由保管货物的重量、所使用的装卸机械的总重量、楼板骨架的跨度等所决定的。流通仓库的地面承载力，则必须还要保证重型叉车作业的足够受力。

地面的形式有低地面和高地面两种。低地面式为防止雨水流入仓库，地面比基础地面高出 20～30cm，而且由于叉车的结构特点，出入口是较平稳的坡度；高地面式要与用于出入库的车厢的高度相符合，通常大型载货汽车(5t 以上)为 1.2～1.3m，小型载货汽车(3.5t 以下)为 0.7～1.0m，铁路货车站台为 1.6m。

2. 货场结构

1) 集装箱货场

集装箱货场是堆存和保管集装箱的场所。根据集装箱堆存量的大小，货场可分为混合型和专用型两种。专用型货场根据集装箱货运站的生产工艺分别设置重箱货场、空箱货场、维修与修竣箱货场。设置货场时应满足发送箱、到达箱、中转箱、周转箱和维修箱等的生产工艺操作和不同的功能要求，并尽可能缩短运送距离，避免交叉作业，便于准确、便捷地取放所需集装箱，利于管理。

合理的集装箱堆场布局应符合下列原则：

(1) 中转箱区应布置在便于集装箱能顺利地由一辆车直接换装到另外一辆车的交通方便处。

(2) 周转和维修箱区应布置在作业区外围，靠近维修车间一侧，以便于取送和维修，减少对正常作业的干扰。

(3) 合理布置箱位，既要充分利用堆场面积，又要留足运输通道和装卸机械作业区及箱与箱之间的距离，做到安全方便。

(4) 合理利用与选择装卸机械和起重运输设备，除保证机械进出场区畅通和足够的作业半径外，应尽量减少机械设备的行走距离，提高设备利用率。

(5) 场区内要有一定坡度，以利于排水。

(6) 堆场场地必须耐用，应根据堆场层数进行设计与处理。

2）杂货货场

杂货是指直接以货物包装形式进行流通的货物。货物的包装有袋装、箱装、桶装、篓装、捆装、裸装等，也包括采用成组方式流通的货物。杂货中的相当一部分可以直接在货场露天存放，如钢材、油桶、日用陶器、瓷器等。杂货在货场存放要考虑是否需要苫盖、垫垛，以便排水除湿。杂货的杂性使得杂货的装卸、堆垛作业效率极低，而且需要较大的作业空间，同时杂货容易混淆，需要严格地区分。

3）散货货场

散货是指无包装、无标识的小颗粒直接以散装方式进行运输、装卸、仓储、保管和使用。在仓储中不受风雨影响的散货一般直接堆放在散货货场上，如沙、石、矿等。

散货货场根据所堆放货物的种类不同，地面的结构也不完全相同，可以是沙土地面、混凝土地面等。由于存量巨大，散货货物要求地面有较高的强度；由于散货都具有大批量的特性，散货货场往往面积较大；为了便于疏通，散货货物采取明沟的方式排水，并且通过明沟划分较大的面积货位。散装货场都采用铲车或者输送带进行作业，所堆的垛形较为巨大。

2.2 仓库布局类型

2.2.1 仓库总平面布局

仓库总平面布局是指一个仓库的各个组成部门，如库房、货棚、货场、辅助建筑物、铁路专用线、库内道路、附属固定设备等，在规定范围内进行平面和立体的全面合理的安排，形成仓库总平面图，如图 2.1 所示。

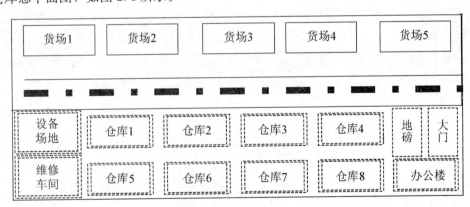

图 2.1 仓库总平面图

为了提高仓库的利用率，对总平面布置有下列要求：

（1）要适应仓储企业生产流程，有利于仓储企业生产正常进行。

① 单一的物流方向。仓库内商品的卸车、验收、存放地点之间的安排，必须适应仓库生产流程，按一个方向流动。

② 最短的运距。应尽量减少迂回运输，专用线的布置应在库区中部，并根据作业方式、仓储商品品种、地理条件等，合理安排库房、专用线与主干道的相对位置。

③ 最少的装卸环节。减少在库商品的装卸搬运次数和环节，商品的卸车、验收、堆码作业最好一次完成。

④ 最大地利用空间。仓库总平面布置是立体设计，应有利于商品的合理存储和充分利用库容。

(2) 有利于提高仓储经济效益。

① 因地制宜。充分考虑地形、地址等条件，满足商品运输和存放的要求，并能保证仓库充分利用。

② 平面布置应与竖向布置相适应。所谓竖向布置，是指建设场地平面布局中的每个因素，如库房、货场、专运线、道路、排水、供电、站台等，在地面标高线上的相互位置。

③ 有利于机械设备的充分利用。总平面布置应能充分、合理地利用我国目前普遍使用的门式、桥式起重机一类固定设备，合理配置这类设备的数量和位置，并注意与其他设备的配套，便于开展机械化作业。

(3) 有利于保证安全生产和文明生产。

① 保证安全生产。库内各区域间、各建筑间应根据《建筑设计防火规范》（GB 50016—2006，后文简称《防火规范》）的有关规定留有一定的防火间距，并有防火、防盗等安全设施。

② 保证文明生产。总平面布置应符合卫生和环境要求，既要满足库房的通风、日照等，又要考虑环境绿化、文明生产，有利于职工身心健康。

2.2.2 仓库各部分布局

1. 储货区的布局

1) 确定库房的位置

库房位置的选择要按照其储存货物吞吐量大小、搬运的复杂程度和安全性质进行。例如，一般无火灾危险性、吞吐量较大和出入库频繁的库房，布置在库区中央靠近出入处的地方；吞吐量不大和出入不频繁的库房，布置在库区的两翼和后部；有火灾危险的库房，宜布置在库区的下风侧面。

2) 确定货棚的位置

货棚除了储存部分货物以外，还可以作为卸货待检、出库待运的场所，因此，其布置应紧靠库房。如果是站台库房，货棚应与库房连接起来，以便起到防雨的作用。

3) 确定货场的位置

货场布置应充分考虑铁路专用线的走向，专用线应尽量贯穿货场。同时，应尽量利用行车（用于装卸物资的大型起重设备）的跨度，实行跨线作业，以减少装卸作业环节。

2. 库区道路的布局

规划合理的运输及搬运道路，可以减少货物装卸、搬运的时间，并防止出现车辆堵塞的现象。要想规划好库区的道路，仓库管理人员必须注意以下3个问题：

(1) 道路要宽广。在规划仓库内的道路时，要尽可能地兼顾所有规格的货车，在不影响存储面积的情况下规划出宽广的道路，从而便于库区内车辆的行驶。

(2) 安排好停车的位置。在规划仓库的道路时，要考虑可能会出现因暂时无法卸货而必须暂时停靠在库区的情况，并为这些车辆划出一定的停靠地点，避免因为车辆的胡乱停靠而造成道路的堵塞。

（3）规划车辆的运行方向。为了使进入库区的车辆能够顺畅地运行、减少堵塞发生的可能性，应该在规划道路时确定一定的运行方向，保障车辆在库区内顺利行驶。

2.3 储货布置

仓库是仓库管理人员工作的主要场所，同时也是商品存储的主要空间。通过对仓库内的空间进行合理布置，不仅能够增加仓库的存储容量，而且还能保证仓库活动中各项作业能够协调、高效地进行。

2.3.1 储货区的布置

储货区的布置就是根据库区场地条件、仓库的业务性质和规模、商品储存要求以及设备的性能和使用特点等因素，对储存空间、作业区域、站台及通道进行合理安排和布置。

在进行商品储存场所布置时主要考虑两个方面的要素，一是充分提高储存空间的利用率，二是提高物流作业效率。储存区域是仓库的核心和主体部分，提高储存空间的利用效率是仓库管理的重要内容。储存空间在规划和布局时，首先必须根据储存货物的体积大小和储存形态来确定储存空间的大小，然后对空间进行分类，并明确其使用方向，再进行综合分析和评估比较，在此基础上进行布置。

1. 存储面积确定

在进行仓位划分时，仓库管理人员首先需要正确地计算并规划出仓库中可以使用的、能够用于保存货物的面积。

1）仓库的面积

一般来说，仓库的面积可以分为建筑面积、使用面积和有效面积3种：

（1）建筑面积。库房所占用的土地面积，即库房外墙线所围的水平面积。

（2）使用面积。库房内可供使用的面积，即库房内墙线所围成的面积除去库房内立柱、电梯、消防设施、办公设施等所占的面积。

（3）有效面积。实际用来存放物资的面积，即货位和货架等所占的面积，同样也是使用面积除去过道、垛距、墙距及进行验收备货的区域后所剩的面积。

由此可见，仓库中能够真正用来储存商品的面积是仓库的有效使用面积，因此，必须正确地规划出仓库的有效区域。

2）非保管面积

为了提高仓库利用率，应尽量扩大保管面积，缩小非保管面积。非保管面积包括通道、墙间距、收发货区、库内办公地点等。库房内的通道分为运输通道（主通道）、作业通道（副通道）和检查通道。

（1）通道设计。

① 运输通道供装卸设备在库内走行，其宽度主要取决于装卸搬运设备的外形尺寸和单元

装卸的大小。运输通道的宽度一般为 1.5~3m。

② 作业通道是供人员存取搬运物品的行走通道,其宽度取决于作业方式和货物的大小。如果使用手动叉车进入作业通道作业,则通道宽度应视手动叉车的宽度和作业特点而定。一般情况下,作业通道的宽度为 1m 左右。

③ 检查通道是供仓库管理人员检查库存物品的数量及质量而走行的通道,其宽度只要能使检查人员自由通过即可。检查通道的宽度一般为 0.5m 左右。

(2) 其他非保管区。

① 墙间距。使货垛和货架与库墙保持一定的距离,避免物品受潮,同时也可作为检查通道或作业通道。

墙间距一般宽度为 0.5m 左右,当兼做作业通道时,其宽度需增加 1 倍。墙间距兼做作业通道是比较有利的,它可以使库内通道形成网络,方便作业。

② 收发货区。收发货区是指供收货、发货时临时存放物品的作业场地,可分为收货区和发货区,也可以规定一个收发货区收货、发货共用。

收发货区的位置应靠近库门和运输通道,可设在库房的两端或适中的位置,并要考虑到收货、发货互不干扰。对靠近专用线的仓库,收货区应设在专用线的一侧,发货区应设在靠近公路的一侧。如果专用线进入库房,收货区应在专用线的两侧。

③ 库内办公地点。仓库管理人员需要一定的办公地点,可设在库内也可设在库外,最好设在库外另建办公室,使仓库存放更多的物品。

2. 仓库货区布置

货区布局的目的一方面是提高仓库平面和空间利用率,另一方面是提高物品保管质量,方便进出库作业,从而降低物品的仓储处置成本。

1) 平面布置

平面布置是指对货区内的货垛、通道、垛间(架间)距、收发货区等进行合理的规划,并正确处理它们的相对位置。平面布置的形式有垂直式布置和倾斜式布置两种。

(1) 垂直式布置。货垛或货架的排列与仓库的侧墙互相垂直或平行,具体包括横列式布局、纵列式布局和纵横式布局。

① 横列式布局如图 2.2 所示。这种布局的主要优点是主通道长且宽、副通道短、整齐美观、便于存取查找,如果用于库房布局还有利于通风和采光。

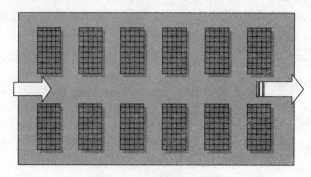

图 2.2 仓库横列式布置

② 纵列式布置如图 2.3 所示。这种布局的优点主要是可以根据库存物品在库时间的不同和进出频繁程度安排货位；在库时间短、进出频繁的物品放置在主通道两侧，在库时间长、进库不频繁的物品放置在里侧。

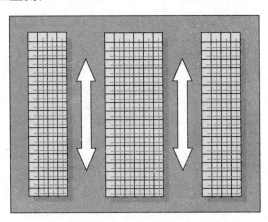

图 2.3 仓库纵列式布局

③ 纵横式布局如图 2.4 所示。这种布局是指在同一保管场所内横列式布局和纵列式布局兼而有之，可以综合利用两种布局的优点。

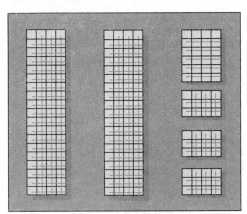

图 2.4 纵横式布局

（2）倾斜式布局。这种布局是指货垛或货架与仓库侧墙或主通道成 60°、45°或 30°夹角，具体包括货垛倾斜式布局和通道倾斜式布局。

① 货垛倾斜式布局，如图 2.5 所示。是横列式布局的变形，它是为了便于叉车作业、缩小叉车的回转角度、提高作业效率而采用的布局方式。

② 通道倾斜式布局，如图 2.6 所示。这种布局是指仓库的通道斜穿保管区，把仓库划分为具有不同作业特点的区域，如大量存储和少量存储的保管区等，以便进行综合利用。这种布局形式仓库内形式复杂，货位和进出库路径较多。

2）空间布局

空间布局是指库存物品在仓库立体空间上布局，其目的在于充分有效地利用仓库空间。空间布局的主要形式有就地堆码、上货架存放、加上平台、空中悬挂等。

其中，使用货架存放物品有很多优点，概括起来有以下几个方面：

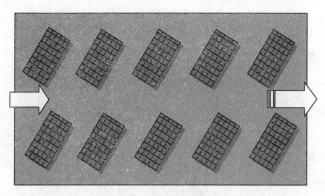

图 2.5　货垛倾斜式布局

（1）便于充分利用仓库空间，提高库容利用率，扩大存储能力。

（2）物品在货架里互不挤压，有利于保证物品本身和其包装完整无损。

（3）货架各层中的物品可随时自由存取，便于做到先进先出。

（4）物品存入货架可防潮、防尘，某些专用货架还能起到防损伤、防盗、防破坏的作用。

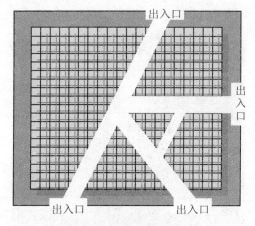

图 2.6　通道倾斜式布局

2.3.2　储货区布局要求

为了方便作业、提高作业效率、方便物品保管，必须对储货区进行分区分类，以便分类保管货物。

1. 分区分类的原则

仓库货物的分区分类原则是对存储货物在性能一致、养护措施一致、消防方法一致、作业手段一致（即"四一致"）的前提下，进行划分。

2. 分区分类的含义

仓库货物的分区分类是根据"四一致"的原则，把仓库划分为若干保管区域，把储存商品划分为若干类别，以便统一规划储存和保管。

（1）分区。根据仓库的建筑、设备等条件把仓库划分为若干保管区，以适应物资分类储存的需要，即在一定的区域内合理储存一定种类的商品，以便集中保管和养护。

（2）分类。就是根据仓储物资的自然属性、养护措施、消防方法等将商品划分为若干类别，以便分门别类地将商品相对固定储存在某一货区内。

3. 分区分类的方法

由于仓库的类型、规模、经营范围、用途各不相同，各种仓储商品的性质、养护方法也迥然不同，所以分区分类储存的方法也有多种，需要统筹兼顾，科学规划。

（1）按商品的种类和性质分区分类储存。按照物资的自然属性，把怕热、怕光、怕潮、怕冻、怕风等具有不同自然属性的物资分区分类储存。凡同类物资，性质相近，又有连带消费性的可尽量安排在同一库区、同一库位进行储存；但若性质完全不同，并且互有影响、互不兼容、不宜混存的物资则必须严格分库存放。

（2）按商品的危险性质分区分类储存。危险性质主要是指易燃、易爆、易氧化、腐蚀性、毒害性和放射性等。仓库应根据物资的危险特性进行分区分类储存，以免发生相互接触，产生燃烧、爆炸、腐蚀、毒害等恶性事故。这种方法主要适用于特种仓库。

（3）按商品的发运地分区分类储存。储存期较短的物资，在吞吐量较大的中转仓库或待运仓库，可按发运地、运输方式、货主进行分区分类储存。例如，先按运输方式，分为公路、铁路、水路、航空划分，再按到达站、点、港的线路划分，最后按货主划分。这种分区分类方法虽不划分物资的种类，但性能不兼容、运价不同的，仍应分开存放。

（4）按仓储作业的特点分区分类储存。超长的、较大的、笨重的物资应与易碎的、易变形的商品分区存放；进出库频繁的物资应存放在车辆进出方便、装卸搬运容易、靠近库门的库区；储存期较长的物资则应储存在库房深处，或多层仓库的楼上。

（5）按仓库的条件及商品的特性分区分类储存。一般情况下，怕热的物资存放在地下室、低温仓库或阴凉通风的货棚内；负荷量较小的轻薄物资可存放在楼上库房，而负荷较大的、笨重的物资，应存放在底楼库房内；价值较高的贵金属，如金银饰品等，必须存放在顶楼库房，而价值较低的一般金属制品可存放在下层库房内。

2.3.3 货位编号

货位是货物存放的位置，它是在分区分类和划分好货位的基础上，将仓库范围的房、棚、场以及库房的楼层、仓间、货架等按地点、位置顺序编列号码，并做出明显标识。一封信只有在住址、姓名都写清楚的条件下才能迅速正确地送到收信人手中。货位编号好比商品的地址，而货物编码就如同姓名一般，通过它们可以在仓库中迅速地找到商品，为货物存取工作方便、快捷地开展提供了条件。

1. 货位编号的要求

在品种、数量很多和商品进出频繁的仓库里，保管员必须正确掌握每批商品的存放位置，货位编号就好比商品在库的"住址"。做好货位编号工作，应从不同的仓库条件、商品类别和经营方式等情况出发，搞好标记位置、货位画线及编号秩序，以符合"标记明显易找，编排循规有序"的要求。

1)标志设置要适宜

货位编号的标记设置要因地制宜,采取适当方法,选择适当位置。例如,仓库标记可在库门外挂牌,仓间标记可写在库门上,货场货位标志可竖立标牌,多层建筑库房的走道、支道、段位的标记一般都刷置在地坪上(但存放粉末类、软性笨重商品的仓间,其标记也有印置在天花板上的),泥土地坪的简易货棚内的货位标记可利用柱、墙、顶梁刷置或悬挂标牌。

2)标记制作要规范

统一使用阿拉伯字码制作货位编号标志。在制作库房和走道、支道的标志时,可在阿拉伯字码外再辅以圆圈,并且可用不同直径的圆表示不同处的标志。

3)编号顺序要一致

仓库范围的房、棚、场以及库房内的走道、支道、段位的编号基本上都以进门的方向左单右双或自左而右的规则进行。

4)段号间隔要恰当

段号间隔的宽窄取决于储存商品批量的大小。编排段号时,管理人员可沿着货位画线,通常保持间隔1m或2m。整个仓间段号间隔应该等距,这除了有利于管理人员正确掌握存货位置、加速发货和据此填报空仓外,还有利于其从间隔的段号上推算出仓间或走、支道的深度和宽度。

【知识链接】

货位画线

在货棚、货场上的货位上,因铺垫枕木、花岗石等垫垛用品,一般不再画线。但在库房内,货位画线是严格区分货物与走道、支道、墙距的界线的,因此必须做到以下几点:

(1)画线保持径直。画线是否径直直接关系到商品堆垛是否整齐。管理人员画线时首先用线绳拉直,再以粉笔沿直线绳画出线条,然后按线条刷上白漆。

(2)货位画线的宽度一般以3cm为宜。

(3)画线应刷置在走、支道或墙壁面上,并相应要求货垛不压货位画线。

2. 货位编号的方法

1)常用编号方法

(1)区段法。区段法就是把存储区分成几个区段,再对每个区段进行编号。这种方法以区段为单位,每个号码代表的储区较大,适用于单位化货物和量大而保管期短的货物。区域大小根据物流量大小而定,进出货暂存区的货位编码可采用区段法。

(2)品项群法。品项群法是把一些相关性货物经过集合后,区分成几个品项群,再对每个品项群进行编码。这种方式适用于容易按商品群保管的场合和品牌差距大的货物,如服饰群、五金群、食品群。

(3)地址法。地址法是利用保管区中现成的参考单位,如建筑物第几栋、区段、排、行、层、格等,按相关顺序编号,如同邮政地址的区、胡同、号一样。其较常用的编号方法一般采用"四号定位法",实际编号时可根据具体情况在"四号定位法"的基础上,采用"三号定位法"或者"五号定位法",甚至"六号定位法",至于采用几号要以能区别每个具体号位为标准。"四号定位法"是采用 4 组数字号码对库房(货场)、货架(货区)、层次(排次)、货(垛位)进行统一编号。

2) 仓库内部编号

目前，仓库内部编号主要涉及库房、货棚、货场及货位等的编号，可以按一定的顺序（自左往右或自右往左），各自连续编号。

库房的编号一般写在库房的外墙上或库门上，字体要统一、端正、色彩鲜艳、清晰醒目、易于辨认。对于多层库房的编号，可采用"三号定位法"编号，即用 3 组数或字母依次表示库房、楼层和仓间，如"131"表示 1 号库房、3 层楼、1 号仓间。

货场的编号一般写在场地上，书写的材料要耐摩擦、耐雨淋、耐日晒。货棚编号书写的地方则可根据具体情况而定，有的写在场地上，有的写在立柱上，也有的写在棚顶上，总之应让人一目了然。

此外为了防止库房、货棚、货场在相同编号的情况下造成错觉，可在第一位数字前加上拼音的第一个字母"K""P"或"C"来区别。

3) 具体货位编号

(1) 货架货位编号。货架货位一般采用地址法编号，由库房号、货架号、货架层号及货架列号构成。例如，以"四号定位法"为例说明货架货位的编号，第一组数字代表库房号，第二组数字代表货架号，第三组数字代表货架层号，第四组数字代表货架列号，如"3-4-5-9"就是指 3 号库房、4 号货架、第 9 层、9 号位。

货架号编号顺序为面向货架从左至右编号；货架层次号编号顺序为从下层向上层依次编号；货架列号编号顺序为面对货架从左侧起横向依次编号。

(2) 场地货位编号。场地货位编号有两种常见的方法：一种是在整个货场内先按排编上排号，然后再在排内按顺序编上货位号；另一种是不分排号，直接按货位顺序编号。

对于集装箱堆场，应对每个箱位进行编号，并画出箱门和四角位置标记。

4) 绘制物资货位表

为便于管理及提高工作效率，仓库内储存区域与货架分布情况在编号的基础上可绘制物资货位表，见表 2-1。

表 2-1 物资货位表

品　名	编　号	库区号	货架号	货架层	列　号
玩具熊	0015	A	1	3	1
积木	0021	A	2	1	1

【知识链接】

商品的编码

商品编码又称商品货号或商品代码，它赋予商品具有一定规律的代表性符号。符号可以由字母、数字以及特殊标记等构成。商品编码与商品分类关系密切，一般商品分类在前，商品编码在后，所以实践中称之为商品分类编码。

2002 年，国务院批准发布了《全国主要产品分类与代码　第 1 部分：可运输产品》（GB/T 7635.1—2002）

和《全国主要产品分类与代码 第2部分：不可运输产品》(GB/T 7635.2—2002)，规定了全国产品的分类和代码。本部分采用层次码，代码分6个层次，各层分别命名为大部分、部类、大类、中类、小类和细类。代码用8位阿拉伯数字表示。第一至五层各用1位数字表示，第一层代码为0~4，第二、五层代码为1~9，第三、四层代码为0~9，第六层用3位数字表示，代码为001~999，采用了顺序码和系列顺序码，顺序码为011~999，系列顺序码为个位数是0(或9)的3位代码。第五层和第六代码之间用圆点(·)隔开，信息处理时应省略圆点符号。

2.3.4 储位管理

1. 储位管理的基本原则

储位管理与库存管理、商品管理一样，它们的管理方法就是原理原则的灵活运用，但储位管理就没有像库存管理、商品管理那样被定义明确，所以要了解储位管理，首先要了解其基本原则。

储位管理的基本原则介绍如下：

(1) 储存位置必须很明确地被指示出来。先将储存区域经过详细规划区分并标示编号，让每一项预备储放的货物均有位置可以储放。此位置必须是很明确的，而且经过储位编码的，不可是边界含糊不清的位置，如走道、楼上、角落，或某货物旁等。很多物流中心习以为常地把走道当成储区位置来使用，这是不对的，虽然短时间内会有一些方便，但会影响作业的进出，违背了储位管理的基本原则。

(2) 货物有效的被定位。依据货物保管区分方式的限制，寻求合适的储存单位、储存策略、指派法则与其他储存的考虑因素，把货物有效地配置在先前所规划的储位上。所谓"有效地"，就是刻意地、经过安排地，如果是冷藏的货就该放冷藏库，是高流通的货就该放置靠近出口处，例如香皂就不应该和香烟放一起，这就是此原则的基本应用。

(3) 异动要确实登录。当货物有效地被配置在规划好的储位上后，剩下的工作就是储位的维护，也就是说不管是因拣货取出、产品汰旧换新，或是受其他作业的影响，使得货物的位置或数量有了改变时，就必须确实地把变动情形加以记录，以使料账与实际数量能够完全吻合，这样才能进行管理。由于此项变动登录工作非常烦琐，仓管作业人员在忙碌工作中的"刻意惰性"，使得这个原则是进行储位管理最困难的部分，也是目前各仓库储位管理作业成败的关键所在。

2. 储存策略

储存策略主要是制定储位的指派原则。良好的储存策略可以减少出入库移动的距离、缩短作业时间，甚至能够充分利用储存空间。一般常用的储存策略有定位储存、随机储存、分类储存、分类随机储存、共用储存。

1) 定位储存

每一储存货物都有固定储位，货物不能互用储位，因此必须规划每一项货物的储位容量不得小于其可能的最大在库量。

2) 随机储存

每一个货物被指派储存的位置都是经由随机的过程所产生的，而且可经常改变。也就是说，任何货物可以被存放在任何可利用的位置。此随机原则一般是由储存人员按习惯来储存，且通常按货物入库的时间顺序储存于靠近出入口的储位。

3) 分类储存

所有的储存货物按照一定特性加以分类，每一类货物都有固定存放的位置，而同属一类的不同货物又按一定的法则来指派储位。

4) 分类随机储存

每一类货物有固定存放位置，但在各类的储区内每个储位的指派是随机的。

5) 共用储存

在确定知道各货物的进出仓库时刻，不同的货物可共用相同储位的方式称为共用储存。共用储存在管理上虽然较复杂，但所需的储存空间及搬运时间却更经济。

3. 储位指派方法

在完成储位确定、储位编号等工作之后，需要考虑用什么方法把商品指派到合适的储位上。储位指派的方法有人工指派法、计算机辅助指派法和计算机指派法3种。

1) 人工指派法

人工指派法是指商品的存放位置由人工进行指定，其优点是计算机等设备投入费用少，缺点是指派效率低、出错率高。

2) 计算机辅助指派法

计算机辅助指派储位方法是利用图形监控系统收集储位信息，并显示储位的使用情况，把这作为人工指派储位依据进行储位指派作业。采用此法需要投入计算机、扫描仪等硬件设备及储位管理软件系统支持。

3) 计算机指派法

计算机指派法是利用图形监控储位管理系统和各种现代化信息技术，如条形码自动阅读机、无线电通信设备、网络技术、计算机系统等，收集储位有关信息，通过计算机分析后直接完成储位指派工作。

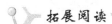
拓展阅读

仓库面积规划工具

在对仓库进行设计和规划时，应当计算出仓库的有效利用面积，以便科学地控制仓库的建筑面积，达到满足仓储需求并节省仓储成本的目的。一般情况下，仓库分为存储区、验收分发作业区、设备存放区、管理室及其他辅助区等区域。在建设仓库之前，需要对各部分的面积进行科学的预估，可以利用荷重计算法和堆垛计算法两种方法计算仓库面积。

1. 荷重计算法

荷重计算法是指根据仓库总存储量、仓库有效面积上的单位面积承重能力来确定仓库面积的方法。设仓库总面积为 S（单位为 m^2），全年入库货物量为 Q（单位为 t），货物平均储存期为 T（单位为天），有效面积上的平均货重为 q（单位为 t/m^2），仓库面积利用系数为 ∂，一年中的工作天数为 T_0。那么，仓库总面积计算公式为

$$S = \frac{Q \cdot T}{q \cdot T_0 \cdot \partial}$$

2. 堆垛计算法

堆垛计算法是指根据各类仓库中货物存储的实际面积比上对应的面积利用系数，得出仓库总面积的计算方法。一般情况下，物料的实际存储面积在不同的仓库类型中具有较大的差别，具体各类仓库的实际面积计算方法以及仓库面积计算系数和方法见表2-2。

表2-2 堆垛法计算仓库面积说明表

存储类型	面积利用系数(∂)	实用面积(S_o)计算方法	仓库面积(S)计算公式
仓库堆垛	0.45～0.6	根据货物的外形尺寸或包装尺寸计算实际堆放面积	$S=\dfrac{S_o}{\partial}$
货架	0.25～0.3	将每个货架占地面积乘以货架总数计算货架实际占地面积	
托盘堆存	0.4～0.5	将托盘总数除以堆高层数，再乘以每个托盘的实际占地面积算得托盘实际的占地面积	
混合存储	0.35～0.4	各类货物存储的实际占地面积	

【本章实训】

绘制仓库平面布局图

一、实训要求

（1）将全班同学按2人为一组，分成若干小组。
（2）每组完成仓库的分区分类和布局。

××仓库平面布局图

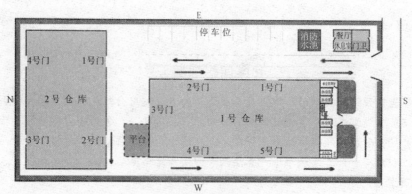

二、操作步骤

（1）先测量仓库的长、宽，画出仓库的平面图，计算仓库的建筑面积。
（2）根据仓库的现场情况，去除一些不能存储货物的场所，计算仓库的有效面积。
（3）将仓库划分成若干区域，对每个区域进行合理的编号。
（4）完成仓库的平面布局图并说明其布局的理由。

【课后练习】

一、单项选择题

1. 铁路货车站台距地面（　　）。
   A. 2m　　　　B. 1.8m　　　　C. 1.2m　　　　D. 1.6m
2. 有关仓库的库位布置及选择问题，属于仓库管理内容中的是（　　）。
   A. 现代库存控制问题
   B. 仓库的业务管理问题
   C. 现代仓库的选址与建筑问题
   D. 现代化仓库机械作业的选择与配置问题
3. 按照仓库的功能，可将仓库分为周转仓库和（　　）。
   A. 营业仓库　　B. 储存仓库　　C. 公共仓库　　D. 中转仓库
4. 纸包装的货物一般放在（　　）。
   A. 库房　　　　B. 货棚　　　　C. 货场　　　　D. 都可以
5. 仓库货区布置中通风和采光最好的是（　　）。
   A. 纵横式　　　B. 横列式　　　C. 纵列式　　　D. 倾斜式
6. 对化学品的储存，应依据（　　）分区分类储存。
   A. 不同货主　　　　　　　　B. 商品的流向
   C. 商品的危险性　　　　　　D. 货物的种类和性质
7. 对于整个仓库的各储存场所进行编号时，一般货场的编号位于（　　）。
   A. 场地上　　　B. 外墙上　　　C. 货架上　　　D. 库门上
8. 在对货架上的各货位进行编号时，顺序应是（　　）。
   A. 从下到上，从左到右，从外到里　　B. 从上到下，从左到右，从里到外
   C. 从上到下，从右到左，从里到外　　D. 从下到上，从右到左，从外到里
9. 多层仓库的货架货位编号一般采用（　　）。
   A. 三号定位法　B. 四号定位法　C. 五号定位法　D. 六号定位法
10. 仓容利用率最高的是（　　）。
    A. 定位储放　　B. 随机储放　　C. 分类储放　　D. 分类随机储放

二、多项选择题

1. 按照仓库功能的不同，可将仓库分为（　　）。
   A. 周转仓库　　　　　B. 自用仓库　　　　　C. 储备仓库
   D. 冷藏仓库　　　　　E. 营业仓库
2. 以下各仓库中，存储时间短，主要追求周转效益的有（　　）。
   A. 流通仓库　　　　　B. 中转仓库　　　　　C. 集配仓库
   D. 生产仓库　　　　　E. 储备仓库
3. 按照仓库用途的不同，可将仓库分为（　　）。
   A. 普通仓库　　　　　B. 公共仓库　　　　　C. 自用仓库
   D. 营业仓库　　　　　E. 特种仓库

4. 按照仓库保管条件不同，可将仓库分为（　　）。
   A. 普通仓库　　　　　　B. 特种仓库　　　　　　C. 冷藏仓库
   D. 恒温仓库　　　　　　E. 周转仓库
5. 现代仓库设备配置原则主要有（　　）。
   A. 适应性　　　　　　　B. 及时性　　　　　　　C. 经济性
   D. 先进性　　　　　　　E. 标准化
6. 现代化仓库设备设置选用时应考虑的因素主要有（　　）。
   A. 商品特性　　　　　　B. 出入库量　　　　　　C. 信息系统
   D. 库房架构　　　　　　E. 商品的存取性
7. 仓库通常由（　　）组成。
   A. 生产作业区　　　　　B. 辅助生产区　　　　　C. 行政生活区
   D. 专用线　　　　　　　E. 堆场
8. 仓库总平面布置的要求有（　　）。
   A. 单一的物流方向　　　B. 最短的运距　　　　　C. 最少的装卸环节
   D. 最大的利用空间　　　E. 以上都是
9. 仓库货物分区分类储存的原则是（　　）。
   A. 性能一致　　　　　　B. 作业手段一致　　　　C. 消防方法一致
   D. 货物种类一致　　　　E. 养护方法一致
10. 货物分区分类的方法主要包括（　　）。
    A. 按商品的流向分区分类储存
    B. 按商品的危险性分区储存
    C. 按货物的种类和性质分区分类储存
    D. 按不同货主分区分类储存
    E. 按所使用的仓储设备分区分类储存
11. （　　）是属于仓库货区平面布置中的垂直式布置。
    A. 纵横式　　　　　　　B. 横列式　　　　　　　C. 纵列式
    D. 倾斜式　　　　　　　E. 通道倾斜式布局
12. 常见的货位编号的方法有（　　）。
    A. 区段法　　　　　　　B. 三号定位法　　　　　C. 四号定位法
    D. 地址法　　　　　　　E. 品项群法

三、判断题

1. 良好的仓库管理可以提高客户服务水平，但也会相应提高物流成本。　　　　（　　）
2. 仓储是物流系统最主要的核心功能之一。　　　　　　　　　　　　　　　　（　　）
3. 仓储是商品在使用之前的保管，是商品成为货物之前，供应和消费之间的中间环节。
　　　　　　　　　　　　　　　　　　　　　　　　　　　　　　　　　　　（　　）
4. 在仓储环节中，不能进行拼装、组装、包装、贴标签、销售展示等业务。　　（　　）
5. 仓库是保管、储存货物的建筑物和场所的总称。　　　　　　　　　　　　　（　　）
6. 现代仓库的功能只是防止货物的丢失和货物的损伤。　　　　　　　　　　　（　　）

7. 储备仓库的功能是较长时间储存保管，其主要追求储存效益。（   ）
8. 按照仓库的功能不同，可将仓库分为自用仓库、营业仓库和公共仓库。（   ）
9. 按仓库的结构和构造进行分类，可将其分为多层仓库、立体仓库和散装仓库3种。（   ）
10. 仓储业务流程主要由入库、保管、出库3个阶段组成。（   ）
11. 仓库保管业务包括分区、分类和货物编号，合理堆码和苫垫，货账保管、盘点和商品养护等工作。（   ）
12. 仓库业务流程中的养护阶段，由验收和保管保养两个作业环节组成。（   ）
13. 仓库工作是一项组织严密的工作，但技术要求不高。（   ）

四、简答题

1. 仓库由哪些部分组成？
2. 仓库货区布局的形式有哪些？
3. 仓库布局时应考虑的因素及功能要求有哪些？
4. 库房结构考虑哪些因素？
5. 货位编码的方法有哪些？

第3章

仓储经营
CANGCHU JINGYING

【学习目标】

知识目标	技能目标
(1) 掌握仓储的多种经营方法 (2) 掌握仓储合同的条款内容 (3) 了解仓单的功能、形式和内容	(1) 能够熟练填写一份仓单 (2) 能够起草一份仓储合同

【案例导入】

2013年6月3日，盛达公司与东方储运公司签订了一份仓储保管合同。合同主要约定：由东方储运公司为盛达公司储存保管小麦60万千克，保管期限自2013年7月10日至11月10日，储存费用为50 000元，任何一方违约，均按储存费用的20%支付违约金。

合同签订后，东方储运公司即开始清理其仓库，并拒绝其他单位存货的要求。2013年7月8日，盛达公司书面通知东方储运公司：因收购的小麦尚不足10万千克，故不需存放贵公司仓库，双方于6月3日所签订的仓储合同终止履行，请谅解。东方储运公司接到盛达公司书面通知后，遂电告盛达公司：同意仓储合同终止履行，但贵公司应当按合同约定支付违约金10 000元。盛达公司拒绝支付违约金，双方因此而形成纠纷，东方储运公司于2013年11月21日向人民法院提起诉讼，请求判令盛达公司支付违约金10 000元。

思考

盛达公司在未向东方储运公司交付仓储物的情况下，是否应赔付违约金？

3.1 仓储经营方法

随着各企业购、销、存经营活动连续不断地进行，商品的仓储数量和仓储结构也在不断变化。为了保证商品的仓储趋向合理化，必须采用一些科学的方法，对商品的仓储及仓储经营进行有效的动态控制。如何确定科学的、先进的、有效的仓储经营方法，使仓储资源得以充分利用是仓储企业搞好经营管理的关键。现代仓储经营方法主要包括保管仓储经营、混藏仓储经营、消费仓储经营、仓库租赁经营等。

3.1.1 保管仓储经营

1. 保管仓储的经营方法

保管仓储是指存货人将储存物交付给仓储经营人储存，并支付仓储费的一种仓储经营方法。

在保管仓储经营中，仓储经营人一方面需要尽可能多地吸引仓储，获得大量的仓储业务，实现仓储保管费收入的最大化；另一方面还需在仓储保管中尽量降低保管成本来获取经

营成果。仓储保管费取决于仓储物的数量、仓储时间以及仓储费率。其计算公式为

$$C = Q \cdot T \cdot K$$

式中，C——仓储保管费；

Q——存货数量；

T——存货时间；

K——仓储费率。

仓储总收入的计算公式为

$$仓储总收入 = 总库容量 \times 仓容利用率 \times 平均费率$$

2. 保管仓储的经营特点

（1）保管仓储的目的在于保持保管物原状。寄存人交付保管物于保管人，其主要目的在于保管。也就是说，寄存人主要是将自己的货物存入仓储企业，仓储企业必须对仓储物实施必要的保管从而达到最终维持保管物原状的目的。寄存人与存货企业是一种提供劳务的关系，所以在仓储过程中，仓储物的所有权不转移到仓储过程中，仓储企业没有处分仓储物的权力。

（2）仓储物一般都是数量大、体积大、质量高的大宗货物、物资等，如粮食、工业制品、水产品等。

（3）保管仓储活动是有偿的。保管人为存货人提供仓储服务，存货人必须支付仓储费。仓储费是保管人提供仓储服务的价值表现形式，也是仓储企业盈利的来源。

3. 保管仓储的经营管理

要使仓储物品质量保持完好，就必须加强仓储的管理工作。

（1）要加强仓储技术的科学研究，根据商品的性能和特点提供适宜的保管环境和保管条件，保证仓储商品的数量正确、质量完好。

（2）要不断提高仓储员工的业务水平，培养出一支训练有素的员工队伍，在养护、保管工作中发挥其应有的作用。

（3）要建立和健全仓储管理制度，加强市场调查和预测，搞好客户关系，组织好商品的收、发、保管保养工作，掌握库存动态，保证仓储经营活动的正常运行。

3.1.2 混藏仓储经营

1. 混藏仓储的经营方法

混藏仓储是指存货人将一定品质、数量的储存物交付给仓储经营人储存，在储存保管期限届满时，仓储经营人只需以相同种类、相同品质、相同数量的替代物返还的一种仓储经营方法。

混藏仓储主要适用于农业、建筑业、粮食加工等行业中对品质无差别、可以准确计量的商品。在混藏仓储经营中，仓储经营人应寻求尽可能控制品种的数量和大批量混藏的经营模式，从而发挥混藏仓储的优势。混藏仓储经营方法的收入主要来源于仓储保管费，存量越多、存期越长收益越大。

2. 混藏仓储的经营特点

（1）混藏仓储的对象是种类物。混藏仓储的目的并不是完全在于原物的保管，有时寄存人仅仅需要实现物的价值的保管即可，保管人以相同种类、相同品质、相同数量的替代物返还，并不需要原物返还。因此，当寄存人基于物之价值保管的目的而免去保管人对原物的返还义务时，保管人减轻了义务负担，也扩大了保管物的范围，种类物成为保管合同中的保管物。保管人即以种类物为保管物，则在保存方式上失去各保管物特定化的必要，所以可将所有同种类、同品质的保管物混合仓储保存。

（2）混藏仓储的保管物并不随交付而转移所有权。混藏保管人只需为寄存人提供保管服务，而保管物的转移只是物的占有权转移，与所有权的转移毫无关系，保管人无权处理存货的所有权。例如，农民将玉米交付给仓储企业保管，仓储企业可以混藏玉米，仓储企业将所有收存的玉米混合储存于相同品种的玉米仓库，形成一种保管物为混合物（所有权的混合）状况，玉米的所有权并未交给加工厂，各寄存人对该混合保管物按交付保管时的份额，各自享有所有权。在农民需要时，仓储企业从玉米仓库取出相应数量的存货交还该农民。

（3）混藏仓储是一种特殊的仓储方式。混藏仓储与消费仓储、保管仓储有着一定的联系，也有一定的区别。保管仓储的对象是特定物，而混藏仓储的对象是种类物。

混藏仓储在物流活动中发挥着重要的作用，在提倡物尽其用、发展高效物流的今天，混藏仓储被赋予了更新的功能，配合以先进先出的运作方式，使得仓储物资的流通加快，有利于减少耗损和过期变质等风险。另外，混藏方式能使仓储设备投入最少，仓储空间利用率最高。存货品种增加会使仓储成本增加，所以在混藏仓储经营中尽可能开展少品种、大批量的混藏经营。因此，混藏仓储主要适用于农村、建筑施工、粮食加工、五金等行业，对品质无差别、可以准确计量的商品。

3.1.3 消费仓储经营

1. 消费仓储的经营方法

消费仓储是指存货人不仅将一定数量、品质的储存物交付仓储经营人储存，而且双方约定将储存物的所有权也转移到仓储经营人处，在合同期满时，仓储经营人以相同种类、相同品质、相同数量替代物返还的一种仓储经营方法。

存放期间的商品所有权由保管人掌握，保管人可以对商品行使所有权。消费仓储的经营人一般具有商品消费的能力，如面粉加工厂的小麦仓储、加油站的油库仓储、经营期货交易的保管人等。消费仓储合同的不同之处是涉及仓储物所有权转移到保管人，自然地保管人需要承担所有人的权利和义务。

2. 消费仓储的经营特点

（1）消费仓储是一种特殊的仓储形式，具有与混藏仓储相同的基本性质。消费仓储保管的目的是对保管物的保管，主要是为寄存人的利益而设定，原物虽然可以消耗使用，但其价值得以保存。寄存人交付保管物于保管人，只求自己的物品在需要时仍然能够得到等同于原样的输出。

(2) 消费仓储以种类物作为保管对象,仓储期间转移所有权于保管人。在消费仓储中,寄存人将保管物寄于保管人处,保管人以所有人的身份自由处理保管物,保管人在他所接收的保管物于转移之时便取得了保管物的所有权,这是消费仓储最为显著的特征。在保管物返还时,保管人只需以相同种类、相同品质、相同数量的物品代替原物返还即可。

(3) 消费仓储以物的价值保管为目的,保管人仅以种类、品质、数量相同的物进行返还。在消费仓储中不仅转移保管物的所有权,而且必须允许保管人使用、收益、处分保管物。即将保管物的所有权转移于保管人,保管人无需返还原物,而仅以同种类、品质、数量的物品返还,以保存保管物的价值即可。保管人通过经营仓储物获得经济利益,通过在高价时消费仓储物、低价时购回获取差价,当然最终需要买回仓储物归还存货人。

3. 消费仓储的经营管理

(1) 仓储保管人直接使用仓储物进行生产、加工。例如,仓储经营人直接将委托仓储的水泥用于建筑生产,在保管到期前从市场购回相同的水泥归还存货人。

(2) 仓储经营人在仓储物的价格升高时将仓储物出售,在价格降低时购回。

4. 消费仓储经营的意义

消费仓储经营人的收益主要来自于对仓储物消费的收入。当该消费的收入大于返还仓储物时的购买费用时,仓储经营人获得了经营利润;反之,消费收益小于返还仓储物时的购买费用时就不会对仓储物进行消费,而依然原物返还。在消费仓储中,仓储费收入是次要收入,有时甚至采取无收费仓储。

由此可见,消费仓储是仓储经营人利用仓储物停滞在仓库期间的价值进行经营,追求利用仓储财产经营的收益。消费仓储的开展使得仓储财产的价值得以充分利用,提高了社会资源的利用率。消费仓储可以在任何仓储物中开展,但对于仓储经营人的经营水平有极高的要求,现今在期货仓储中广泛开展。

3.1.4 仓库租赁经营

1. 仓库租赁的经营方法

仓库租赁经营是通过出租仓库、场地,出租仓库设备,由存货人自行保管货物的仓库经营方式。进行仓库租赁经营时,最主要的一项工作是签订一个仓库租赁合同,在合同条款的约束下进行租赁经营,取得经营收入。

2. 仓库租赁经营的特点

(1) 出租的收益所得高于自身经营收益所得。采取出租仓库经营方式的前提条件为出租的收益所得高于自身经营收益所得,一般以下式计算为依据。

$$租金收入 > 仓储保管费 - 保管成本 - 服务成本$$

(2) 租赁合同确定租赁双方的权利和义务。出租人的权利是对出租的仓库及设备拥有所有权,并按合同收取租金。同时,必须承认承租人对租用仓库及仓库设备的使用权,并保证仓库及仓库设备的性能完好。承租人的权利是对租用的仓库及仓库设备享有使用权(不是所有权），并有保护设备及按约定支付租金的义务。

3. 仓库租赁经营的方式

仓储租赁经营可以是整体性的出租，也可以采用部分出租、货位出租等分散方式进行，目前采用较多的是部分出租和货位出租方式。在分散出租形式下，出租人需要承担更多的仓库管理工作，如环境管理、保安管理等。采用整体性的出租方式虽然减少了管理工作量，却同时也放弃了所有自主经营的权力，不利于仓储业务的开拓和对经营活动的控制。

【知识链接】

箱柜委托租赁保管业务

目前，箱柜委托租赁保管业务在许多国家发展较快。比如在日本，从事箱柜委托租赁保管业务的企业数目和仓库营业面积在迅速上升。

箱柜委托租赁保管业务是仓库经营者以一般城市居民和企业为服务对象，向他们出租体积较小的箱柜来保管非交易物品的一种仓库业务，对一般居民和家庭的贵重物品，如金银首饰、高级衣料、高级皮毛制品、古董、艺术品等提供保管服务，对企业以法律或规章制度规定必须保存一定时间的文书资料、磁带记录资料等物品为对象提供保管服务。箱柜委托租赁保管业务强调安全性和保密性，它为居住面积较小的城市居民和办公面积较窄的企业提供了一种便利的保管服务。箱柜委托租赁保管业务是一种城市型的仓库保管业务。

这种仓库一般有3个特点：一是注重保管物品的保密性，因为保管的企业资料中许多涉及企业的商业秘密，所以仓库有责任保护企业秘密，防止被保管的企业资料流失到社会上去；二是注重保管物品的安全性，防止保管物品损坏变质，因为企业的这些资料如账目发票、交易合同、会议记录、产品设计资料、个人档案等需要保管比较长的时间；三是注重快速服务反应，当企业需要调用或查询保管资料时，仓库经营人能迅速、准确地调出所要资料，及时地送达企业。

3.1.5 仓储多种经营和增值服务

仓储多种经营是指仓储企业为了实现经营目标采用多种经营的经营方式，如在开展仓储业务的同时还开展流通加工、商品交易、配载与配送等仓储增值服务及运输中介。下面重点介绍流通加工和运输中介。

1. 流通加工

流通加工是指物品从生产地到使用地的过程中，根据需要施加包装、分割、裁剪、计量、分拣、刷标志、拴标签、组装等简单作业的总称。

流通加工是为了提高物流速度和物品的利用率，在物品进入流通领域后，按客户的要求进行的加工活动。仓储中常见的流通加工有以下几种。

（1）包装。产品的包装环节由仓储企业或和仓储部门来完成，并且把仓储的规划与相关的包装业务结合起来综合考虑，有利于整个物流效益的提高。

（2）贴标签。在仓储过程中完成在商品上或商品包装上贴标签的工序。

（3）简单的加工生产。一些简单的加工生产业务本来是在生产过程中作为一道单独的工序来完成的，把这些简单加工过程放到仓储环节来进行，可以从整体上节约物流流程、降低加工成本，并使生产企业能够专心于主要的生产经营业务活动，如把对商品的涂油漆过程放到仓储环节来进行可以达到缩短物流流程、节约物流成本、提高仓储企业的效率。

2. 运输中介

运输中介即运输服务中间商，其通常不拥有运输设备，但向其他厂商提供间接服务。运输中介的职能类似营销渠道中的批发商，它们从各种托运人手中汇集一定数量的货源，然后购买运输。运输中介主要有货运代理人、经纪人。

1) 货运代理人

货运代理人是以盈利为目的的，它们把来自各种顾客手中的小批量装运整合成大批量装载，然后利用专业承运人进行运输。到达目的地后，货运代理人把大批量装载拆成原来的小批量装运。货运代理人的主要优势在于大批量的装运可以获得较低的费率，而且在很多时候可以使小批量装运的速度快于个别托运人直接和专业承运人打交道的速度。

货运代理人具有以下优点：

（1）使专业承运人的规模经济效益提高，货代使小批量货物可以集中到发运地，便于整合运输。

（2）缩短专业承运人发出货物的时间，减少货物在专业承运人处的储存时间，提高作业效率。

（3）使托运人的发货时间缩短，货代收集的大批量货物可以让专业承运人快速发货而不必等待集货发运。

（4）货代收集的大量货物可以集中一次发运到目的地，不用中途重新装运，减少工作量，减少货物二次装运的破损率。

（5）货运代理人具有熟练的运输专业技能，充分掌握运输市场的信息，且与众多的实际承运人有着密切的关系和简单而有效的业务流程。

2) 经纪人

经纪人实际上是运输代办，以收取服务费为目的。经纪人对整个物流活动来说相当于润滑油，它使托运人和承运人有机结合，并方便了小型托运人的托运活动，因为小型托运人无法得到承运人的较好服务。经纪人同时也简化承运人的作业行为，使无数的小托运人不再涌到承运人处办理托运。经纪人会根据托运人的要求，最合理地安排运输方式，节约费用，可以避免物流浪费。

3.2 仓储合同

仓储合同又称仓储保管合同，是指保管人储存存货人交付的仓储物，存货人支付仓储费的合同。在仓储合同关系中，存入货物的一方是存货人，保管货物的一方是保管人，交付保管的货物为仓储物。

3.2.1 仓储合同的标的和标的物

仓储合同的标的是仓储保管行为，是仓储合同关系中存货人与保管人的民事权利义务共同指向的对象，包括仓储空间、仓储时间和保管要求，仓储人要为此支付仓储费。

仓储合同的标的物是仓储物，是仓储合同标的的载体和表现。仓储合同的标的物是动产，而不能为不动产。至于一些易燃、易爆、易腐烂、有毒的危险品，以及一些易渗漏、超限的特殊货物等，只需存货人与保管人在订立仓储合同时约定一些必要的特别仓储事项即可。另外，货币、知识产权、数据、文化等无形资产和精神产品也不能作为标的物。

3.2.2 仓储合同的法律特征

1. 仓储合同为诺成合同

为约束仓储合同双方的行为，更好地维护双方利益，法律规定仓储合同自双方达成合意时起就成立，而不需以存储货物的实际交付。《中华人民共和国合同法》（后文简称《合同法》）第382条规定："仓储合同自成立时起生效。"

【知识链接】

诺成合同和实践合同的区别

诺成合同与实践合同是从合同成立条件的角度对其所做的分类。诺成合同是指以缔约当事人意思表示一致为充分成立条件的合同，即一旦缔约当事人的意思表示达成一致即告成立的合同。实践合同是指除当事人意思表示一致以外尚需交付标的物才能成立的合同。在这种合同中仅有人的合意，合同尚不能成立，还必须有一方实际交付标的物的行为或其他给付才能成立合同关系。实践中，大多数合同均为诺成合同，实践合同仅限于法律规定的少数合同，如保管合同、自然人之间的借款合同。

诺成合同与实践合同的主要区别在于两者成立的要件不同。诺成合同自当事人意思表示一致时即告成立，而实践合同则除当事人达成合作意向之外，尚需交付标的物或完成其他给付才能成立和生效。因此，在诺成合同中，交付标的物或完成其他给付是当事人的合同义务，违反该义务便产生违约责任；在实践合同中，交付标的物或完成其他给付只是先合同义务，违反该义务不产生违约责任，可构成缔约过失责任。

2. 保管人必须是拥有仓储设备并具有从事仓储保管业务资格的人

仓储合同中为存货人保管货物的一方必须是仓库营业人。仓库营业人可以是法人，也可以是个体工商户、合伙人、其他组织等，但必须具备一定的资格，即必须具备仓储设备和从事仓储保管业务的资格。

所谓仓储设备，是指可以用于储存和保管仓储的必要设施，是保管人从事仓储经营业务必不可少的基本物质条件。仓储保管人应具备的仓储设备虽然没有什么特别要求，但是该设备须能充分保证仓储能实现对存货人所存放货物进行保管的基本目的，即应当至少满足储藏和保管物品的需要。

所谓从事仓储业务的资格，是指保管人必须取得专门从事或者兼营仓储业务的营业许可，这是国家对保管人从事仓储经营业务的行政管理要求。在我国，仓储保管人应当是在工商行政管理机关登记，从事仓储保管业务并领取营业执照的法人或其他组织。根据《仓储保管合同实施细则》的规定，经工商行政管理机关核准是一切民事主体从事仓储经营业务的必要资格条件。

3. 仓储合同是双务、有偿合同

《合同法》第381条规定："仓储合同是保管人储存存货人交付的仓储物，存货人支付仓储费的合同。"双务、有偿性显而易见。《合同法》第392条规定，如果存货人或者仓单持有人逾期提取仓储物，那么，保管人应当加收仓储费。因此，仓储合同是具有双务性、有偿性的合同。

4. 仓储合同的标的物须为动产

在仓储合同中，存货人应当将仓储物交付给保管人，由保管人按照合同的约定进行储存和保管。因此，依合同性质而言，存货人交付的仓储对象必须是动产；换言之，不动产不能成为仓储合同的标的物。

5. 存货人的货物交付或行使返还请求权以仓单为凭证

在仓储合同中，存货人按照合同约定将仓储物交付保管人时，保管人应当给付仓单。仓单是表示一定数量、品种的货物已经交付的法律文书，是有价证券的一种，其性质当为记名的物权凭证。

3.2.3 仓储合同的主要条款

1. 存货人、保管人的名称和地址

合同当事人是履行合同的主体，需要承担合同责任，并采用完整的企业注册名称和登记地址或者主办单位地址。主体为个人的必须明示个人的姓名和户籍地或常住地（临时户籍地）。有必要时可在合同中增加通知人，但通知人不是合同当事人，仅仅履行通知当事人的义务。

2. 保管物的品名或品类、数量、质量和包装

在仓储合同中，要明确地标明仓储物的品名或品类。货物的数量应使用标准的计量单位，而且计量单位应准确到最小的计量单位，如以包、扎、捆、把等计算的就必须明确每包、扎、捆、把有多重或多少根(块)。仓储物的质量应当使用国家或有关部门规定的质量标准，也可以使用经过批准的企业标准，还可以使用行业标准，上述质量标准均可以由存货人与保管人在仓储合同中约定，而在没有质量标准时，双方当事人可自行约定质量标准。如果双方在仓储合同中没有约定质量标准，则依《合同法》第61条，可以进行协议补充；不能达成补充协议的，按照合同有关条款或者交易习惯确定。仓储物的包装一般应由存货人负责。有国家或专业标准的按照国家或者专业标准的规定执行，没有国家或专业包装标准的应当根据仓储物便于保管的原则而由存货人与保管人商定。

3. 仓储物验收的内容、标准、方法和时间

保管人验收仓储物的项目有仓储物的品种、规格、数量、外包装状况以及无须开箱、拆捆而直观可见可辨的质量情况。包装内的货物品名、规格、数量以外包装或货物上的标记为

准；外包装或货物上无标记的，以供货方提供的验收资料为准。散装货物按国家有关规定或合同规定验收。依照惯例验收期限，国内货物不超过 10 日，国外到货不超过 30 天，法律另有规定或当事人另有约定的除外。

货物验收期限是指自货物和验收资料全部送达保管人之日起，至验收报告送出之日止。货物验收期限的日期均以运输或邮政部门的戳记或送达的签收日期为准。超过验收期限所造成的实际损失由保管人负责。如果保管人未能按照合同约定或者法律法规规定的项目、方法和期限验收仓储物或验收仓储物不准确，应当承担因此造成的损失。存货人未能提供验收资料或提供资料不齐全、不及时，所造成的验收差错及贻误索赔期由存货人负责。

4. 仓储条件和要求

合同双方当事人应根据货物性质、要求的不同，在合同中明确规定保管条件。保管人如因仓库条件所限，不能达到存货人要求，则不能接受。对某些比较特殊的货物，如易燃、易爆、易渗漏、有毒等危险物品，保管人保管时应当有专门的仓库、设备，并配备有专业技术知识的人负责管理。必要时，存货人应向保管人提供货物储存、保管、运输等方面的技术资料，防止发生货物毁损、仓库毁损和人身伤亡事故。存货人在交存特殊货物时应当明确告知保管人货物有关保管条件、保管要求，否则保管人可以拒绝接收存货人所交付的危险货物。

5. 货物进出库手续、时间、地点和运输方式

仓储合同的当事人双方应当重视货物入库环节，防止将来发生纠纷。因此在合同中，要明确入库应办理的手续、理货方法、入库的时间和地点以及货物运输、装卸搬运的方式等内容。出库时间由仓储合同的当事人双方在合同中约定，当事人对储存期间没有约定或者约定不明确，存货人可以随时提取仓储物，保管人也可以随时要求存货人提取仓储物，但是应当给予必要的准备时间。另外提货时应办理的手续、验收的内容、标准、方式地点、运输方式等也要明确。

6. 仓储物的损耗标准及损耗的处理

仓储物的损耗标准是指货物在储存过程中由于自然原因（如干燥、风化、散失、挥发、黏结等）和货物本身的性质等原因，不可避免地要发生一定数量的减少、破损，而由合同当事人双方事先商定一定的货物自然减量标准和破损率等。在确定仓储物的损害标准时，要注意易腐货物的损耗标准应该高于一般货物的损耗标准。除了对货物按照保管条件和要求保管外，损耗标准应当根据储存时间的长短来确定。损耗的处理是指仓储物实际发生的损耗，超过标准或没有超过标准规定的，应当如何处理的问题。例如，仓储物出库时与入库时实际验收数量不一致，在损耗标准范围之内的视为货物完全交付。如果损耗数量超过约定的损耗标准，应核实后做出库验收记录，由保管人负责处理。

7. 计费项目、标准和结算方式、银行、账号和时间

计费项目包括保管费、转仓费、出入库装卸搬运费、车皮、站台、专用线占有、包装整理、商品养护等费用。此条款中除明确上述费用由哪一方承担外，还应明确各种费用的计算标准、支付方式、支付时间、地点、开户银行、账号等。

8. 责任划分和违约处理

仓储合同中可以从货物入库、货物验收、货物保管、货物包装、货物出库等方面明确双方当事人的责任，同时应规定违反合同时应承担的违约责任。承担违约责任有支付违约金、损害赔偿以及采取其他补救措施。

9. 合同的有效期限

合同的有效期限即货物的保管期限。合同有效期限的长短也与货物本身的有效储存期有关。所谓有效储存期，是指某些货物由于本身的特性不能长时间存放，如药品、胶卷、化学试剂等，一般都注明了有效使用期限。根据有效使用期限确定的储存保管期限称为有效储存期。对于仓库保管人员来说，保管这种产品不仅要注意仓库温度、湿度的变化，还应注意其储存期限。特别是对一些接近失效期的产品，应及时通知存货人要按时出库，出库前还要注意留给产品调运、供应和使用的时间，以使其在失效之前能够进入市场，投入使用。根据有关规定，储存的货物在临近失效期时，保管人未通知存货人及时处理，因超过有效储存期限所造成的货物损失，保管人负有赔偿责任。保管人通知后，如果存货人不及时处理，以致超过有效储存期限而造成货物损坏、变质的，保管人不负赔偿责任。

10. 变更和解除合同

仓储合同的当事人如果需要变更或解除合同，必须事先通知另一方，双方一致即可变更或解除合同。变更或解除合同的建议和答复必须在法律规定或者合同约定的期限内提出。如果发生了法律或合同中规定的可以单方变更或解除合同的情形，那么拥有权利的一方可以变更或解除合同。

上述内容一般为通常的仓储合同所应具备的主要条款，但是，合同毕竟是当事人双方的合作意向，签订合同是当事人自己所为的法律行为。因此，基于双方的利益考虑，当事人之间还可以就更多的、更为广泛的事项达成一致，充实仓储合同的具体内容，如争议的解决方式、合同的履行地点、是否允许转仓保管储存等，只要是一方要求必须规定的条款而又与另一方达成一致意思表示，都应当是仓储合同的重要条款。

【知识链接】

仓储合同(范本)

合同编号：_____

保管人：_____ 签订地点：_____

存货人：_____ 签订时间：_____

第一条　仓储物

名　称	品种规格	性　质	数　量	质　量	包　装	件　数	标　记	仓储费

合计人民币金额(大写)：

第二条　储存场所、储存物占用仓库位置及面积：＿＿＿＿＿＿＿＿＿＿＿＿＿＿＿＿＿＿＿。

第三条　仓储物(是/否)有瑕疵。瑕疵是：＿＿＿＿＿＿＿＿＿＿＿＿＿＿＿＿＿＿＿＿＿。

第四条　仓储物(是/否)需要采取特殊保管措施。特殊保管措施是：＿＿＿＿＿＿＿＿＿＿。

第五条　仓储物入库检验的方法、时间与地点：＿＿＿＿＿＿＿＿＿＿＿＿＿＿＿＿＿＿。

第六条　存货人交付仓储物后，保管当给付仓单。

第七条　储存期限：从＿＿＿＿年＿＿＿月＿＿＿日至＿＿＿＿年＿＿＿月＿＿＿日。

第八条　仓储物的损耗标准及计算方法：＿＿＿＿＿＿＿＿＿＿＿＿＿＿＿＿＿＿＿＿＿。

第九条　保管人发现仓储物有变质或损坏的，应及时通知存货人或仓单持有人。

第十条　仓储物(是/否)已办理保险，险种名称：＿＿＿＿＿＿＿＿保险金额：＿＿＿＿＿＿＿＿保险期限：＿＿＿＿＿＿＿＿＿保险人名称：＿＿＿＿＿＿＿＿＿。

第十一条　仓储物出库检验的方法与时间：＿＿＿＿＿＿＿＿＿＿＿＿＿＿＿＿＿＿＿＿。

第十二条　结算方式与时间及期限：＿＿＿＿＿＿＿＿＿＿＿＿＿＿＿＿＿＿＿＿＿＿＿。

第十三条　储存期间届满，存货人或者仓单持有人应当凭仓单提取仓储物。存货人或者仓单持有人逾期提取的，应当加收仓储费具体如下：＿＿＿＿＿＿＿＿＿＿＿＿＿＿＿＿＿。提前提取的，不减收仓储费。

第十四条　存货人未向保管人支付仓储费的，保管人(是/否)可以留置仓储物。

第十五条　违约责任：＿＿＿＿＿＿＿＿＿＿＿＿＿＿＿＿＿＿＿＿＿＿＿＿＿＿＿＿。
违约损失赔偿额计算方法：＿＿＿＿＿＿＿＿＿＿＿＿＿＿＿＿＿＿＿＿＿＿＿＿＿＿。

第十六条　合同争议的解决方式：本合同项下发生的争议，由双方当事人协商解决，也可以由当地工商行政管理部门调解；协商或调解不成的，按下列第＿＿＿种方式解决。

（一）提交＿＿＿＿＿＿＿＿＿＿＿＿＿＿＿＿＿＿＿＿＿＿＿＿＿＿仲裁委员会仲裁。

（二）依法向＿＿＿＿＿＿＿＿＿＿＿＿＿＿＿＿＿＿＿＿＿＿＿＿＿＿人民法院起诉。

第十七条　其他约定事项：＿＿＿＿＿＿＿＿＿＿＿＿＿＿＿＿＿＿＿＿＿＿＿＿＿＿。

存货方(章)：	保管方(章)：	鉴(公)证意见：
地　址：	地　址：	
法定代表人：	法定代表人：	
委托代理人：	委托代理人：	
电　话：	电　话：	
电　挂：	电　挂：	
开户银行：	开户银行：	鉴(公)证单位(章)：
账　号：	账　号：	经办人：
邮政编码：	邮政编码：	年　月　日

3.2.4　仓储合同中当事人的义务和权利

1. 存货人的义务与权利

1) 存货人的义务

（1）告知义务。存货人的告知义务包括两个方面：对仓储物的完整告知和瑕疵告知。

① 完整告知。是指在订立合同时存货人要完整细致地告知保管人仓储物的准确名称、数量、包装方式、性质、作业保管要求等涉及验收、作业、仓储保管、交付的资料，特别是危险货物，存货人还要提供详细的说明资料。存货人寄存货币、有价证券或者其他贵重物品

的，应当向保管人声明，由保管人验收或者封存。存货人未声明的，该物品毁损、灭失后，保管人可以按照一般物品予以赔偿。存货人未明确告知的仓储物属于夹带品，保管人可以拒绝接受。

② 瑕疵告知。瑕疵包括仓储物及其包装的不良状态、潜在缺陷、不稳定状态等已存在的缺陷或将会发生损害的缺陷。保管人了解仓储物所具有的瑕疵可以采取针对性的操作和管理，以避免发生损害和危害，因存货人未告知仓储物的性质、状态造成的保管人验收错误、作业损害、保管损坏由存货人承担赔偿责任。

(2) 妥善处理和交存货物。存货人应对仓储物进行妥善处理，根据性质进行分类、分储，根据合同约定妥善包装，使仓储物适合仓储作业和保管。存货人应在合同约定的时间向保管人交存仓储物，并提供验收单证。交存仓储物不是仓储合同生效的条件，而是存货人履行合同的义务。存货人未按照约定交存仓储物，构成违约。

(3) 支付仓储费和偿付必要费用。存货人应根据合同约定按时、按量地支付仓储费，否则构成违约。如果存货人提前提取仓储物，保管人不减收仓储费；如果存货人逾期提取，应加收仓储费。由于未支付仓储费的，保管人有对仓储物行使留置权的权利，即有权拒绝将仓储物交还存货人或应付款人，并可通过拍卖留置的仓储物等方式获得款项。

仓储物在仓储期间发生的应由存货人承担责任的费用支出或垫支费，如保险费、货物自然特性的损害处理费用、有关货损处理、运输搬运费、转仓费等，存货人应及时支付。

(4) 及时提货。存货人应按照合同的约定按时将仓储物提离。保管人根据合同的约定安排仓库的使用计划，如果存货人未将仓储物提离，会使得保管人已签订的下一个仓储合同无法履行。

2) 存货人的权利

(1) 查验、取样权。在仓储保管期间存货人有对仓储物进行查验、取样查验的权利，能提取合理数量的样品进行查验。虽然查验会影响保管人的工作，取样还会造成仓储物的减量，但存货人合理进行的查验和取样保管人不得拒绝。

(2) 保管物的领取权。当事人对保管期间没有约定或约定不明确的，存货人可以随时要求寄存人领取保管物；保管期间明确约定的，保管人无特别事由，不得要求寄存人提前领取保管物，但存货人可以随时领取保管物。

(3) 获取仓储物孳息的权利。《合同法》第377条规定："保管期间届满或者寄存人提前领取保管物的，保管人应当将原物及其孳息归还寄存人。"可见，如果仓储物在保管期间产生了孳息，存货人有权获取该孳息。

2. 保管人的义务和权利

1) 保管人的义务

(1) 提供合适的仓储条件。仓储保管人经营仓储保管的先决条件就是具有合适的仓储保管条件，有从事保管货物的保管设施和设备，包括适合的场地、容器、仓库、货架、作业搬运设备、计量设备、保管设备、安全保卫设施等条件。同时，还应配备一定的保管人员、商品养护人员，制定有效的管理制度和操作规程等。此外，保管人所具有的仓储保管条件还要适合所要进行保管的仓储物的相对仓储保管要求，如保存粮食的粮仓、保存冷藏货物的冷库等。保管人若不具有仓储保管条件，则构成根本违约。

（2）验收货物。保管人应该在接受仓储物时对货物进行理货、计数、查验，在合同约定的期限内检验货物质量，并签发验货单证。验收货物按照合同约定的标准和方法，或者按照习惯的、合理的方法进行。保管人未验收货物推定为存货人所交存的货物完好，保管人也要返还完好无损的货物。

（3）签发仓单。保管人在接受货物后，根据合同的约定或者存货人的要求，及时向存货人签发仓单。在存期届满，根据仓单的记载向仓单持有人交付货物，并承担仓单所明确的责任。保管人根据实际收取的货物情况签发仓单。保管人应根据合同条款确定仓单的责任事项，避免将来向仓单持有人承担超出仓储合同所约定的责任。

（4）返还仓储物及其孳息。保管人应在约定的时间和地点向存货人或仓单持有人交还约定的仓储物。仓储合同没有明确存期和交还地点的，存货人或仓单持有人可以随时要求提取，保管人应在合理的时间内交还存储物。作为一般仓储合同，保管人在交返仓储物时应将原物及其孳息、残余物一同交还。

（5）危险告知义务。当仓储物出现危险时，保管人应及时通知存货人或仓单持有人，并有义务采取紧急措施处置，防止危害扩大。包括在货物验收时发现不良情况、发生不可抗力损害、仓储物的变质、仓储事故的损坏以及其他涉及仓储物所有权的情况，都应该告知存货人或仓单持有人。

2）保管人的权利

（1）收取仓储费的权利。仓储费是保管人订立合同的目的，是对仓储物进行保管所获得的报酬，是保管人的合同权利。保管人有权按照合同约定收取仓储费或在存货人提货时收取仓储费。

（2）保管人的提存权。储存期间届满，存货人或者仓单持有人不提取货物的，保管人可以催告其在合理期限内提取，逾期不提取的，保管人可以提存仓储物。所谓提存，是指债权人无正当理由拒绝接受履行或下落不明，或数人就同一债权主张权利，债权人一时无法确定，致使债务人难于履行债务，经公证机关证明或法院的裁决，债务人可将履行的标的物提交有关部门保存。一经提存即认为债务人已经履行了其义务，债权债务关系即行终止。债权人享有向提存物的保管机关要求提取标的物的请求权，但须承担提存期间标的物损毁灭失的风险并支付因提存所需要的保管或拍卖等费用，且提取请求权自提存之日起 5 年内不行使则消灭。

一般来说，提存程序包含以下几项内容：

① 先应由保管人向提存机关呈交提存申请书，在提存书上应当载明提存的理由、标的物的名称、种类、数量以及存货人或提单所有人的姓名、住所等内容。

② 保管人应提交仓单副联、仓储合同副本等文件，以此证明保管人与存货人或提单持有人的债权债务关系。

③ 保管人还应当提供证据证明自己催告存货人或仓单持有人提货而对方没有提货，致使该批货物无法交付其所有人。

（3）验收货物的权利。验收货物不仅是保管人的义务，而且是保管人的一项权利。保管人有权对货物进行验收，在验收中发现货物溢短，对溢出部分可以拒收，对于短少的有权向存货人主张违约责任。对于货物存在的不良状况,保管人有权要求存货人更换、修理或拒绝接收;否则,需如实编制记录,以明确责任。

3.2.5 仓储合同中的违约责任

1. 仓储合同中保管人的违约责任

(1) 保管人验收仓储物后,在仓储期间发生仓储物的品种、数量、质量、规格、型号不符合合同约定的,保管人承担违约赔偿责任。

(2) 仓储期间,因保管人保管不善造成仓储物毁损、灭失,保管人承担违约赔偿责任。

(3) 仓储期间,因约定的保管条件发生变化而未及时通知存货人,造成仓储物的毁损、灭失,保管人承担违约损害责任。

2. 仓储合同中存货人的违约责任

(1) 存货人没有按合同的约定对仓储物进行必要的包装或该包装不符合约定要求,造成仓储物的毁损、灭失,自行承担责任,并承担由此给仓储保管人造成的损失。

(2) 存货人没有按合同约定的仓储物的性质交付仓储物,或者超过储存期,造成仓储物的毁损、灭失,自行承担责任。

(3) 危险有害物品必须在合同中注明,并提供必要的资料,存货人未按合同约定而造成损失,自行承担民事和刑事责任,并承担由此给仓储人造成的损失。

(4) 逾期储存,承担加收费用的责任。

(5) 储存期满不提取仓储物,经催告后仍不提取,存货人承担由此提存仓储物的违约赔偿责任。

3.3 认知仓单

3.3.1 仓单的概念

1. 仓单的定义

《合同法》第385条规定:"存货人交付仓储物的,保管人应当给付仓单。"仓单是指由保管人在收到仓储物时,向存货人签发的表示已经收到一定数量的仓储物的法律文书,其实际上是仓储物所有权的一种凭证。

仓单既是存货人已经交付仓储物的凭证,又是存货人或者持单人提取仓储物的凭证。同时,仓单在经过存货人的背书和保管人的签署后可以转让,任何持仓单的人都拥有向保管人请求给付仓储物的权利,因此,仓单实际上又是一种以给付一定物品为标的的有价证券。

2. 仓单的作用

（1）保管人承担责任的证明。仓单是保管人向存货人出具的货物收据。当存货人交付的仓储物经保管人验收后，保管人就向存货人填发仓单。仓单是保管人已经按照仓单所载状况收到货物的证据。保管期间因保管人保管不善造成保管物毁损、灭失的，保管人应当承担赔偿责任。

（2）物权证明。它代表仓单上所列货物，谁占有仓单就等于占有该货物，仓单持有人有权要求保管人返还货物，有权处理仓单所列的货物。仓单的转移也就是仓储物所有权的转移。因此，保管人应该向持有仓单的人返还仓储物。也正由于仓单代表着其项下货物的所有权，所以仓单作为一种有价证券也可以按照《中华人民共和国担保法》（后文简称《担保法》）的规定设定权利质押担保。

（3）提货凭证。仓单持有人向保管人提取仓储物时，应当出示仓单。保管人一经填发仓单，则持单人对于仓储物的受领不仅应出示仓单，而且还应缴回仓单。仓单持有人为第三人，而该第三人不出示仓单的，除了能证明其提货身份外，保管人应当拒绝返还仓储物。

（4）物权交易。存货人拥有仓储物所有权，有权对仓储物进行买卖，但提货时需仓单才可，因而存储物交易必须将仓单转让。通过转让仓单的方式转让仓储物，而货物保管责任由保管人承担，存货人无须操心。

（5）金融工具。存货人拥有货物所有权，占有货物价值。仓单是一种有价证券，可以作为抵押、质押、财产保证等金融工具和其他信用保证。

（6）仓单是仓储合同存在的证明。仓单是存货人与保管人双方订立的仓储合同存在的一种证明，只要签发仓单，就证明了合同的存在。

3. 仓单的内容

（1）保管人的签字或者盖章。
（2）存货人的名称及住所。
（3）仓储物的品种、数量、质量、包装、件数和标记等。
（4）仓储物的损耗标准。
（5）储存场所和储存期间。
（6）仓储费及仓储费的支付与结算事项。
（7）若仓储物已经办理保险的，仓单中应写明保险金额、保险期间及保险公司的名称。
（8）仓单的填发人、填发地和填发的时间。

目前，仓单是由各仓储单位自行编制的，因此没有统一的格式。表3-1是某仓储企业仓单的正面，表3-2是该仓单的反面。

表 3-1　仓单(正面)

公司名称：						
公司地址：						
电话：				传真：		
账号：				批号：		
储货人：				发单日期：		
货主名称：				起租日期：		

兹收到下列货物依本公司条款(见反面)储仓

唛头及号码	数量	所报货物	每件收费	每月仓租	进仓费	出仓费

总件数：				经手人：		
总件数(大写)：						
备注：						
核对人：						

表 3-2　仓单(反面)

存货记录：

日　　期	提单号码	提货单位	数　　量	结　　余	备　　注

储货条款：

1. 本仓库所载之货物种类、唛头、箱号等，均系按照储货人所称填列，本公司对货物内容、规格等概不负责。

2. 货物在入仓交接过程中，若发现与储货方填列内容不符，公司有权拒收。

3. 本仓库不储存危险物品，客户保证入库货物绝非为危险品，如果因储货人的货物品质危及我公司其他货物造成损失时，储货方必须承担因此而产生的一切经济赔偿责任。

4. 本仓单有效期一年，过期自动失效。已提货之分仓单和提单档案保留期也为一年。期满尚未提清者，储货人须向本公司换领新仓单。本仓单须经我公司加印硬印方为有效。

5. 客户(储货人)凭背书之仓单或提货单出货。本公司收回仓单和分提单，证明本公司已将该项货物交付无误，本公司不再承担责任。

3.3.2　仓单业务

1. 仓单签发

根据《合同法》规定，存货人交付仓储物的，保管人应当给付仓单。这是保管人的一项义务。

保管人填发仓单的条件是存货人交付仓储物,一般是在验收之后。填发仓单时,根据《合同法》第 386 条规定:"保管人应当在仓单上签字或者盖章。"未经保管人签字或者盖章的,该仓单应无效。

由于仓单是一种有价证券,代表其下的货物所有权,可以转让,也可以出质(权利质押),所以在实际生活中有些不法分子便利用它来进行违法犯罪活动。若保管人与存货人互相勾结虚构仓储合同,在存货人并未实际交付仓储物的情况下签发仓单,用于骗取第三人(主要是买卖合同中的买受人)的钱财的,属于诈骗行为,不仅仓储合同无效,而且存货人与第三人之间签订的相应合同(如买卖合同)也无效,保管人和存货人应当依法承担法律责任(构成犯罪的,应追究其刑事责任)。

仓单一经依法签发就具有法律效力。仓单上所载明的权利与仓单是不可分离的,因此,仓单主要具有以下两方面的效力:

(1) 提取仓储物的效力。保管人一经填发仓单,则仓单持有人对于仓储物的受领,不仅应出示仓单,而且还应缴回仓单。

(2) 移转仓储物的效力。仓单上所记载的货物,非由货物所有人在仓单上背书并经保管人签名的不发生所有权转移的效力。

2. 仓单转让

根据《合同法》第 387 条规定,存货人行使转让提取仓储物的权利,应具备以下两个条件:

(1) 存货人或仓单的合法持有人须在仓单上背书转让。由于记名仓单保管人只对仓单上记名的人员有返还仓储物的义务,所以存货人转让仓储物时还必须由存货人在仓单上进行背书。存货人之后的仓单合法持有人如转让仓单也须背书,仓单持有人凭借背书的连续性证明自己合法持有仓单的事实。

(2) 保管人须在仓单上签名或盖章。仓单是基于保管人和存货人之间存在合同关系而签发的,存货人如转让仓单必须由保管人在仓单上签字或盖章,以示其知悉有关情况,并由此确认买受人已经取得了存货人在仓储合同中的地位。在买受人持仓单提取仓储物同时,保管人员有返还仓储物的义务。仓单转让的每一次背书都须经保管人盖章后才能生效。保管人未签字或盖章的,仓单转让不生效。签字或者盖章只要有一项即可,不必同时具备。

【知识链接】

世界各国的仓单立法主义

从世界各国立法来看,关于仓单有 3 种立法主义。其一,以法国为代表的"两单主义",又称"复券主义"。采取这种立法主义的,保管人应同时填发两个仓单,一个为提取仓单,用以提取保管物,并可转让;另一个为出质仓单,可用于担保。其二,以德国商法为代表的"一单主义"。采取"一单主义",保管人仅填发一个仓单,仓单既可用以转让,又可用于出质。其三,以日本商法为代表的"两单与一单并用主义"。采取此种立法主义的,保管人应存货人的请求填发两个仓单或者一个仓单。

我国《合同法》实际上采用的就是"一单主义",即保管人仅填发一个仓单,而不能同时填发两个仓单;仓单既可转让,又可用于质押。

3. 仓单质押

仓单质押是以仓单为标的物而成立的一种质权。存货人以仓单出质，应当与质权人签订质押合同，在仓单上背书并经保管人签字或者盖章，将仓单交付质权人，质押合同生效。当债务人不履行被担保债务时，质权人就享有提取仓储物的权利。

根据《担保法》的规定，仓单质押应属于权利质押。设定仓单质押，出质人应当与质权人以书面形式订立质押合同，并应当在合同约定的期限内交付仓单，仓单质押合同自仓单交付之日起生效。可见，仓单质押与动产质押一样，也以仓单的交付为成立要件，没有仓单的交付，质权就不能成立。

【知识链接】

仓单质押和仓单抵押的区别

质押是指债务人或第三人将其特定财产移交给债权人占有，作为债权的担保，在债务人不履行债务时，债权人有权依法以该财产折价或拍卖、变卖的权利。

抵押是指债务人或第三人不转移对其特定财产的占有，将该财产作为对债券的担保，在债务人不履行债务时，债权人有权依法就该财产折价或以拍卖、变卖的价金优先受偿的物权。

仓单质押：由银行占有货物，并支付仓储费，保管人对银行负责。

仓单抵押：由存货人占有货物，支付仓储费，保管人对存货人负责。

4. 仓单分割

为了转让的需要，仓单的持有人可以请求保管人将保管的货物(仅适用在数量上可以分割的货物，特别是大宗货物)分割为数部分，分别填发仓单，同时持有人须交还原仓单，这称为仓单的分割，其目的是为了便于存货人处分仓储物(如将 1000t 水泥分割成 10 份，分别出卖给不同的买受人)。由于仓单的分割纯粹是为了仓单持有人的利益，所以仓单分割的费用(包括分割货物的费用和填发新仓单的费用)应由仓单持有人负担。

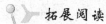 拓展阅读

标 准 仓 单

标准仓单是由期货交易所指定交割仓库按照交易所规定的程序，签发的符合合约规定质量的实物提货凭证。由于标准仓单是一种流通工具，所以它可以用作借款的质押品、或用于金融衍生工具(如期货合约)的交割。

标准仓单是由交易所统一制定的、交易所指定交割仓单在完成入库商品验收，确认合格后签发给货物卖方的实物提货凭证。标准仓单经交易所注册后有效。标准仓单采用记名方式，标准仓单合法持有人应妥善保管标准仓单。

标准仓单的生成通常需要经过交割预报、商品入库、验收、指定交割仓库开具标准仓单、交易所签发等环节。具体操作如下：

(1) 货主发运商品入库换取标准仓单，须通过其委托的经纪会员提前向交易所申报商品运输

计划，内容包括品种、等级(品牌)、数量、发货单位、发货站(港)、车(船)次、装运日期、预期到达日期及拟入指定交割仓库名称等。

交易所在库容允许情况下，根据就近入库原则，按照货主意愿，在3个交易日内开出《入库通知单》。货主须按交易所指定的交割仓库发货，未办理交割预报入库的货物不能用于交割。《入库通知单》自开出之日起30日内有效。

（2）指定交割仓库必须按交易所有关规定对商品的种类、品牌、质量、包装及相关凭证等进行验收，验收合格后，填制指定交割仓库交割商品《入库验收报告单》（一式三份，货主、指定交割仓库和交易所各执一份），并开具标准仓单。

（3）进库商品的数量、质量以指定交割仓库实际验收结果为准。货主应到库监收。货主不到库监收，视为同意指定交割仓库的验收结果。

（4）指定交割仓库开具标准仓单须符合下列要求。

① 一张标准仓单的数量必须是一张合约最小交割单位的数量。

② 标准仓单所示商品的质量、包装等条件必须符合交易所有关规定。

③ 同一标准仓单所示商品必须是同一品种、同一生产厂（同一产地或同一批次）、同一牌号或同一等级。

④ 认真填写应由指定交割仓库填写的有关内容，字迹清楚，涂改无效。

⑤ 指定交割仓库开具的标准仓单必须加盖仓库公章并由经办人和审核人员签字。

⑥ 指定交割仓库开具标准仓单后应将详细资料记录在案并及时通报交易所。

（5）指定交割仓库或有关会员须携带标准仓单和入库验收报告单到交易所办理签发有效标准仓单手续。

（6）交易所在交割月份的最后交易日前一交易日起不再受理用于当月交割的标准仓单签发申请。

【本章实训】

起草仓储合同

一、实训要求

（1）将全班同学按4人为一组，分成若干小组。

（2）小组4人中两人为保管人、两人为存货人，草拟仓储合同。

二、操作步骤

（1）一个小组拟定一批待储存的货物。

（2）双方按照仓储合同的条款，逐项填写。

（3）完成后上交。

【课后练习】

一、单项选择题

1. 仓储租赁经营人的收益主要来自于（　　）。
   A. 租金　　　　　　　　　　B. 仓储费
   C. 租金和仓储费　　　　　　D. 货物价值

2. 仓储经营者以其拥有的仓储设施，向社会提供商业性仓储服务的储存行为称为（　　）。
   A. 企业自营仓储　　　　　　B. 商业营业仓储
   C. 公共仓储　　　　　　　　D. 战略储备仓储

3. 仓单灭失后，存货人可通过人民法院的公示催告使仓单失效来提取货物，其公示期一般是（　　）。
   A. 60 天　　　B. 50 天　　　C. 70 天　　　D. 80 天

4. 运输中介中的货运代理人主要是通过（　　）来赢利的。
   A. 运输费　　　B. 佣金　　　C. 运费差价　　　D. 租金

5. 关于仓库租赁经营，下列说法不正确的是（　　）。
   A. 仓储经营者将仓库或仓库设备租给存货人使用，由存货人自行储存货物的仓储经营方法
   B. 关键是签订一份仓库租赁合同
   C. 仓库无须承担任何仓库管理工作
   D. 既可以是整体性的出租，也可以采用部分出租、货位出租等分散进行方式

6. 仓储保管人的权利不包括（　　）。
   A. 拒收权　　　B. 要求提货权　　　C. 提存权　　　D. 检查权

7. 根据客户的需要，为客户提供超出常规的服务，或者是采用超出常规的服务方法提供的服务称为（　　）。
   A. 仓储经营　　　　　　　　B. 仓储增值服务
   C. 仓储多种经营　　　　　　D. 仓储商务管理

8. 关于仓单的性质，下列说法不正确的是（　　）。
   A. 仓单是提货凭证　　　　　B. 仓单是有价证券
   C. 仓单是所有权的法律文书　D. 仓单是仓储合同

9. 货物所有权随货物交付而转移的仓储是（　　）。
   A. 保管式仓储　　B. 混藏式仓储　　C. 消费式仓储　　D. 加工式仓储

10. 通过对储存物的保管保养,可以克服产品的生产与消费在时间上的差异,创造物资的( )。

A. 时间效用　　　B. 增值效用　　　C. 空间效用　　　D. 附加效用

二、多项选择题

1. 混藏仓储的特点是( )。

A. 保管对象是种类物　　　　　　B. 保管对象是特定物
C. 原物返还,所有权不转移　　　D. 替代物返还,所有权不转移
E. 原物返还,所有权转移

2. 仓储合同是( )。

A. 行为合同　　　　　　　　　　B. 实践性合同
C. 双务合同　　　　　　　　　　D. 要式合同
E. 诺成性合同

3. 甲乙双方签订一份仓储合同后,约定由甲方为乙方储存一批货物,乙方的该批货物属易燃品,乙方未在合同中注明。货物入库后,因温度过高,发生自燃,造成甲方库房烧毁,经济损失达50多万元,并造成甲方死亡一人重伤二人。根据法律规定,下列表述正确的是( )。

A. 乙方应赔偿甲方的经济损失　　B. 乙方向甲方只支付违约金
C. 乙方负责人应承担刑事责任　　D. 乙方和甲方共同承担经济损失
E. 乙方没有责任

4. 存货人的义务包括( )。

A. 告知义务　　　　　　　　　　B. 按约定时间交付货物
C. 及时提货　　　　　　　　　　D. 支付仓储费
E. 获取仓储物孳息

5. 保管人的义务包括( )。

A. 提供合适的仓储条件　　　　　B. 验收货物
C. 签发仓单　　　　　　　　　　D. 返还仓储物及其孳息
E. 危险告知

三、判断题

1. 运输中介中的货运代理人和经纪人都是提供服务,以收取佣金为目的。　　(　　)
2. 保管期限届满时,保管人严格承担归还原物的责任,但仓储物在仓储期间自然增加的孳息,可自行留存,不用归还。　　(　　)
3. 仓储合同的标的是仓储保管行为,但标的物是仓储物。　　(　　)
4. 预约合同并不是仓储合同本身,仅仅是双方达成了将要订立仓储合同的协议,因此它不是有效的合同。　　(　　)
5. 如果存货人提前提取仓储物,保管人可适当减少仓储费用。　　(　　)
6. 仓单转让时,由出让人进行背书,则仓单受让人就可获得提取仓储物的权利。(　　)
7. 仓单灭失后,存货人就失去了货物的所有权。　　(　　)
8. 仓储合同的标的物是仓储物。　　(　　)

9. 仓单是有价证券，这种有价证券的价值是固定不变的。　　　　　　　（　　）
10. 签订消费式仓储合同，存货人存放商品时，同时将商品所有权转移给保管人。
　　　　　　　　　　　　　　　　　　　　　　　　　　　　　　　　（　　）
11. 仓储合同是诺成性合同，在合同成立时就生效。　　　　　　　　　（　　）
12. 在格式合同中，存货人有签署或不签署合同的权利，以及商定格式合同条款的权利。
　　　　　　　　　　　　　　　　　　　　　　　　　　　　　　　　（　　）
13. 作为一般仓储合同，保管人在交还仓储物时，应将原物及其孳息、残余物一同交还。
　　　　　　　　　　　　　　　　　　　　　　　　　　　　　　　　（　　）
14. 保管人对已签发出的仓单进行分割后，原有仓单自动失效，不用收回。（　　）
15. 如果没有仓储物的所有权，就不能成为存货人。　　　　　　　　　（　　）

四、简答题

1. 仓储合同有哪些种类？其合同标的是什么？
2. 订立仓储合同要遵循哪些原则？合同何时生效？
3. 仓储合同有哪些条款？
4. 仓储合同如何变更与解除？会产生什么后果？
5. 存货人和保管人分别有什么合同权利和义务？
6. 违约责任有何承担方式？
7. 仓储保管人具有哪些免责事项？
8. 仓单有什么功能？有哪些内容？
9. 仓单如何签发？怎样凭仓单提货？仓单灭失时如何提货？

第4章

仓库作业

CANGKU ZUOYE

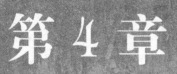

【学习目标】

知识目标	技能目标
（1）掌握仓库入库作业流程 （2）掌握仓库在库作业流程 （3）掌握仓库出库作业流程	（1）会制作与填写入库单证 （2）能根据货物的性能选择适当的堆码方式 （3）会对货物进行垫垛和苫盖 （4）能做好出库货物的准备工作

【案例导入】

苏宁电器某地仓库收到货物的到库通知,包括 1000 台 32 英寸长虹彩色电视机、300 台 242L 海尔电冰箱、500 台美的微波炉、1000 台史密斯热水器、600 台格力空调、500 台电饭锅等商品,需入库存放。

思考

苏宁电器应如何合理堆放这批货物?

4.1 入库作业

商品入库业务也叫收货业务,它是仓储作业的开始。商品入库管理是根据商品入库凭证在接受入库商品时所进行的卸货、查点、验收、办理入库手续等各项业务活动的计划和组织。

4.1.1 入库前相关事项

当接到到货通知时,仓库管理人员在货物到库之前必须做好以下事项。

1. 入库凭证的审查

仓库管理人员核对仓储合同、入库单或入库计划等入库凭证上的信息,及时进行库场准备,保证物资按时入库。

2. 熟悉入库物资的相关信息

仓库管理人员需要了解入库物资的品种、规格、数量、包装状态、单体体积、到库确切时间、物资存期、物资的理化特性以及保管的要求,精确、妥善地进行库场安排、准备。

3. 根据仓库库场情况准备货位

(1) 全面掌握仓库库场情况。了解物资入库确切时间、保管期间,仓库的库容、设备、人员的变动情况,安排好工作。必须使用重型设备操作的物资要确保可使用设备的货位,必要时对仓库进行清查,清理归位,以便腾出仓容。

(2) 妥善安排货位。根据入库物资的性能、数量和类别，结合仓库分区分类保管的要求，核算货位的大小。根据货位使用原则，严格验收场地，妥善安排货位，确定苫垫方案和堆垛方法等。

(3) 做好货位准备。彻底清洁货位，清理残留物，清理排水管道（沟），必要时安排消毒、除虫、铺地。详细检查照明、通风等设备，发现损坏及时通知修理。

4. 合理组织人力和设备

根据入库物资的数量和时间以及库内货位、设备条件和人员等情况，合理科学地选择装卸搬运工艺。安排好物资验收人员、搬运堆码人员以及物资入库工作流程，确定各个工作环节所需要的人员和设备。

5. 准备相关材料

在物资入库前，根据所确定的苫垫方案准备相应材料以及所需用具，并组织衬垫铺设作业。此外，仓库管理人员应妥善保管物资入库所需的各种报表、单证和记录簿等，如入库记录、理货检验单、存卡和残损单等，以备使用。

【知识链接】

货位选择的原则

(1) 根据货物的货量、尺寸、特性、保管要求选择货位。货位的通风、光照、温度、排水、刮风、雨雪等条件要满足货物保管的需要；货位尺寸与货物尺寸匹配，特别是大件、长件货物能存入所选货位；货位的容量与货量相一致；选择货位时要考虑相近货物的情况，防止与相近货物互相影响，对需要经常检查的货物，应存放在便于检查的位置。

(2) 出入库频率高的货物使用方便作业的货位。对于有持续入库或者持续出库的货物，最好安排在离出入口较近的地方，以方便出入。流动性差的货物可以离出入口较远。同样的道理，存期短的货物安排在出入口附近。

(3) 小票集中、大不围小、重近轻远。多种小批量货物最好尽可能地合用一个货位或者集中在一个货位区，避免夹存在大批量货物的货位中，以便查找。重货应离装卸作业区最近，减少搬运次数或者直接采用装卸设备进行堆垛作业。使用货架时，重货放在货架下层，需要人力进行搬运的货物存放在人体腰部高度的货位。

(4) 方便操作。所安排的货位能保证搬运、上架、堆垛的作业方便，有足够的机动作业场地，能使用机械进行操作。

(5) 作业分布均匀。所安排的货位尽可能避免仓库内或者同作业线路上多项作业同时进行，避免相互发生影响。

(6) 保证先进先出、缓不围急。"先进行出"是仓储保管的重要原则，能避免货物过期变质。在货位安排时要避免后进货物围堵先进货物。存期较长的货物不可妨碍存期较短的货物。

4.1.2 入库作业流程

1. 货物接运

由于货物到达仓库的形式不同，除了一小部分由供货单位直接运到仓库交货外，大部分要经过铁路、公路、航运、空运和短途运输等运输工具转运。凡经过交通运输部门转运的商品都必须经过仓库接运后才能进行入库验收，因此，货物的接运是入库业务流程的第一道作业环节，也是仓库直接与外部发生的经济联系。它的主要任务是及时而准确地向交通运输部门提取入库货物，要求手续清楚、责任分明，为仓库验收工作创造有利条件。因为接运工作是仓库业务活动的开始，如果接收了损坏的或错误的商品将直接导致商品出库装运时出现差错。

做好商品接运业务管理的主要意义在于，防止把在运输过程中或运输之前已经发生的商品损害和各种差错带入仓库，减少或避免经济损失，为验收和保管、保养创造良好的条件。

货物接运的主要方式是提货和到货。

1）提货

（1）到车站、码头提货。这是由外地托运单位委托铁路、水运、民航等运输部门或邮局代运或邮递货物到达本埠车站、码头、民航站、邮局后，仓库依据货物通知单派车提运货物的作业活动。此外，在接受货主的委托，代理完成提货、末端送货的活动的情况下也会发生到车站、码头提货的作业活动。这种到货提运形式大多是零担托运、到货批量较小的货物。

对所提取的商品，提货人员应了解其品名、型号、特性和一般保管知识以及装卸搬运注意事项等，在提货前应做好接运货物的准备工作，如装卸运输工具、腾出存放商品的场地等。提货人员在到货前应主动了解到货时间和交货情况，根据到货多少组织装卸人员、机具和车辆，按时前往提货。

提货时应根据运单以及有关资料详细核对品名、规格、数量，并要注意商品外观，查看包装、封印是否完好，有无沾污、受潮、水渍、油渍等异状，若有疑点或不符应当场要求运输部门检查。对短缺损坏情况，凡属铁路方面责任的应做出商务记录，属于其他方面责任需要铁路部门证明的应做出普通记录，由铁路运输员签字，注意记录内容与实际情况要相符。

商品到站后，提货员应与保管员密切配合，尽量做到提货、运输、验收、入库、堆码成一条龙作业，从而缩短入库验收时间，并办理内部交接手续。

（2）到供货单位提货。这是仓库受货主的委托直接到供货单位提货的一种形式。其作业内容和程序主要是当仓库接到提货通知单后，做好一切提货准备，并将提货与物资的初步验收工作结合在一起进行，最好在供货人员在场的情况下当场进行验收。因此，接运人员要按照验收注意事项提货，必要时可由验收人员参与提货。

2）到货

（1）送货到库的到货。送货到库是指供货单位或其委托的承运单位将商品直接运送到仓库的一种到货形式。当商品到达仓库后，接货人员及验收人员应直接与送货人员办理接货验收手续，检查外包装、清点数量，做好验收记录。如有质量和数量问题，应该会同送货人查实，并由送货人出具书面证明、签章确认，以留作处理问题的依据。

（2）铁路专用线到货。接到专用线到货通知后应立即确定卸货货位，力求缩短场内搬运距离。组织好卸车所需要的机械、人员以及有关资料，做好卸车准备。

车皮到达后，引导对位，进行检查。看车皮封闭情况是否良好（即车厢、车窗、铅封、苫布等有无异状）；根据运单和有关资料核对到货品名、规格、标志和清点件数；检查包装是否有损坏或有无散包；检查是否有进水、受潮或其他损坏现象。在检查中发现异常情况应请铁路部门派员复查，做出普通或商务记录，记录内容应与实际情况相符，以便交涉。

卸车时要注意为商品验收和入库保管提供便利条件，分清车号、品名、规格，不混不乱；保证包装完好，不碰坏，不压伤，更不得自行打开包装；应根据商品的性质合理堆放，以免混淆。卸车后在商品上应标明车号和卸车日期。

编制卸车记录，记明卸车货位规格、数量，连同有关证件和资料，尽快向保管员交代清楚，办好内部交接手续。

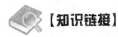【知识链接】

接运中异常问题及处理

1. 破损

（1）物资本身的破损影响其价值或使用价值，甚至导致物资报废。

（2）包装的破损影响物资的储存保管。造成破损的原因主要是接运前和接运中的责任。应索取有关的事故记录，并交给保管员，作为向供应商或承运单位进行索赔的依据。

破损责任如因接运过程中的装卸不当等原因造成的破损，签收时应写明原因、数量等，报仓库主管处理，一般由责任方负责赔偿。

2. 短少

短少也分接运前和接运中两种情况。因接运前短少的，可按上述办法处理。如因接运中的装卸不牢而导致物资丢失的，或因无人押运被窃等原因造成的，在签收时报告保卫部门进行追查处理。

3. 变质

（1）生产或保管不善、存期过长等原因导致物资变质。如责任在供应方，可退货、换货或索赔。保管员在签收时应详细说明数量和变质程度。

（2）承运中因受污染、水渍等原因导致物资变质，责任在承运方。保管员签收时应索取有关记录，交货主处理。

（3）提运中，因物资混放、雨淋等原因造成变质的，是接运人员的责任。

4. 错到

（1）因发运方的责任，如错发、错装等导致错到的，应通知发运方处理。

（2）因提运、接运中的责任，如错发、错装等导致错到的，保管员在签收时应详细注明，并报仓库主管负责追查处理。

（3）因承运方责任，错发、错装等导致错到的应索取承运方记录，交货主交涉处理。

（4）对于无合同、无计划的到货应及时通知货主查询，经批准后才能办理入库手续。同时，货主要及时将订货合同、到货计划送交仓库。

2. 入库验收

货物到库后，仓库收货人员首先要检查货物入库凭证，根据入库凭证开列的收货单位和货物名称与送交的货物内容和标记进行核对，然后才可以与送货人员办理交接手续。如果在以上工序中无异常情况出现，收货人员在送货回单上盖章表示货物收讫；如发现有异常情况，必须在送货单上详细注明并由送货人员签字，或由送货人员出具差错、异常情况记录等书面材料，作为事后处理的依据。

凡商品进入仓库储存必须经过检查验收，只有验收后的商品方可入库保管。货物入库验收是仓库把好"三关"（入库、保管、出库）的第一道。抓好货物入库质量关能防止劣质商品流入流通领域，划清仓库与生产部门、运输部门以及供销部门的责任界线，也为货物在库场中的保管提供第一手资料。

1) 商品验收的基本要求

（1）及时。到库商品必须在规定的期限内完成验收入库工作。这是因为商品虽然到库，但未经过验收的商品没有入账，不算入库，不能供应给用料单位。只有及时验收，尽快提出检验报告才能保证商品尽快入库入账，满足用料单位的需求，加快商品和资金的周转。同时，商品的托收承付和索赔都有一定的期限，如果验收时发现商品不合规定要求，要提出退货、换货或赔偿等请求，均应在规定的期限内提出；否则，供方或责任方不再承担责任，银行也将办理拒付手续。

（2）准确。验收应以商品入库凭证为依据，准确地查验入库货物的实际数量和质量状况，并通过书面材料准确地反映出来。做到货、账、卡相符，提高账货相符率，降低收货差错率，提高企业的经济效益。

（3）严格。仓库的各方都要严肃认真地对待商品验收工作。验收工作的好坏直接关系到企业的利益，也关系到以后各项仓储业务的顺利开展。因此，仓库领导应高度重视验收工作，直接参与验收人员要以高度负责的精神来对待这项工作，明确每批商品验收的要求和方法，并严格按照仓库验收入库的业务操作程序办事。

（4）经济。商品在验收时，多数情况下，不但需要检验设备和验收人员，而且需要装卸搬运机具和设备以及相应工种工人配合。这就要求各工种密切协作，合理组织调配人员与设备，以节省作业费用。此外在验收工作中，尽可能保护原包装、减少或避免破坏性试验也是提高作业经济性的有效手段。

2) 商品的验收程序

（1）验收准备。验收准备是货物入库验收的第一道程序。仓库接到到货通知后，应根据商品的性质和批量提前做好验收的准备工作，包括以下内容：

① 全面了解验收物资的性能、特点和数量，根据其需求确定存放地点、垛形和保管方法。

② 准备堆码苫垫所需材料和装卸搬运机械、设备及人力，以便使验收后的货物能及时入库保管存放，减少货物停顿时间；若是危险品则需要准备防护设施。

③ 准备相应的检验工具，并做好事前检查，以便保证验收数量的准确性和质量的可靠性。

④ 收集和熟悉验收凭证及有关资料。

⑤ 进口物资或上级业务主管部门指定需要检验质量者，应通知有关检验部门会同验收。

（2）核对凭证。入库商品须具备下列凭证：

① 货主提供的入库通知单和订货合同副本，这是仓库接收商品的凭证。

② 供货单位提供的验收凭证，包括材质证明书、装箱单、磅码单、发货明细表、说明书、保修卡及合格证等。

③ 承运单位提供的运输单证，包括提货通知单和登记货物残损情况的货运记录、普通记录以及公路运输交接单等，作为向责任方进行交涉的依据。

核对凭证就是将上述凭证加以整理后全面核对。入库通知单、订货合同要与供货单位提供的所有凭证逐一核对，相符后才可以进入下一步的实物检验；如果发现有证件不齐或不符等情况，要与存货、供货单位及承运单位和有关业务部门及时联系解决。

（3）检验货物。检验货物是仓储业务中的一个重要环节，包括数量检验、质量检验和外观检验3个方面的内容，即复核货物数量是否与入库凭证相符、货物质量是否符合规定的要求、货物包装能否保证在储存和运输过程中的安全。

① 数量检验。数量检验是保证物资数量准确不可缺少的措施，要求物资入库时一次进行完毕，一般在质量验收之前由仓库保管职能机构组织进行。按商品性质和包装情况，数量检验的方法有3种，即计件法、检斤法、检尺求积法。凡是经过数量检验的商品都应该填写磅码单。

a. 计件法。计件是对按件数供货或以件数为计量单位的商品在做数量验收时的清点件数。计件商品应全部清查件数（带有附件和成套的机电设备须清查主件、部件、零件和工具等）。固定包装的小件商品，如包装完好、打开包装对保管不利，国内货物可采用抽验法，按一定比例开箱点件验收，可抽验内包装5％～15％，其他只检查外包装，不拆包检查。贵重商品应酌情提高检验比例或全部检验。进口商品则按合同或惯例办理。

b. 检斤法。检斤是对按重量供货或以重量为计量单位的商品做数量验收时的称重。商品的重量一般有毛重、皮重、净重之分。毛重是指商品重量包括包装重量在内的实重；净重是指商品本身的重量，即毛重减去皮重。通常所说的商品重量多是指商品的净重。

金属材料、某些化工产品多半是检斤验收。按理论换算重量供应的商品，如金属材料中的板材、型材等，先要通过检尺，然后按规定的换算方法换算成重量验收。对于进口商品，原则上应全部检斤，但如果订货合同规定按理论换算重量交货，则按合同规定办理。所有检斤的商品都应填写磅码单。

c. 检尺求积法。检尺求积是对以体积为计量单位的商品，如木材、竹材、沙石等，先检尺，后求体积所做的数量验收。

② 质量检验。质量检验一般与数量验收同时进行，包括外观质量检验和内在质量检验。

a. 外观质量检验。外观质量检验包括外表检验、包装检验及尺寸精度检验。

（a）外表检验。是指通过人的感觉器官检查商品外观质量，主要检查货物的自然属性是否因物理及化学反应而造成表面的改变，是否受潮、沾污、腐蚀、霉烂等；检查商品包装的牢固程度；检查商品有无损伤，如撞击，变形，破碎等。对外观检验有严重缺陷的商品要单独存放，防止混杂，等待处理。凡经过外观检验的商品都应该填写"检验记录单"。

（b）包装检验。物资包装的好坏、干潮直接关系着物资的安全储存和运输，所以对物资的包装要进行严格验收。凡是产品合同对包装有具体规定的都要严格按规定验收，如箱板的厚度，纸箱、麻包的质量等。对于包装的干潮程度，一般是用眼看、手摸方法进行检查验收。

（c）尺寸精度检验。商品的尺寸精度检验由仓库的技术管理职能机构组织进行。进行尺寸精度检验的商品主要是金属材料中的型材、部分机电产品和少数建筑材料。不同型材的尺寸检验各有特点，如椭圆材主要检验直径和圆度，管材主要检验壁厚和内径，板材主要检验厚度及其均匀度等。对部分机电产品的检验一般请用料单位派员去办理。尺寸精度检验是一项技术性强、很费时间的工作，全部检验的工作量大，并且有些产品质量的特征只有通过破坏性的检验才能测到，所以一般采用抽验的方式进行。

b. 内在质量检验。内在质量检验是对货物的内容进行检验，包括物理结构、化学成分、使用功能等进行鉴定。此外，有些商品还涉及尺寸检验。内在质量检验由专业技术检验单位进行，经检验后出具检验报告说明货物质量。

③ 外观质量检验。仓库一般只作外观质量检验，内在质量检验如果有必要，则由仓库委托专门检验机构或部门检验。外观质量检验一般采用感官检验的方法，具体包括视觉检验、听觉检验、触觉检验和嗅觉、味觉检验。

a. 视觉检验。这是对商品外观质量检验的最主要方法，它通过观察商品的外观，确定其质量是否符合要求。

b. 听觉检验。这是通过轻敲某些商品，细听发声，签别其质量有无缺陷。如原箱未开的热水瓶，可以通过转动箱体，听其内部有无玻璃碎片撞击之声，从而辨别有无破损。

c. 触觉检验。这是指用手触摸商品，以判断其是否有受潮、变质等异常情况。

d. 嗅觉、味觉检验。这是指用鼻嗅闻商品是否已失应有的气味，或有串味及有无漏臭异味的现象。

3) 商品验收的方式

商品验收方式分为全检和抽检。

(1) 在进行数量和外观验收时，一般要求全检；在质量验收时，当批量小、规格复杂、包装不整齐或要求严格验收时可以采用全检。全检需要大量的人力、物力和时间，但是可以保证验收的质量。

(2) 当批量大、规格和包装整齐、存货单位的信誉较高或验收条件有限的情况下，通常采用抽检的方式。

商品验收方式和有关程序应该由存货方和保留方共同协商，并通过协议在合同中加以明确规定。

4) 验收中发现问题的处理

在物品验收过程中，如果发现物品数量或质量的问题，应该严格按照有关制度进行处理。验收过程中发现的数量和质量问题可能发生在各个流通环节，可能是由于供货方或交通运输部门或收货方本身的工作造成的。按照有关规章制度对问题进行处理，有利于分清各方的责任，并促使有关责任部门吸取教训、改进今后的工作。因此，对验收过程发现的问题进行处理时应该注意以下几个方面：

(1) 在物品入库凭证未到齐之前不得正式验收。如果入库凭证不齐或不符，仓库有权拒绝验收或暂时存放，待凭证到齐再验收入库。

(2) 发现物品数量或质量不符合规定，要会同有关人员当场做出详细记录，交接双方应在记录上签字。如果是交货方的问题，仓库应该拒绝接收；如果是运输部门的问题就应该提出索赔。

(3) 在数量验收中，计件物品应及时验收，发现问题要按规定的手续在规定的期限内向有关部门提出索赔要求。否则超过索赔期限，责任部门对形成的损失将不予负责。

3. 入库交接

入库物品经过点数、查验之后，可以安排卸货、入库堆码，表示仓库接受物品。在卸货、搬运、堆垛作业完毕后与送货人办理交接手续，并建立仓库台账。

1) 交接手续

交接手续是指仓库对收到的物品向送货人进行确认，表示已接受物品。办理完交接手续意味着划分清运输、送货部门和仓库的责任。完整的交接手续包括以下几项：

(1) 接受物品。仓库通过理货、查验物品，将不良物品剔出、退回或者编制残损单证等明确责任，确定收到物品的确切数量、物品表面状态良好。

(2) 接受文件。接受送货人送交的物品资料、运输的货运记录、普通记录等，以及随货的在运输单证上注明的相应文件，如图纸、准运证等。

(3) 签署单证。仓库与送货人或承运人共同在送货人交来的送货单、交接清单（见表4-1）上签署和批注，并留存相应单证。提供相应的入库、查验、理货、残损单证、事故报告由送货人或承运人签署。

表4-1 交接清单

收货人	发站	发货人	品名	标记	单位	件数	重量	号车	运单号	货位	合同号
备 注											

送货人： 接收人： 经办人：

2) 登账

货物查验中，仓库根据查验情况制作入库单，详细记录入库货物的实际情况。对短少、破损等要注明。

物品入库时，仓库应建立详细反映物品仓储的明细账，登记物品入库、出库、结存的详细情况，用以记录库存物品动态和入出库过程。

登账的主要内容有物品名称、规格、数量、件数、累计数或结存数、存货人或提货人、批次、金额等，注明货位号或运输工具、接（发）货经办人。

3) 立卡

物品入库或上架后，将物品名称、规格、数量或出入状态等内容填在料卡上称为立卡。料卡又称为货卡、货牌，插放在货架上物品下方的货架支架上或摆放在货垛正面明显位置。

4) 建档

建档就是将物资入库作业全过程的有关资料证件进行整理、核对，建立资料档案，以便物资保管和保持客户联系，并为将来发生争议时提供凭据，同时也有助于积累仓库管理经验，提高仓管人员的业务素质。

存货档案应一货一档设置，将该货位入库、保管和缴付的相应凭证、报表、记录、作业安排、资料等的原件或者附件、复印件存档。存货档案应该统一编号、妥善保管，长期保存。存货档案的内容包括以下几个方面：

(1) 货物入库时的资料。

① 货物的各种技术资料、合格证、装箱单、质量标准、送货单、发货清单等。

② 货物运输单据、普通记录、货运记录、残损记录、装载图等。

③ 入库通知单、验收记录、磅码单、技术检验报告。

(2) 货物在库保管时的资料。保管期间的检查、保养作业、通风除湿、翻仓、事故等直接操作记录；存货期间的温度、湿度、特殊天气的记录等。

(3) 货物出库时的资料。出库凭证，如领料单、出库单、调拨单等。

4.2 在库作业

物品经验收合格入库后,就进入了在库作业流程。在库作业是对物资进行清理的同时采取合理的堆码方式,以确保物资数量无误和在库期间的质量完好。

4.2.1 理货作业

在对商品进行堆码前,应先对商品进行整理,确保商品满足以下要求:
(1) 商品的数量、质量已彻底查清。
(2) 商品包装完好,标识清楚。
(3) 外表的沾污、尘土、雨雪等已清除,不影响商品质量。
(4) 对受潮、锈蚀以及已发生某些变质或质量不合格的部分,已经加工恢复或者已剔除另行处理,与合格品不相混杂。
(5) 为便于机械化操作,金属材料等该打捆的已经打捆,机电产品和仪器仪表等可集中装箱的已装入适用的包装箱。

4.2.2 堆码作业

物品堆码是指根据物品的包装、外形、性质、特点、种类和数量,结合季节和气候情况以及储存时间的长短,将物品按一定的规律码成各种形状的货垛。合理堆码能保证物资的完好,提高仓容的利用率,便于对物品进行维护、盘点等管理。

1. 堆码的基本原则

1) 分类存放

分类存放是仓库储存规划的基本要求,是保证物品质量的重要手段,因此也是堆码需要遵循的基本原则。
(1) 不同类别的物品分类存放,甚至需要分区分库存放。
(2) 不同规格、不同批次的物品也要分位、分堆存放。
(3) 残损物品要与原货分开。
(4) 对于需要分拣的物品,在分拣之后应分位存放,以免混串。
此外,分类存放还包括按不同流向物品、不同经营方式物品的分类分存。

2) 选择适当的搬运活性

为了减少作业时间、次数,提高仓库物流速度,应该根据物品作业的要求合理选择物品的搬运活性。对搬运活性高的入库存放物品也应注意摆放整齐,以免堵塞通道、浪费仓容。

3) 面向通道,不围不堵

货垛以及存放物品的正面尽可能面向通道,以便察看;另外,所有物品的货垛、货位都应有一面与通道相连,处在通道旁,以便能对物品进行直接作业。只有在所有的货位都与通道相同时,才能保证不围不堵。

4）尽可能向高处码放

为充分利用仓容，存放的货物要尽可能码高，使货物占用地面面积尽可能少，包括采用堆码堆高和使用货架存放。在码高时要注意货垛的稳定，只有在稳定的情况下才能码高，同时为保护货物还要考虑可承受的压力。

5）根据出入库频率选定货位

出入库频率高的货物应放在靠近出入口、易于作业的地方；出入库频率低的货物放在距离出入口稍远的地方。

6）重下轻上

当货物叠放堆码时，应将重的货物放在下面，轻的货物放在上面。

7）便于点数

每垛货物按一定的数量存放，如按5或5的倍数存放，方便清点计数。

8）依据货物的形状安排堆码方法

如长条形货物就以货物的长度作为货垛的长度。

2. 堆码的主要方式

1）散堆方式

散堆方式适用于露天存放的没有包装的大宗物品，如煤炭、矿石等，也可适用于库内少量存放的谷物、碎料等散装物品。

散堆方式是直接用堆扬机或者铲车在确定的货位后端起，直接将物品堆高，在达到预定的货垛高度时，逐步后推堆货，后端先形成立体梯形，最后成垛。由于散货具有流动、散落性，堆货时不能堆到太近垛位四边，以免散落使物品超出预定的货位。

2）堆垛方式

对于有包装的物品（如箱、桶），包括裸装的计件物品，采取堆垛的方式储存。堆垛方式储存能够充分利用仓容，做到仓库内整齐，方便作业和保管。物品的堆码方式主要取决于物品本身的性质、形状、体积、包装等，一般情况下多采取平放，使重心最低，最大接触面向下，易于堆码，稳定牢固。

常见的堆垛方式包括重叠式、纵横交错式、仰伏相间式、压缝式、通风式、栽柱式、衬垫式等。

（1）重叠式。重叠式也称直堆法，是逐件、逐层向上重叠堆码，一件压一件的堆码方式，如图4.1所示。为了保证货垛稳定性，在一定层数后改变方向继续向上，或者长宽各减少一件继续向上堆放。该方法方便作业、计数，但稳定性较差，适用于袋装、箱装、箩筐装物品，以及平板、片式物品等。

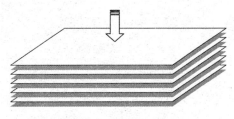

图4.1 重叠式堆码

（2）纵横交错式。纵横交错式是指每层物品都改变方向向上堆放，如图 4.2 所示。该方法较为稳定，但操作不便，适用于管材、捆装、长箱装物品等。

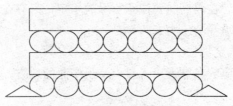

图 4.2 纵横交错式堆码

（3）仰伏相间式。对上下两面有大小差别或凹凸的物品，如槽钢、钢轨等，将物品仰放一层，再反一面伏放一层，仰伏相向相扣，如图 4.3 所示。该方法极为稳定，但操作不便。

图 4.3 仰伏相间式堆码

（4）压缝式。将底层并排摆放，上层放在下层的两件物品之间，如图 4.4 所示。

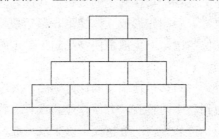

图 4.4 压缝式堆码

（5）通风式。物品在堆码时，任意两件相邻的物品之间都留有空隙，以便通风，层与层之间采用压缝式或者纵横交错式，如图 4.5 所示。通风式堆码可以用于所有箱装、桶装以及裸装物品堆码，起到通风防潮、散湿散热的作用。

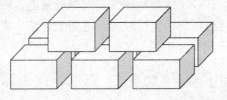 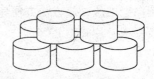

图 4.5 通风式堆码

（6）栽柱式。码放物品前先在堆垛两侧栽上木桩或者铁棒，然后将物品平码在桩柱之间，几层后用铁丝将相对两边的柱拴连，再往上摆放物品，如图 4.6 所示。此方法适用于棒材、管材等长条状物品。

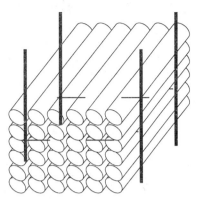

图 4.6 栽柱式堆码

(7) 衬垫式。码垛时,隔层或隔几层铺放衬垫物,衬垫物平整牢靠后,再往上码。此方法适用于不规则且较重的物品,如无包装电机、水泵等。

3) 货架方式

采用通用或者专用的货架进行货架堆码,适用于小五金、小百货、交电零件等小件商品或不宜堆高的货物。

4) 成组堆码方式

采用成组工具使货物的堆存单元扩大。常见的成组工具有货板、托盘、网格等。成组堆垛一般每垛三四层,这种方式可以提高仓库利用率,实现货物的安全搬运和堆存,提高劳动效率,加快货物周转。

3. 堆码作业操作

1) 货垛"五距"要求

货垛"五距"应符合安全规范要求。货垛的"五距"指的是垛距、墙距、柱距、顶距和灯距。堆垛货垛时,不能依墙、靠柱、碰顶、贴灯,不能紧挨旁边的货垛,必须留有一定的间距。无论采用哪一种垛型,房内必须留出相应的走道,方便商品的进出和消防用途。

(1) 垛距。货垛与货垛之间的必要距离称为垛距,常以支道作为垛距。垛距能方便存取作业,起通风、散热的作用,方便消防工作。库房垛距一般为 0.3~0.5m,货场垛距一般不少于 0.5m。

(2) 墙距。为了防止库房墙壁和货场围墙上的潮气对商品的影响,也为了散热通风、消防工作、建筑安全、收发作业,货垛必须留有墙距。墙距可分为库房墙距和货场墙距,其中,库房墙距又分为内墙距和外墙距。内墙距是指货物离没有窗户墙体的距离,此处潮气相对少些,一般距离为 0.1~0.3m;外墙距是指货物离有窗户墙体的距离,这里湿度相对大些,一般距离为 0.1~0.5m。

(3) 柱距。为了防止库房柱子的潮气影响货物,也为了保护仓库建筑物的安全,必须留有柱距。柱距一般为 0.1~0.3m。

(4) 顶距。货垛堆放的最大高度与库房、货棚屋顶横梁间的距离称为顶距。顶距能便于装卸搬运作业,能通风散热,有利于消防工作,有利于收发、查点。顶距一般为 0.5~0.9m,具体视情况而定。

(5) 灯距。货垛与照明灯之间的必要距离称为灯距。为了确保储存商品的安全，防止照明灯发出的热量引起靠近商品燃烧而发生火灾，货垛必须留有足够的安全灯距。灯距按规定应有不少于 0.5m 的安全距离。

【知识链接】

货位存货量的确定

1. 确定库场货物单位面积定额

库场货物单位面积定额即单位仓容定额，用 p 表示，通过库场单位面积技术定额 $p_库$ 和货物单位面积堆存定额 $p_货$ 两个指标来确定。

库场单位面积技术定额 $p_库$ 是指库场地面设计和建造所达到的强度，单位用 t/m^2 表示，如某仓库标注 $3t/m^2$，该指标确定了该货位的最大允许存放货物数量。一般仓库的地面单位面积技术定额为 $2.5 \sim 3t/m^2$，楼层增高则相应减小。加强型地面为 $5 \sim 10t/m^2$。

货物单位面积堆存定额 $p_货$ 则是由货物本身的包装及其本身强度所确定的堆高限定。如某电冰箱注明限高 4 层，每箱底面积为 $0.8m \times 0.8m$，每箱重 80kg，则该电冰箱的单位面积堆存定额为 $p_货 = (80 \times 4) \div (0.8 \times 0.8 \times 1000) = 0.5(t/m^2)$。

库场货物单位面积定额则由以上两者确定，取较小的数值，这样才能同时保证库场地面不会损坏及货物本身不会被压坏。

即如果 $p_库 < p_货$，则 $p = p_库$；如果 $p_库 > p_货$，则 $p = p_货$。

由于 $p_库 > p_货$，所以库场货物单位面积定额就为 $0.5t/m^2$。

2. 货位存货数量计算

货位存货量是计算所选用的货位能堆存拟安排货物的总数量，即货位的存储能力，计算公式为

$$q = p \times s$$

式中，q ——某货位的储存能力(t)；

p ——单位仓容定额(t/m^2)；

s ——某类货物所存放货位的有效占用面积(m^2)。

2) 堆垛设计

为了达到堆码的基本要求，必须根据保管场所的实际情况、物品本身的特点、装卸搬运条件和技术及作业过程的要求，对物品堆垛进行总体设计。设计的内容包括垛基、垛形、货垛参数、堆码方式、货垛苫盖、货垛加固等，下面主要介绍前三者。

(1) 垛基。垛基是货垛的基础，其主要作用：承受整个货垛的重量，将物品的垂直压力传递给地基；将物品与地面隔开，起防水、防潮和通风的作用；垛基空间为搬运作业提供方便条件。因此，对垛基的基本要求：将整垛货物的重量均匀地传递给地坪；保证良好的防潮和通风；保证垛基上存放的物品不发生变形。

(2) 垛形。垛形是指货垛的外部轮廓形状。

① 按垛底的平面形状可以分为矩形、正方形、三角形、圆形、环形等。按货垛立面的形状可以分为矩形、正方形、三角形、梯形、半圆形，另外还可组成矩形—三角形、矩形—梯形、矩形—半圆形等复合形状，如图 4.7 所示。

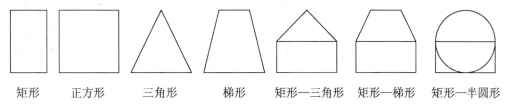

| 矩形 | 正方形 | 三角形 | 梯形 | 矩形—三角形 | 矩形—梯形 | 矩形—半圆形 |

图 4.7　货垛立面示意图

不同立面的货垛都有各自的特点。矩形、正方形垛易于堆码，便于盘点计数，库容整齐，但随着堆码高度的增加货垛稳定性就会下降；梯形、三角形和半圆形垛的稳定性好，便于苫盖，但是不便于盘点计数，也不利于仓库空间的利用；矩形—三角形等复合货垛恰好可以整合它们的优势，尤其是在露天存放的情况下更须加以考虑。

② 仓库常见的垛形。

a. 平台垛。平台垛是先在底层以同一个方向平铺摆放一层货物，然后垂直继续向上堆积，每层货物的件数、方向相同，垛顶呈平面，垛形呈长方体，如图 4.8 所示。实际操作中并不都是采用层层加码的方式，往往从一端开始，逐步后移。平台垛适用于单一包装规格大批量货物，以及包装规则、能够垂直叠放的方形箱装货物、大袋货物、规则的软袋成组货物、托盘成组货物。平台垛可以用于仓库内和无需遮盖的堆场堆放的货物码垛。

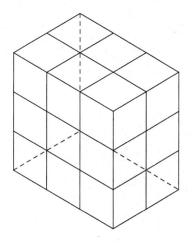

图 4.8　平台垛

平台垛具有整齐、便于清点、占地面积小、方便堆垛操作的优点。但该垛形的稳定性不太好，特别是硬包装、小包装的货物有货垛端头倒塌的危险，所以在必要时（如太高、长期堆存、端头位于主要通道等）要在两端采取一定的加固措施。对于堆放很高的轻质货物，往往在堆码到一定高度后，向内收半件货物后再向上堆码，从而使货垛更加稳固。

标准平台垛的货物件数的计算公式为

$$A = L \times B \times H$$

式中，A——总件数；

L——长度方向件数；

B——宽度方向件数；

H——层数。

b. 起脊垛。先按平台垛的方法码垛到一定的高度,以卡缝的方式将每层逐渐缩小,最后顶部形成屋脊形。起脊垛是堆场场地堆货的主要垛形,货垛表面的防雨遮盖从中间起向下倾斜,方便排泄雨水,防止水淋湿货物。有些仓库由于陈旧或建筑简陋有漏水现象,仓内的怕水货物也应采用起脊垛堆垛并遮盖。

起脊垛是平台垛为了适应遮盖、排水的需要的变形,具有平台垛操作方便、占地面积小的优点,适用平台垛的货物同样可以适用起脊垛堆垛。但是起脊垛由于顶部压缝收小,以及形状不规则,造成清点货物的不便,顶部货物的清点需要在堆垛前以其他方式进行。另外,由于起脊的高度使货垛中间的压力大于两边,所以采用起脊垛时库场使用定额要以脊顶的高度来确定,以免中间底层货物或库场被压损坏。

起脊垛的货物件数的计算公式为

$$A = L \times B \times H + 起脊件数$$

式中,A——总件数;

L——长度方向件数;

B——宽度方向件数;

H——未起脊层数。

c. 立体梯形垛。立体梯形垛是在最底层以同一方向排放货物的基础上,向上逐层同方向减数压缝堆码,垛顶呈平面,整个货垛呈下大上小的立体梯形形状,如图4.9所示。立体梯形垛适用于包装松软的袋装货物和上层面非平面而无法垂直叠码的货物的堆码,如横放的卷形、桶装、捆包货物。立体梯形垛极为稳固,可以堆放得较高,仓容利用率较高。对于在露天堆放的货物采用立体梯形垛,为了排水需要可以起脊变形。

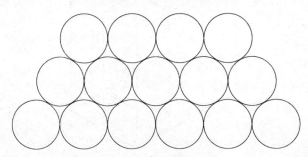

图4.9 立体梯形垛

为了增加立体梯形垛的空间利用率,在堆放可以立直的筐装、矮桶装货物时,底部数层可以采用平台垛的方式堆放,在码放到一定高度后再使用立体梯形垛。

每层两侧面(长度方向)收半件(压缝)的立体梯形垛件数的计算公式为

$$A = (2L - H + 1) \times H \times B \div 2$$

式中,A——总件数;

L——长度方向件数;

B——宽度方向件数;

H——层数。

d. 井形垛。井形垛用于长形的钢管、钢材及木材的堆码。它是在以一个方向铺放一层货物后,以垂直方向进行第二层的码放,货物横竖隔层交错逐层堆放,垛顶呈平面。井形垛垛形稳固,但每垛边上的货物可能滚落,需要捆绑或者收进。井形垛的作业较为不方便,需要不断改变作业方向。

井形垛的货物件数的计算公式为

$$A=(L+B)\times B\div 2$$

式中,A——总件数;

L——纵向方向件数;

B——横向方向件数。

e. 梅花形垛。对于需要立直存放的大桶装货物,将第一排(列)货物排成单排(列),第二排(列)的每件靠在第一排(列)的两件之间卡缝,第三排(列)同第一排(列)一样,尔后每排(列)依次卡缝排放,形如梅花形垛。梅花形垛货物摆放紧凑,充分利用了货件之间的空隙,更好地利用仓容面积。

对于能够多层堆码的桶装货物,在码放第二层时,将每件货物压放在下层的3件货物之间,四边各收半件,形成立体梅花形垛。

单层梅花形货垛的货物件数的计算公式为

$$A=(2B-1)\times L\div 2$$

式中,A——总件数;

L——长度方向件数;

B——宽度方向件数。

(3) 货垛参数。货垛参数是指货垛的长、宽、高,即货垛的外形尺寸。在通常情况下,需要首先确定货垛的长度,如长形材料的尺寸长度就是其货垛的长度,包装成件物品的垛长应为包装长度或宽度的整数倍。货垛的宽度应根据库存物品的性质、要求的保管条件、搬运方式、数量多少以及收发制度等确定,一般多以2个或5个单位包装为货垛宽度。货垛高度主要根据库房高度、地坪承载能力、物品本身和包装物的耐压能力、装卸搬运设备的类型和技术性能,以及物品的理化性质等来确定。在条件允许的情况下,应尽量提高货垛的高度,以提高仓库的空间利用率。

【案例解析】

现有罐头食品5000箱,箱尺寸为50cm×25cm×20cm,限高10层。拟安排在长度为10m的货位堆垛,采用纵横交叉式平台垛,需要开多宽的脚桩?

解 设底层采用纵向摆放,第二层横向交叉,则底层纵向可摆放为

$$10\div 0.5=20(层)$$
$$20\times B\times 10=5000(箱)$$
$$B=25(箱)$$

所以,宽度方向开桩25箱,占用25×0.25=6.25(m)。宜堆成长10m、宽6.25m、高2m的平台垛。

4. 堆码作业要求

1) 牢固

操作人员必须严格遵守安全操作规程,防止建筑物超过安全负荷量。码垛必须稳定结

实,不偏不斜,不歪不倒,必要时采用衬垫物固定,不压坏底层货物或外包装,不超过库存地坪承载能力。货垛较高时,上部适当向内收小。易滚动的货物,使用木楔或三角木固定,必要时使用绳索、绳网对货垛进行绑扎固定。

2)合理

不同商品其性能、规格、尺寸不相同,应采用各种不同的堆形。不同品种、产地、等级、批次、单价的商品应分开堆码,以便收发、保管。货垛的高度要适度,不能压坏底层商品和地坪,并与屋顶、照明灯保持一定距离为宜;货垛的间距、走道的宽度以及货垛与墙面、梁柱的距离等都要合理、适度,符合作业要求和防火安全要求,大不压小、重不压轻,缓不围急,确保货物质量和货物的"先进先出"。

3)整齐

货垛应按一定的规格、尺寸叠放,排列整齐、规范。商品包装标识应一律向外,便于查找。货垛垛形、垛高、垛距标准化和统一化,货垛上每件货物都排放整齐、垛边横竖成列,垛不压线。

4)定量

每一货垛的货物数量保持一致,便于货物的清点。一般采用固定的长度和宽度,且为整数,如尽量采用"五五式"堆码方法,便于记数和盘点,能做到过目知数。

【知识链接】

"五五式"堆垛

"五五式"堆垛就是以5为基本计算单位,堆码成各种总数为5的倍数的货垛,如图4.10所示,以5或5的倍数在固定区域内堆放,使货物"五五成行、五五成方、五五成包、五五成堆、五五成层",堆放整齐,上下垂直,过目知数。这种方式便于货物的数量控制、清点盘存。

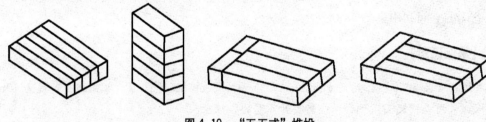

图4.10 "五五式"堆垛

5)节约

堆垛时应注意节省空间位置,尽量堆高,适当、合理地安排货位的使用,提高仓容利用率;妥善组织安排,做到一次作业到位,避免重复搬运,节约劳动消耗;合理使用苫垫材料,避免浪费。

6)方便

选用的垛形、尺寸、堆垛方法应便于堆垛作业、装卸搬运作业,提高作业效率;垛形方便点数、查验货物,便于通风、苫盖等保管作业。

4.2.3 垫垛和苫盖

1. 垫垛

垫垛是指在货物码垛前,在预定的地面货位位置,使用衬垫材料进行铺垫。常见的衬垫物有枕木、废钢轨、货架板、木板、钢板、芦席等。

1) 垫垛的目的

(1) 使地面平整。

(2) 使堆垛货物与地面隔开,防止地面潮气和积水浸湿货物。

(3) 通过强度较大的衬垫物使重物的压力分散,避免损害地坪。

(4) 使地面杂物、尘土与货物隔开。

(5) 形成垛底通风层,有利于货垛通风排湿。

(6) 使货物的泄漏物留存在衬垫之内,防止流动扩散,以便于收集和处理。

2) 垫垛的基本要求

(1) 所使用的衬垫物与拟存货物不会发生不良影响,并具有足够的抗压强度。

(2) 地面要平整坚实、衬垫物要摆放平整,并保持同一方向。

(3) 衬垫物间距适当,直接接触货物的衬垫面积与货垛底面积相同,衬垫物不伸出货垛外。

(4) 要有足够的高度,露天堆场要达到 0.3~0.5m,库房内 0.2m 即可。

3) 确定垫垛物数量和衬垫面积

一些单位质量大的货物在仓库中存放时,如果不能有效分散货物对地面的压力,则有可能会对仓库地面造成损害,因此要考虑在货物底部和仓库地面之间衬垫木板或钢板。衬垫物的使用量除考虑将压力分散在仓库地坪载荷限度之内外,还需要考虑这些库用耗材所产生的成本。因此,需要确定使压力小于地坪载荷的最少衬垫物数量。

【案例解析】

某仓库内存放一台自重 30t 的设备,该设备底架为两条 2m×0.2m 的钢架。该仓库库场单位面积技术定额为 $3t/m^2$。问需不需要垫垛?需要的话,又如何采用 2m×1.5m、自重 0.5t 的钢板垫垛?

解 货物对地面的压力强度为 $30\div(2\times2\times0.2)=37.5(t/m^2)$,这一压力强度远远超过库场单位面积技术定额 $3t/m^2$,因此必须垫垛。

假设需要 n 块钢板,则 $n=30\div(2\times1.5\times3-0.5)\approx3.5$(块)。

所以,需要使用 4 块钢板衬垫。方法为:将 4 块钢板平铺展开,设备的每条支架分别均匀地压在两块钢板上。

2. 苫盖

苫盖是指采用专用苫盖材料对货垛进行遮盖,以减少自然环境中的阳光、雨雪、风、尘土等对货物的侵蚀、损害,并使货物由于自身物理化学性质所造成的自然损耗尽可能地减少,保护货物存储期内的质量。

常用的苫盖材料有帆布、芦席、竹席、塑料膜、铁皮铁瓦、玻璃钢瓦、塑料瓦等。

1) 苫盖的基本要求

苫盖的目的是给货物遮阳、避雨、挡风、防尘,具体的要求如下:

(1) 选择合适的苫盖材料。选用防火、无害的安全苫盖材料;苫盖材料不会对货物发生不良影响;成本低廉,不易损坏,能重复使用,没有破损和霉变。

(2) 苫盖要牢固。每张苫盖材料都需要牢固稳定,必要时在苫盖物外用绳索、绳网绑扎或者用重物镇压,确保刮风吹不开。

(3) 苫盖接口要紧密。苫盖的接口要有一定深度的互相叠盖,不能迎风叠口或留空隙,苫盖必须拉挺、平整,不得有折叠和凹陷,防止积水。

(4) 苫盖的底部与垫垛齐平。不腾空或拖地,并牢固地绑扎在垫垛外侧或地面的绳桩上,衬垫材料不露出垛外,以防雨水顺延渗入垛内。

(5) 要注意材质和季节。在雨水丰沛季节,如使用旧的苫盖物,垛顶或者风口需要加层苫盖,以确保雨淋不透。

2) 苫盖的方法

(1) 就地苫盖法。直接将大面积苫盖材料覆盖在货垛上遮盖,一般采用大面积的帆布、油布、塑料膜等。就地苫盖法操作便利,但基本不具备通风条件。

(2) 鱼鳞式苫盖法。将苫盖材料从货垛的底部开始,自下而上呈鱼鳞式逐层交叠围盖。该法一般采用面积较小的瓦、席等材料苫盖。鱼鳞式苫盖法具有较好的通风条件,但每件苫盖材料都需要固定,操作比较繁琐复杂。

(3) 活动棚苫盖法。将苫盖物料制作成一定形状的棚架,在货物堆垛完毕后,移动棚架到货垛加以遮盖。或者采用即时安装活动棚架的方式苫盖。该法较为快捷,具有良好的通风条件,但活动棚本身需要占用仓库空间,也需要较高的购置成本。

4.2.4 货垛牌

为了在保管中能及时了解货物情况,需要在货垛上张挂有关该垛货物的资料标签,这些记载货物资料的标签称为货垛牌或者货物标签、料卡等。货物码垛完毕,仓库管理人员就应按照入库货物资料、接受货物情况制作货垛牌,并摆放或拴挂在货垛(货架)正面明显的位置。

货垛牌的主要内容有货位号、货物名称、批号、规格、进货日期、来源、存货人、该垛数量、接货人(制单人)等。此外,根据不同特点的仓库可以设置其他项目。

 4.3 出库作业

商品出库与发运是商品储存阶段的终止,也是仓库作业的最后一个环节,它使仓库工作与运输部门、商品使用单位直接发生联系。商品出库直接影响运输部门和使用单位,因此,做好出库工作对改善仓库经营管理、降低作业费用、提高服务质量有一定的作用。

做好出库工作必须遵循"先进先出"的原则,对有保管期限的商品要在限期内发放完毕;对可以回收复用的商品在保证质量的前提下,按先旧后新的原则发放;对零星用料要做到"分斤破两";对专用材料要做到保证重点,照顾一般。商品出库要核对准确,出库工作尽量一次完成,防止差错。出库商品的包装要符合交通运输部门的要求。另外,仓库必须建立严格的商品出库和发运程序,把商品的出库和发运工作搞好。

4.3.1 出库作业相关事项

商品出库业务是仓库根据业务部门或存货单位开出的商品出库凭证(提货单、调拨单),按其所列商品编号、名称、规格、型号、数量等项目,组织商品出库一系列工作的总称。出库发放的主要任务:所发放的商品必须准确、及时、保质保量地发给收货单位,包装必须完整、牢固、标记正确清楚,核对必须仔细。

1. 商品出库的依据

商品出库必须依据出库凭证进行。无论在何种情况下,仓库都不得擅自动用、变相动用或者外借货主的库存商品。

出库凭证的格式不尽相同,不论采用何种形式,都必须是符合财务制度要求的有法律效力的凭证,要坚决杜绝凭信誉或无正式手续的发货。

2. 商品出库的要求

商品出库要求做到"三不""三核"和"五检查"。
(1)"三不"。即未接单据不翻账,未经审单不备货,未经复核不出库。
(2)"三核"。即在发货时,要核实凭证、核对账卡、核对实物。
(3)"五检查"。即对单据和实物要进行品名检查、规格检查、包装检查、件数检查、重量检查。

具体来说,商品出库要求严格执行各项规章制度,提高服务质量,使用户满意。它包括对品种规格要求,积极与货主联系,为用户提货创造各种方便条件,杜绝差错事故。

4.3.2 商品出库的形式

1. 送货

仓库根据货主单位预先送来的出库凭证把应发商品送达收货单位指定的地点,这种发货形式就是通常所说的送货制。仓库送货要划清交接责任:仓储部门与运输部门的交接手续是在仓库现场办理完毕的;运输部门与收货单位的交接手续是根据货主单位与收货单位签订的协议,一般在收货单位指定的到货地办理。

送货具有"预先付货、接车排货、发货等车"的特点。仓库实行送货具有几个方面的好处:仓库可预先安排作业,缩短发货时间;收货单位可避免因人力、车辆等不便而发生的取货困难;在运输上,可合理使用运输工具,减少运费。仓储部门实行送货业务,应考虑到货主单位不同的经营方式和供应地区的远近,既可向外地送货,也可向本地送货。

2. 自提

由收货人或其代理人持出库凭证直接到库提取，仓库凭单发货，这种发货形式就是通常所说的提货制。它具有"提单到库，随到随发，自提自运"的特点。为划清交接责任，仓库发货人与提货人在仓库现场对出库商品当面交接清楚并办理签收手续。

3. 过户

过户是一种就地划拨的形式，商品虽未出库，但是所有权已从原货主转移到新货主。仓库必须根据原货主开出的正式过户凭证，才予办理过户手续。

4. 取样

货主单位出于对商品质量检验、样品陈列等需要到仓库提取货样。仓库也必须根据正式取样凭证才给发样品，并做好账务记载。

5. 转仓

货主单位为了业务方便或改变储存条件，需要将某批库存商品自甲库转移到乙库，这就是转仓的发货形式。仓库也必须根据货主单位开出的正式转仓单，才予办理转仓手续。

6. 代办托运

仓库接受客户的委托，先根据客户所开的出库凭证办理出库手续，再通过运输部门把物资发运到需方指定的地方。

代办托运的操作方式：由业务部门事先将发货凭证送到运输部门，运输部门经过制单托运，经运输部门批票或派车派船之后，运输部门委托搬运部门，或使用自有车辆向仓库办理提货手续。

这种物资出库方式常用于内、外贸储运公司所属的仓库和产地、口岸批发企业所属仓库，是仓库推行优质服务的措施之一。它适用于大宗、长距离的货物运输。

代运方式的特点：代办代提、整批发出，与承运部门直接办理物资交接手续。

4.3.3 出库作业流程

不同仓库在商品出库的操作程序上会有所不同，操作人员的分工也有粗有细，但就整个发货作业的过程而言，一般都是跟随着商品在库内的流向，或出库凭证的流转而构成各工种的衔接。出库程序一般包括"核单→备货→复核→包装→点交→登账→现场和档案的清理"等过程。

1. 核单

发放商品必须有正式的出库凭证，严禁无单或白条发货。保管员接到出库凭证后，应仔细核对，这就是出库业务的核单（验单）工作。

（1）要审核出库凭证的合法性和真实性。

（2）核对商品品名、型号、规格、单价、数量、收货单位、到站、银行账号。

(3) 审核出库凭证的有效期等。

凡在证件核对中，有货物名称、规格型号不对的，印签不齐全、数量有涂改、手续不符合要求的，均不能发货出库。如属自提商品，还须检查有无财务部门准许发货的签章。

2. 备货

在对出库凭证所列项目进行核查之后才能开始备货工作。出库商品应附有质量证明书或副件、磅码单、装箱单等。机电设备等配件产品，其说明书及合格证应随货同到。备货时应本着"先进先出、易霉易坏先出、接近失效期先出"的原则，根据领料数量下堆备货或整堆发货。备料的计量实行"以收代发"，即利用入库检验时的一次清点数，不再重新过磅。备货后要及时变动料卡余额数量，填写实发数量和日期等。

3. 复核

为防止差错，备料后应立即进行复核。出库的复核形式主要有专职复核、交叉复核和环环复核 3 种。除此之外，在发货作业的各道环节上都贯串着复核工作，如理货员核对单货、守护员(门卫)凭票放行、账务员(保管会计)核对账单(票)等。这些分散的复核形式起到分头把关的作用，都有助于提高仓库发货业务的工作质量。

复核的主要内容包括品种、规格、型号、数量是否准确，商品质量是否完好，配套是否齐全，技术证件是否齐备，外观质量和包装是否完好等。复核后保管员和复核员应在出库凭证上签名。

4. 包装

出库的货物如果没有符合运输方式所要求的包装应进行包装。根据商品外形特点，选用适宜包装材料，其重量和尺寸应便于装卸和搬运。出库商品包装要求干燥、牢固。如有破损、潮湿、捆扎松散等不能保障商品在运输途中安全的，应负责加固整理，做到破包破箱不出库。此外，各类包装容器，若外包装上有水湿、油迹、污损，均不许出库。另外，在包装中严禁互相影响或性能互相抵触的商品混合包装。包装后要写明收货单位、到站、发货号、本批总件数、发货单位等。

5. 点交

商品经复核后，如果是本单位内部领料，则将商品和单据当面点交给提货人，办清交接手续；如系送货或将商品调出本单位办理运输的，则与送货人员或运输部门办理交接手续，当面将商品交点清楚。交清后，提货人员应在出库凭证上签章。

6. 登账

点交后，保管员应在出库单上填写实发数、发货日期等内容，并签名。然后将出库单连同有关证件资料及时交给货主，以使货主办理货款结算。保管员把留存的一联出库凭证交给实物明细账登记人员登记做账。

7. 现场和档案的清理

经过出库的一系列工作程序之后，实物、账目和库存档案等都发生了变化，应及时对现场和档案进行清理。现场清理包括清理库存商品、库房、场地、设备和工具等。档案清理是指对收发、保养、盈亏数量和垛位安排等情况进行分析。具体应按下列几项工作彻底清理，使保管工作重新趋于账、物、资金相符的状态。

（1）按出库单核对结存数。

（2）如果该批货物全部出库，应查实损耗数量，在规定损耗范围内的进行核销，超过损耗范围的查明原因，进行处理。

（3）一批货物全部出库后，可根据该批货物入出库的情况、采用的保管方法和损耗数量，总结保管经验。

（4）清理现场，收集苫垫材料，妥善保管，以待再用。

（5）代运货物发出后，收货单位提出数量不符时，属于重量短少而包装完好且件数不缺的，应由仓库保管机构负责处理；属于件数短少的，应由运输机构负责处理。若发出的货物种、规格、型号不符，由保管机构负责处理；若发出货物损坏，应根据承运人出具的证明，分别由保管及运输机构处理。

（6）由于提货单位任务变更或其他原因要求退货时，可经有关方同意，办理退货。退回的货物必须符合原发的数量和质量，要严格验收，重新办理入库手续。当然，未移交的货物则不必检验。

在整个出库业务程序过程中，复核和点交是两个最为关键的环节。复核是防止差错的重要和必不可少的措施，而点交则是划清仓库和提货方两者责任的必要手段。

【知识链接】

催　　提

仓库的使用需要有良好的计划性，只有在确定有空余货位时才能接受存货人的仓储委托。空余货位包括已经提空的货位和将要到期提空的货位。对将要到期的仓储物，要做好催提工作。

到期催提应在到期日的前一段时间进行。合同有约定的，在约定期通知；原合同有续期条款的，在续期日前通知；合同没有约定通知期的，仓库应在合理的提前时间内催提，以便提货人有足够的时间准备。

催提是直接向已知的提货人发出通知，可以用信件、传真、电话等方式。当不知道确切提货人时，可以向存货人催提。

另外，对于在仓储期间发生损害、变质的仓储物，质量保存期就要到期的货物，或者剩余的少量残货、地脚货也应进行催提，以免堆积占用仓库仓容，同时减少或避免存货人的损失。

4.3.4　出库过程中出现的问题及处理

1. 出库凭证上的问题及处理

（1）凡出库凭证超过提货期限，用户前来提货的，必须先办理手续，按规定缴足逾期仓储保管费，然后方可发货。任何非正式凭证都不能作为发货凭证。提货时，若用户发现规格开错，保管员不得自行调换规格发货，必须通过制票员重新开票方可发货。

（2）凡发现出库凭证有疑点，或者情况不清楚，以及出库凭证发现有假冒、复制、涂改等情况时，应及时与仓库保卫部门及出具出库凭证的单位或部门联系，妥善处理。

（3）商品进库未验收，或者期货未进库的出库凭证，一般暂缓发货并通知货主，待货到并验收后再发货，提货期顺延，保管员不得代验。

（4）如客户因各种原因将出库凭证遗失，客户应及时与仓库发货员和账务员联系挂失。如果挂失时货已被提走，保管员不承担责任，但要协助货主单位找回商品；如果货还没有被提走，经保管员和账务员查实后，做好挂失登记，将原凭证作废，缓期发货。

2. 提货数与实存数不符

若出现提货数量与商品实存数不符的情况，一般是实存数小于提货数，造成这种问题的原因主要有以下几个方面：

（1）商品入库时，由于验收问题，增大了实收商品的签收数量，从而造成账面数大于实存数。

（2）仓库保管员和发货人员在以前的发货过程中，因错发、串发等差错而形成实际商品库存量小于账面数。

（3）货主单位没有及时核减开出的提货数，造成库存账面数大于实际储存数，从而开出的提货单提货数量过大。

（4）仓储过程中造成的货物的毁损。

当遇到提货数量大于实际商品库存数量时，无论是何种原因造成的，都需要和仓库主管部门及货主单位及时取得联系后再做处理。如属于入库时错账，则可以采用报出报入方法进行调整，即先按库存账面数开具商品出库单销账，然后再按实际库存数重新入库登账，并在入库单上签明情况；如果属于仓库保管员串发、错发引起的问题，应由仓库方面负责解决库存数与提单数的差数；如果属于货主单位漏记账而多开出库数的，应由货主单位出具新的提货单，重新组织提货和发货；如果是仓储过程中的损耗，需考虑该损耗数量是否在合理的范围之内，并与货主单位协商解决。合理范围内的损耗应由货主单位承担，而超过合理范围之外的损耗则应由仓储部门负责赔偿。

3. 串发和错发货

所谓串发和错发货，主要是指在发货人员对商品种类规格不很熟悉的情况下，或者由于工作中的疏漏，把错误规格、数量的商品发出仓库的情况。如果提货单开具甲规格的某种商品出库，而在发货时错把乙规格的该种商品发出，造成甲规格账面数小于实存数，乙规格账面数大于实存数。在这种情况下，如果商品尚未离库，应立即组织人力重新发货；如果商品已经被提出仓库，保管员要根据实际库存情况，如实向本库主管部门和货主单位讲明串发和错发货的品名、规格、数量、提货单位等情况，会同货主单位和运输单位共同协商解决。一般在无直接经济损失的情况下，由货主单位重新按实际发货数冲单（票）解决，如果形成直接经济损失应按赔偿损失单据冲转调整保管账。

4. 包装破漏

包装破漏是指在发货过程中因商品外包装破散、砂眼等现象引起的商品渗漏、裸露等问题。这些问题主要是在储存过程中因堆垛挤压、发货装卸操作不慎等情况引起的，发货时都应经过整理或更换包装方可出库，否则造成的损失应由仓储部门承担。

5. 漏记和错记账

漏记账是指在商品出库作业中，由于没有及时核销商品明细账而造成账面数量大于或少于实存数的现象；错记账是指在商品出库后核销明细账时没有按实际发货出库的商品名称、数量等登记，从而造成账物不相符的情况。无论是漏记账还是错记账，一经发现，除及时向有关领导如实汇报情况外，同时，还应根据原出库凭证查明原因调整保管账，使之与实际库存保持一致。如果由于漏记和错记账给货主单位、运输单位和仓储部门造成了损失应给予赔偿，则同时应追究相关人员的责任。

【本章实训】

货物堆码训练

一、实训要求

（1）熟悉各种堆码方式。

（2）针对特定的物品，选用适当的堆码方式，操作正确。

二、操作步骤

（1）将全班同学按 3 人为一组，分成若干小组。

（2）每组测算出货位的大小，再根据纸箱的尺寸大小，计算出该货位能存放纸箱的数量。

（3）轮流让每个同学练习重叠式堆码、纵横交错式堆码、压缝式堆码、通风式堆码、五五式堆码等方法，对比各种方法的优、缺点。

【课后练习】

一、单项选择题

1. 以下对商品验收的作用，描述不正确的是（　　）。
A. 验收是做好商品保管保养的基础
B. 验收有利于维护货主利益
C. 验收记录是买方提出退货、换货和索赔的依据
D. 验收是避免商品积压，减少经济损失的重要手段

2. 如对砂石进行数量检验，应采用的形式是（　　）。
A. 计件　　　　　B. 检斤　　　　　C. 检尺求积　　　　　D. 尺寸检验

3. 在仓库中，质量验收主要进行的是（　　）。
   A. 商品外观检验　　　　　　　　　B. 化学成分检验
   C. 商品的尺寸检验　　　　　　　　D. 机械物理性能检验
4. 以下各种检验中，直接通过人的感觉器官进行检验的是（　　）。
   A. 数量检验　　　　　　　　　　　B. 商品外观检验
   C. 商品的尺寸检验　　　　　　　　D. 理化检验
5. 检查商品有无潮湿、霉腐、生虫等属于（　　）。
   A. 商品外观检验　　　　　　　　　B. 理化检验
   C. 机械物理性能检验　　　　　　　D. 化学成分检验
6. 仓库根据货主预先送来的"商品调拨通知"，通过发货作业，把商品交由运输部门送达收货单位，这种发货形式称为（　　）。
   A. 过户　　　B. 自提　　　C. 转仓　　　D. 送货
7. 以下不属于出库程序的是（　　）。
   A. 包装　　　B. 加工　　　C. 核单　　　D. 清理
8. 商品出库程序中的清理环节，可分为现场清理和（　　）。
   A. 库位清理　　B. 商品清理　　C. 废品清理　　D. 档案清理
9. 商品入库业务流程的第一道作业环节是（　　）。
   A. 接运　　　B. 内部交接　　　C. 验收　　　D. 保管保养
10. 某仓库内要存放一台自重40t的设备，该设备底架为两条2m×0.2m的钢架，该仓库库场单位机积技术定额为36t/m²，如采用2m×1m自重为1t的钢板垫垛，需（　　）块。
    A. 4　　　B. 6　　　C. 8　　　D. 10
11. 现有罐头食品6080纸箱，纸箱尺寸为50cm×25cm×20cm，限高8层，拟安排在长度为10m的货位堆垛，采用平台垛，则需要（　　）宽的货位。
    A. 6.25m　　B. 8.5m　　C. 7.25m　　D. 9.5m
12. 在堆码货物时，遵循（　　）原则，可使货物出入库更容易，方便在仓库内移动。
    A. 重下轻上　　　　　　　　　　　B. 尽可能地向高处堆码
    C. 面向通道进行保管　　　　　　　D. 依据形状安排保管方法
13. 适应于煤炭等大宗货物的堆码方式是（　　）。
    A. 垛堆方式　　B. 货架方式　　C. 散堆方式　　D. 成组堆码方式
14. 若包装物损坏严重，则需要进行重新包装，即（　　）。
    A. 改装　　　B. 修装　　　C. 换装　　　D. 拼装
15. 为便于商品的销售，将大的货物单元改装成一定规格、数量小的货物单元的过程称为（　　）。
    A. 分装　　　B. 改装　　　C. 拼装　　　D. 配装

二、多项选择题

1. 在商品入库操作中，商品接运的方式有（　　）。
   A. 站、码头接货　　　B. 产地接货　　　C. 仓库内接货
   D. 专用线接货　　　　E. 仓库自行接货

2. 商品验收作业包括的主要作业环节有（　　）。
   A. 验收准备　　　　　　B. 核对证件　　　　　　C. 内容登记
   D. 检验实物　　　　　　E. 数值分析
3. 仓库接到货通知后，所做的验收准备工作包括（　　）。
   A. 人员准备　　　　　　B. 器具准备　　　　　　C. 资料准备
   D. 设备准备　　　　　　E. 货位准备
4. 以下作为仓库接受商品凭证的是（　　）。
   A. 装箱单　　　　　　　B. 入库通知　　　　　　C. 发货明细表
   D. 订货合同副本　　　　E. 承运单位提供的运单
5. 对货物进行质量检验的形式有（　　）。
   A. 商品外观检验　　　　B. 商品的尺寸检验　　　C. 商品的数量检验
   D. 化学成分检验　　　　E. 机械物理性能检验
6. 以下各项中属于商品入库单证的有（　　）。
   A. 货卡　　　　　　　　B. 磅码单　　　　　　　C. 领料卡
   D. 入库通知单　　　　　E. 实物明细账
7. 商品出库的形式主要有（　　）。
   A. 自提　　　　　　　　B. 送货　　　　　　　　C. 转仓
   D. 过户　　　　　　　　E. 取样
8. 商品自提出库的特点是（　　）。
   A. 提单到库　　　　　　B. 随到随发　　　　　　C. 预先付货
   D. 自提自运　　　　　　E. 发货等车
9. 货物出库的方式主要有（　　）。
   A. 客户自提　　　　　　B. 委托发货　　　　　　C. 代理提货
   D. 承运人提货　　　　　E. 仓储企业派自己的货车给客户送货
10. 出库业务的核单工作即保管员接到出库凭证后，应仔细核对（　　）。
    A. 商品明细　　　　　　　　　　B. 提货单位相关事宜
    C. 出库凭证的真实性　　　　　　D. 出库凭证的有效期
    E. 自提商品，还需要检查有无财务部门准许发货的签单
11. 复核的主要内容包括货物的（　　）。
    A. 配套是否齐全　　　　B. 品种数量是否准确　　C. 技术证书是否齐备
    D. 商品质量是否完好　　E. 外观质量和包装是否完好
12. 在整个出库业务过程中，最为关键的两个环节是（　　）。
    A. 核单　　　　　　　　B. 复核　　　　　　　　C. 点交
    D. 登账　　　　　　　　E. 现场和档案的清理
13. 造成出库商品提货数与实存数不符的原因主要有（　　）。
    A. 验收问题　　　　　　B. 错发、串发　　　　　C. 货物的毁损
    D. 进货不及时　　　　　E. 没有及时核减开出的提货数
14. 主要的商品出库单证有（　　）。
    A. 货卡　　　　　　　　B. 出库单　　　　　　　C. 领（送）料单

D. 磅码单　　　　　　　　　E. 实物明细账

15. 商品在出库时的主要管理作业包括(　　)。
    A. 货物保管作业　　　　B. 货物养护作业　　　　C. 货物维修作业
    D. 货物整理作业　　　　E. 装卸搬运作业

16. 对货物进行合理的堆码,其优点主要体现在(　　)。
    A. 有利于降低管理成本　　　　B. 有利于提高仓容利用率
    C. 有利于提高收发作业的效率　　D. 有利于提高养护工作的效率
    E. 有利于提高入库货物的储存保管质量

17. 有关仓库中货物堆码的原则,主要有便于识别原则、便于点数原则、重下轻上原则和(　　)。
    A. 面向通道进行保管原则　　　　B. 根据出库频率选定位置原则
    C. 同一商品在同一地方保管原则　　D. 尽可能地向高处堆码原则
    E. 依据形状安排保管方法原则

18. 对货物进行堆码的方式主要有(　　)。
    A. 散堆方式　　　　B. 货架方式　　　　C. 垛堆方式
    D. 成组堆码方式　　E. 独立个体方式

19. 在货物入库后,要做好货物质量变化的预防措施,应(　　)。
    A. 健全仓库货物保养组织　　　　B. 保持仓库的清洁卫生
    C. 妥善进行堆码和苫垫　　　　　D. 认真控制库房温湿度
    E. 做好货物在库质量检查

20. 装卸、搬运作业的特点包括(　　)。
    A. 工作量小　　　　B. 对象复杂　　　　C. 作业量大
    D. 作业不均匀　　　E. 安全性要求高

21. 在对货物进行拼、配装时应特别注意(　　)。
    A. 货物的性质不能相互抵触　　　　B. 拼、配装组合要经济合理
    C. 货物规格必须一致　　　　　　　D. 应为同一品牌货物
    E. 必须满足安全操作的需要

22. 以下各项中,属于仓储入库阶段的是(　　)。
    A. 接运　　　　B. 验收　　　　C. 出库
    D. 保管保养　　E. 内部交接

23. 货垛的"五距"指的是(　　)。
    A. 垛距　　　　B. 墙距　　　　C. 柱距
    D. 顶距　　　　E. 灯距

三、判断题

1. 仓储连接了生产者与客户,其运作的好坏将直接影响整个物流系统的成本与效率。(　　)
2. 入库验收是商品入库业务流程的第一道作业环节。(　　)
3. 凡商品进入仓库储存必须经过检查验收,只有验收后的货物方可入库保管。(　　)

4. 验收虽然有利于维护货主利益，但并不能避免商品积压，进而减少经济损失。（　）
5. 仓库接受商品的凭证是供货单位提供的货物凭证。（　）
6. 按照商品性质和包装情况，数量检验的方法有3种：计件法、检斤法、检尺求积法。（　）
7. 进行数量检验时，一般情况应进行抽检。（　）
8. 在仓库中，质量验收主要是进行理化检验。（　）
9. 大批量商品的尺寸检验一般采用全部检验的方式进行。（　）
10. 有关商品的出库要求做到"三不""四核""五检查"。（　）
11. 虽然过户是一种商品出库的形式，但此形式下，商品并未真正出库。（　）
12. 不同仓库在商品出库时的操作程序都是相同的。（　）
13. 出库程序包括核单、点交、登账和清理4个环节。（　）
14. 在商品出库备料时应本着"先进先出，易霉易坏先出、接近失效期先出"的原则，根据领料数量下堆备料或整堆发料。（　）
15. 在整个出库业务过程中，点交和登账是两个最为关键的环节。（　）
16. 在商品出库过程中，任何白条都不能作为发货凭证。（　）
17. 货物保管只是对货物进行合理的保存即可。（　）
18. 只有对货物进行合理的苫垫，才能使货物避免受潮、淋雨、暴晒等。（　）
19. 流动性差的货物在堆码时根据出库频率应堆放在距离出入口稍远的地方。（　）
20. 在仓库中，为避免提错货，不同批的同一货物或类似货物不能放在同一地方保管。（　）
21. 成组堆码方式中常有的成组工具包括货板、集装箱、托盘、网格等。（　）
22. 货物保管明细账是在库货物清查盘点的依据。（　）
23. 货物保管明细账在登账时一律使用蓝、黑色墨水笔登记，使用红墨水冲账。（　）
24. 妥善进行堆码和苫垫是把好货物仓储质量的第一关。（　）
25. 为了防止在库货物的质量发生变化，只需对货物进行妥善的堆码和苫垫，认真控制库房温湿度，并做好货物在库质量检查就可以了。（　）
26. 装卸是指商品在空间上发生的垂直位移；搬运是指在空间上发生的水平位移。（　）
27. 仓库的作业组织工作不能影响装卸搬运距离。（　）
28. 货物的成组包装运输虽然能缩短作业时间、减小劳动强度、提高机械化作业的效能、使运输工具得到充分的利用，但是会使货物的运输成本提高。（　）
29. 货物的包装使货物在交接时的质量检查变得更困难。（　）
30. 包装应符合货物性能的要求，对于液体货物，采用密闭、牢固的包装材料。（　）
31. 作为商品的货物包装，一定要美观、华丽，对其可以不计成本。（　）

四、思考题

1. 简述商品的入库流程。
2. 简述验收作业流程及其内容。
3. 简述商品出库的流程。

4. 商品出库过程中容易出现哪些问题？

5. 在对货物进行盘点时应注意哪些问题？

6. 库场中常见的包装业务有哪些？

五、计算题

1. 已知一井型货垛的纵向方向摆放 200 根钢管，横向方向摆放 50 根钢管，共堆放 20 层，则该货垛的钢管总数为多少根？

2. 某仓库单位面积技术定额为 $3t/m^2$，现有 10m×6m×6m 仓库货位，计划堆存某商品一批，已知该商品为纸箱包装，箱尺寸为 30cm×30cm×60cm，每箱重 20kg，问该货位能堆放多少箱？

3. 某仓库有两个货位，第一个货位预计存放电视机，限高 6 层，每箱重 60kg，每箱底面积为 0.6m×0.6m，有效占用面积为 $100m^2$。第二个货位预计存放机器零件，限高 7 层，每箱重 100kg，每箱底面积为 0.4m×0.5m，有效占用面积为 $20m^2$。请估算该仓库的储存能力(注：该仓库地面的单位面积定额为 $2.5t/m^2$)。

4. 某仓库内要存放一台自重 40t 的设备，该设备底架为两条 2m×0.2m 的钢架。该仓库库场单位面积技术定额为 $3t/m^2$。如采用 2m×1m 自重 1t 的钢板垫垛，需多少块？又该如何垫垛？

第二部分 配送篇

第 5 章

走进配送

【学习目标】

知识目标	技能目标
（1）掌握配送的概念、类型和功能 （2）了解配送的要素、一般流程和各类配送模式的特点 （3）掌握配送中心的概念、类型、功能、选址和规划布局	（1）能进行配送组织 （2）能进行配送中心的选址、合理布局与规划 （3）能够根据货物情况拟定配送流程

【案例导入】

王某是江西省新华书店联合有限公司(简称"江西省店")下属的一家连锁书店的进货员,他每天的采购流程十分简单:登录江西新华的网站,输入连锁店用户名和密码,查看当日最新书目、本店和总店各类图书的销售和库存情况,填写网上订单并确认,新华书店总部在24h内就能够完成配货。或者,王某还可驱车4km,来到南昌市京东开发区宽敞的连锁物流配送中心展示大厅挑选陈列样书,把通过掌上电脑无线订货系统传送的配货信息上传到新华书店总部的计算机中心,24h内图书将准确配货到位。

这种全新的采购方式得益于江西省店的连锁物流配送系统。上述订货信息经过商流系统软件与物流系统软件的数据转换,自动在各库区形成拣货单,进而在电子标签的引导下快速执行拣货和配货。入库上架的商品由物流系统进行管理,采用了储位管理的方法——所有储位以储位码为作业判断的依据,物流系统收到商流系统转来的批销单进行确认,作业人员根据电子标签进行拣货作业。这套现代化的物流配送系统使得江西省店在面对新的市场竞争时有了底气。

思考

江西省店的连锁物流配送系统是如何作业的?

 5.1 认知配送

《中华人民共和国国家标准物流术语》(GB/T 18354—2006,后文简称《物流术语》)将"配送"定义为"在经济合理区域范围内,根据用户要求,对物品进行拣选、加工、包装、分割、组配等作业,并按时送达指定地点的物流活动。"

5.1.1 配送的概念

从物流角度来说,配送几乎包括了所有的物流功能要素,是物流在小范围内全部活动的体现。一般来说,配送集装卸、包装、保管、运输于一身,通过这一系列活动达到将物品送达客户的目的。特殊的配送则还要以加工活动为支撑,包含的面更广。

从商流角度来说,配送和物流不同之处在于,物流是商物分离的产物,而配送则是商物合一的产物,配送本身就是一种商业形式。虽然配送具体实施时,也有以商物分离形式实现的,但从配送的发展趋势看,商流与物流越来越紧密的结合,是配送成功的重要保障。

从配送实施形态角度来说，对配送表述为：按用户订货要求，在配送中心或其他物流结点进行货物配备，并以最合理方式送交用户。

对配送的理解包含以下几点内容：

（1）配送的实质是送货。配送是一种送货，但和一般送货有区别：一般送货可以是一种偶然的行为，而配送却是一种固定的形态，甚至是一种有确定组织、确定渠道，有一套装备和管理力量、技术力量，有一套制度的体制形式。因此，配送是高水平送货形式。

（2）配送是一种以现代送货形式来实现资源最终配置的经济活动。在社会再生产过程中，配送处于接近用户的那一段流通领域，由于配送的主要经济活动是现代送货，所以它是以现代生产力、劳动手段为支撑，依靠科技手段来完成的。

（3）配送是一种"中转"形式。配送是从物流结点至用户的一种特殊送货形式。从送货功能看，其特殊性表现为：从事送货的是专职流通企业，而不是生产企业；配送是"中转"型送货，而一般送货尤其从工厂至用户的送货往往是直达型；一般送货是生产什么、有什么送什么，配送则是企业需要什么送什么。因此，要做到需要什么送什么，就必须在一定中转环节筹集这种需要，从而使配送必然以中转形式出现。当然，广义上，许多人也将非中转型送货纳入配送范围，将配送外延从中转扩大到非中转，仅以"送"为标志来划分配送外延，也是有一定道理的。

（4）配送是"配"和"送"有机结合的形式。配送与一般送货的重要区别在于，配送利用有效的拣选、配货等理货工作，使送货达到一定的规模，以利用规模优势取得较低的送货成本。如果不进行拣选、配货，有一件运一件，需要一点送一点，就会大大增加动力的消耗，使送货并不优于取货。因此，追求整个配送的优势，拣选、配货等工作是必不可少的。

（5）配送以用户要求为出发点。在"配送"的定义中强调"按用户的订货要求"，明确了用户的主导地位。配送是从用户利益出发，按用户要求进行的一种活动。因此，在观念上必须明确"用户第一""质量第一"，配送企业的地位是服务地位而不是主导地位，不能从本企业利益出发而应从用户利益出发，在满足用户利益基础上取得本企业的利益。更重要的是，不能利用配送损害或控制用户，不能利用配送作为部门分割、行业分割、割据市场的手段。

（6）以最合理方式送交用户。在"配送"的定义中"以最合理方式"的提法是基于这样一种考虑：过分强调"按用户要求"是不妥的，用户要求受用户本身的局限，有时实际会损失自我或双方的利益。对于配送者讲，必须以"要求"为据，但是不能盲目，应该追求合理性，进而指导用户，实现共同受益的商业原则。

5.1.2 配送的类型

随着现代物流的发展，为满足不同产品、不同用户和不同市场环境的要求，已形成多种形式的配送。

1. 按配送主体不同划分

1）配送中心配送

组织者是专职从事配送业务的配送中心，规模较大，专业性强，和用户有固定的配送关系，一般实行计划配送。由于配送中心设施及工作流程是按配送需要而专门设计的，所以配送能力强，配送距离较远，配送品种多，配送数量大，可以承担工业企业生产用主要物资的配送及向商店实行补充性配送等。配送中心配送是配送的主体形式。

2) 仓库配送

仓库配送以一般仓库为据点进行配送的形式，在仓库保持原有功能前提下，增加配送功能。由于不是专门按配送中心要求建设的，所以仓库配送规模较小，专业化程度低。仓库配送是一种中等规模的配送形式。

3) 商店配送

组织者是商业或物资经营网点，它们承担零售业务，规模一般不大，但经营品种齐全，容易组织配送。由于网点多，配送半径小，比较机动灵活，可承担生产企业非主要生产用物资的配送，是配送中心配送的辅助及补充形式。

4) 生产企业配送

组织者是生产企业，尤其是进行多品种生产的企业，可以直接由企业配送，而无须再将产品运到配送中心进行中转配送。生产企业配送在地方性较强的生产企业中应用较多，如某些不适应中转的化工产品与地方建材产品大多采用生产企业配送。

2. 按配送品种和数量不同划分

1) 单(少)品种大批量配送

由于配送的品种少，批量大，不需要与其他商品搭配，即可使车辆满载，配送中心内部设施、组织计划等工作也较简单，所以配送成本较低。

2) 多品种少批量配送

这种方式按用户要求，将所需各种物资配备齐全，凑整装车，由配送员送运到用户。这种配送，水平要求高，配送中心设备较复杂，配送计划难度大，要有高水平的组织工作保证配送。在配送方式中，这是一种高技术、高水平的方式，也符合现代"消费多样化""需求多样化"的新观念，是许多国家推崇的一种方式。

3) 配套配送或成套配送

按照企业生产的需要，尤其是装配型企业生产的需要，将生产每台产品所需的全部零部件配齐，准时送到企业的生产线，便于企业进行产品的装配。采用这种配送方式，配送企业承担了生产企业的大部分供应工作，生产企业专注于生产，与多品种少批量配送的效果相同。

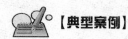
【典型案例】

雅芳公司1886年创立于美国纽约，如今已发展成为世界上最大的美容化妆品公司之一，年销售总收入高达62亿美元，向140个国家和地区的女性提供两万多种产品。雅芳于1990年进入中国，中国雅芳年销售总额达到20多亿元，浙江的年销售量1300t左右，其中温州每月的物流配送1000多笔。温州邮政担负起了雅芳公司产品在温州地区的物流配送任务。作为美国的500强企业，雅芳公司对物流配送的高标准要求将是对温州邮政物流配送的一次考验。

雅芳对物流配送的标准严格到什么程度呢？该项目的工作人员介绍说，在准时到达率方面，雅芳要求从上海的配送中心开始，72h内一定要到达用户手中。在对配送人员的行为规范方面，雅芳要求配送人员统一着装，佩戴胸卡；在与收件人办理交接时，应主动、热情、礼貌，使用文明用语、微笑服务；做到仪表端庄、举止大方、亲切和蔼；语言简明、通俗、清晰，回答问题迅速、准确、耐心，有问必答；对待客户一视同仁，认真及时处理客户的意见和建议；不喝收件人一口水，不抽收件人一支烟，不说一句闲话。这些要求不能不说是对邮政配送人员的一种考验。

3. 按配送时间和数量不同划分

1) 定时配送

按规定时间和时间间隔进行的配送活动，如数天、数小时一次等，每次配送品种及数量可按计划进行，也可在配送前商定。由于时间固定，易于安排工作计划，易于计划调度车辆，对用户来说，也易于安排接货力量。

2) 定量配送

按事先供需双方协议规定的批量进行配送。由于数量固定，配货工作简单，可按托盘、集装箱等集装方式备货，也可做到整车配送，配送效率高。由于时间没有严格的规定，可将不同用户所需物资集零为整后配送，运力利用较好。对用户来讲每次接货都是同等数量，有利于仓位、人力、物力的准备。

3) 定时定量配送

这种方式按规定的时间和数量进行配送。兼有上述两种方式的优点，组织难度较大，适合采用的用户不多，不会成为普遍方式。

4) 定时定线路配送

在规定运行路线上制定到达时间表，按运行时间进行配送，用户在规定的路线站及规定时间接货和提出配送要求。这种方式有利于安排车辆和人员，在配送用户较多的地方，亦可免于复杂的组织工作。

5) 即时配送

完全按用户要求的时间和数量进行配送的方式。要求在充分掌握需要量和品种的前提下，及时安排最佳路线和相应车辆，实时配送。即时配送是水平较高的配送方式，但组织难度大，需事前作出计划。

5.1.3 配送合理化

1. 配送合理化的判断标志

对于配送合理化与否的判断，是配送决策系统的重要内容，目前国内外尚无一定的技术经济指标体系和判断方法。按一般认识，以下若干标志是应当纳入的。

1) 库存标志

库存是判断配送合理与否的重要标志，具体指标有以下两方面：

（1）库存总量。库存总量在一个配送系统中，从分散于各个用户转移给配送中心，配送中心库存数量加上各用户在实行配送后库存量之和应低于实行配送前各用户库存量之和。

（2）库存周转。由于配送企业的调剂作用，以低库存保持高的供应能力，库存周转一般总是快于原来各企业库存周转。

2) 资金标志

总的来说，实行配送应有利于资金占用降低及资金运用的科学化，其主要判断标志如下：

（1）资金总量。用于资源筹措所占用流动资金总量，随储备总量的下降及供应方式的改变必然有一个较大的降幅。

（2）资金周转。从资金运用来讲，由于整个节奏加快，资金充分发挥作用。同样数量的资金，过去需要较长时期才能满足一定供应要求，配送之后，在较短时期内就能达此目的。因此，资金周转是否加快，是衡量配送合理与否的标志。

3) 成本和效益

对于配送企业而言，企业利润反映配送合理化程度。对于用户企业而言，在保证供应水平或提高供应水平（产出一定）前提下，供应成本的降低反映了配送的合理化程度。成本及效益对合理化的衡量，还可以具体到储存、运输具体配送环节，使判断更为精细。

4) 供应保证标志

配送必须提高而不是降低对用户的供应保证能力，才算实现了合理。供应保证能力可以从以下方面判断：

（1）缺货次数。实行配送后，对各用户来讲，该到货而未到货以致影响用户生产及经营的次数，必须下降才算合理。

（2）配送企业集中库存量。对每一个用户来讲，其数量所形成的保证供应能力高于配送前单个企业保证程度，从供应保证来看才算合理。

（3）即时配送的能力及速度是用户出现特殊情况的特殊供应保障方式，这一能力必须高于未实行配送前用户紧急进货能力及速度才算合理。

配送企业的供应保障能力是一个科学的合理的概念，而不是无限的概念。具体来说，如果供应保障能力过高，超过了实际的需要，属于不合理，所以追求供应保障能力的合理化也是有限度的。

5) 社会运力节约标志

末端运输是目前运能、运力使用不合理，浪费较大的领域，因而人们寄希望于配送来解决这个问题，这也成了配送合理化的重要标志。

（1）社会车辆总数减少，而承运量增加为合理。

（2）社会车辆空驶减少为合理。

（3）一家一户自提自运减少，社会化运输增加为合理。

6) 用户企业仓库、供应、进货人力物力节约标志

实行配送后，各用户库存量、仓库面积、仓库管理人员减少为合理；用于订货、接货、搞供应的人应减少才为合理。真正解除了用户的后顾之忧，配送的合理化程度则可以说是一个高水平了。

7) 物流合理化标志

物流合理化的问题是配送要解决的大问题，也是衡量配送本身的重要标志。这可以从以下几方面判断：是否降低了物流费用，是否减少了物流损失，是否加快了物流速度，是否发挥了各种物流方式的最优效果，是否有效衔接了干线运输和末端运输，是否不增加实际的物流中转次数，是否采用了先进的技术手段。

2. 配送合理化可采取的做法

国内外推行配送合理化有一些可供借鉴的办法，简介如下：

（1）推行一定综合程度的专业化配送。通过采用专业设备、设施及操作程序，取得较好的配送效果并降低配送过分综合化的复杂程度及难度，从而追求配送合理化。

（2）推行加工配送。通过加工和配送结合，充分利用本来应有的这次中转，而不增加新的中转求得配送合理化。同时，加工借助于配送，加工目的更明确和用户联系更紧密，更避免了盲目性。这两者有机结合，投入不增加太多却可追求两个优势、两个效益，是配送合理化的重要经验。

（3）推行共同配送。通过共同配送，可以以最近的路程、最低的配送成本完成配送，从而追求合理化。

（4）实行送取结合。配送企业与用户建立稳定、密切的协作关系。配送企业不仅成了用户的供应代理人，而且承担用户储存据点，甚至成为产品代销人。在配送时，将用户所需的物资送到，再将该用户生产的产品用同一车运回，这种产品也成了配送中心的配送产品之一，或者作为代存代储，免去了生产企业库存包袱。这种送取结合使运力充分利用，也使配送企业功能有更大的发挥，从而追求合理化。

（5）推行准时配送系统。准时配送是配送合理化重要内容。配送做到了准时，用户才有资源把握，放心地实施低库存或零库存，可以有效地安排接货的人力、物力，以追求最高效率的工作。另外，保证供应能力也取决于准时供应。从国外的经验看，准时供应配送系统是现在许多配送企业追求配送合理化的重要手段。

（6）推行即时配送。即时配送是最终解决用户企业担心断供之忧，大幅度提高供应保证能力的重要手段。即时配送是配送企业快速反应能力的具体化，是配送企业能力的体现。即时配送成本较高，但它是整个配送合理化的重要保证手段。此外，用户实行零库存，即时配送也是向客户保证供应的重要手段。

【知识链接】

配送业务中的三全服务

（1）全天候——指配送商应在 24h 内都能提供服务，包括紧急服务、特殊服务（人力手提直送）。

（2）全方位——指服务商应准时、准量、准价、按质提供商品。

（3）全过程——指对配送业务的各个环节进行全面责任管理。

 5.2 配送的功能、模式和流程

5.2.1 配送的作用

1. 推行配送有利于物流实现合理化

配送不仅能促进物流的专业化、社会化发展，而且能以其特有的运动形态和优势调整流通结构，促使物流活动向"规模经济"发展。从组织形态上看，它是以集中的、完善的送货取代分散性、单一性的取货；从资源配置上看，则是以专业组织的集中库存代替社会上的零散库存，衔接了产需关系，打破了流通分割和封锁的格局，很好地满足社会化大生产的发展需要，有利于实现物流社会化和合理化。

2．完善了运输系统

干线运输一般是长距离、大批量，使用载重量大的运输工具才有可能实现运输的高效率、低成本；支线运输一般是小批量，运输频次高、服务性强，要求比干线运输具有更高的灵活性和适应性。配送环节通过与其他物流环节的配合，灵活性、适应性、服务性都比较强。因此，只有配送与运输的密切结合，使干线运输与支线运输有机统一起来，才能实现运输系统的合理化。

3．提高了末端物流的效益

采取配送方式，通过增大订货批量来达到经济的进货。它采取将各种商品配齐集中起来向用户发货和将多个用户小批量商品集中在一起进行发货等方式，以提高末端物流的经济效益。

4．提高供应保证程度，实现企业低库存或零库存

生产企业自己保持库存、维持生产，供应保证程度很难提高（受库存费用的制约）。采取配送方式，配送中心可以比任何企业的储备量都大，可使企业减少缺货风险。

实现了高水平配送之后，尤其是采取准时制配送方式之后，生产企业可以完全依靠配送中心的准时制配送而不需要保持自己的库存，或生产企业只需保持少量保险储备而不必留有经常储备，这就可以实现生产企业多年追求的"零库存"，将企业从库存的包袱中解脱出来，同时释放出大量储备资金，从而改善企业的财务状况。实行集中库存，集中库存总量远低于不实行集中库存时各企业分散库存之总量，同时增加了调节能力，也提高了社会经济效益。此外，采用集中库存可利用规模经济的优势，使单位存货成本下降。

5．简化事务，方便用户

采用配送方式，用户只需要从配送中心一处订购就能达到向多处采购的目的，只需组织对一个配送单位的接货便可替代现有的高频率接货，因而大大减轻了用户工作量和负担，也节省了订货、接货等的一系列费用开支。

6．配送为电子商务的发展提供了基础和支持

电子商务需要有完善的配送网络为其提供实物的配送，这是电子商务发展的基础。在配送网络发展比较完善的地区，电子商务发展就越快。

5.2.2 配送的功能要素

1．备货

备货是配送的准备工作或基础工作，备货工作包括筹集货源、订货或购货、集货、进货

及有关的质量检查、结算、交接等。配送的优势之一就是可以集中用户的需求进行一定规模的备货。备货是决定配送成败的初期工作，如果备货成本太高，会大大降低配送的效益。

2. 储存

配送中的储存有储备和暂存两种形态。

（1）储备是按一定时期的配送经营要求，形成对配送的资源保证。这种类型的储备数量较大，储备结构也较完善，视货源及到货情况可以有计划地确定周转储备和保险储备的结构及数量。配送的储备保证有时在配送中心附近单独设库解决。

（2）暂存是具体执行日配送时，按分拣配货要求，在理货场地所做的少量储存准备。由于总体储存效益取决于储存总量，所以这部分暂存数量只会对工作方便与否造成影响，而不会影响储存的总效益，因而在数量上控制并不严格。还有另一种形式的暂存，即是拣选、配货之后形成的发送货的暂存，这个暂存主要是调节配货与送货的节奏，暂存时间不长。

3. 拣选及配货

拣选及配货是配送不同于其他物流形式的有特点的功能要素，也是配送成败的一项重要支持性工作。拣选及配货是完善送货、支持送货的准备性工作，是不同配送企业在送货时进行竞争和提高自身经济效益的必然延伸，也是一般送货向配送发展的必然要求。有了拣选及配货就会大大提高配送服务水平。因此，拣选及配货是决定整个配送系统水平的关键要素。

4. 配装

在单个用户配送数量不能达到车辆的有效载运负荷时，就存在如何集中不同用户的配送货物，进行搭配装载以充分利用运能、运力的问题，这就需要配装。和一般送货不同之处在于，通过配装送货可以大大提高送货水平及降低送货成本。因此，配装是配送系统中有现代特点的功能要素，也是现代配送与以往送货的重要区别之处。

5. 配送运输

配送运输属于运输中的末端运输、支线运输，和一般运输形态主要区别在于：配送运输是较短距离、较小规模、频率较高的运输形式，一般使用汽车做运输工具。

配送运输与干线运输的另一个区别是，配送运输的路线选择问题是一般干线运输所没有的，干线运输的干线路线有限。而配送运输由于配送用户多，一般城市交通路线又较复杂，所以如何组合成最佳路线、如何使配装和路线有效搭配等成为配送运输的特点，也是难度较大的工作。

6. 送达服务

配好的货物运输到用户还不算配送工作的完结，这是因为送达货和用户接货往往还会出现不协调，使配送前功尽弃。因此，要圆满地实现运到货的移交，并有效地、方便地处理相关手续并完成结算，还应讲究卸货地点、卸货方式等。送达服务也是配送独具的特殊性。

7. 配送加工

在配送中，配送加工这一功能要素不具有普遍性，但是往往是有重要作用的功能要素。主要原因是通过配送加工可以大大提高用户的满意程度。配送加工是流通加工的一种，但配送加工有它不同于一般流通加工的特点，即配送加工一般只取决于用户要求，其加工的目的较为单一。

5.2.3 配送的模式

1. 按配送机构的经营权限和服务范围来分类

配送按配送机构的经营权限和服务范围不同可以分为配销模式和物流模式两种，其运作特点如图 5.1 所示。

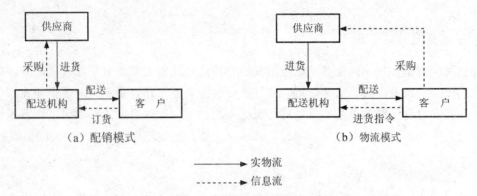

图 5.1 配销模式和物流模式

1) 配销模式

配销模式又称为商流、物流一体化的配送模式，其基本含义是配送的组织者既从事商品的进货、储存、分拣、送货等物流活动，又负责商品的采购与销售等商流活动。这类配送模式的组织者通常是商品经销企业，也有些是生产企业附属的物流机构。这些经营实体不仅独立地从事商品流通的物流过程，而且将配送活动作为一种"营销手段"和"营销策略"，既参与商品交易实现商品所有权的让渡与转移，又在此基础上向客户提供高效优质的物流服务。在我国物流实践中，配销模式的组织方式大多存在于以批发为主体经营业务的商品流通机构。在国外，许多汽车配件中心所开展的配送业务也多属于这种模式。

配销模式的特点在于：对于流通组织者来说，由于其直接负责货源组织和商品销售，所以能形成储备资源优势，有利于扩大营销网络和经营业务范围，同时也便于满足客户的不同的需求。但这种模式由于其组织者既要参与商品交易，又要组织物流活动，所以不但投入的资金、人力、物力比较多，需要一定的经济实力，而且也需要较强的组织和经营能力。

2) 物流模式

物流模式是指商流、物流相分离的模式。配送组织者不直接参与商品的交易活动，不经销商品，只负责专门为客户提供验收入库、保管、加工、拣选、送货等物流服务。其业务实质上属于"物流代理"，从组织形式上看，其商流和物流活动是分离的，分别由不同的主体承担。

物流模式的主要特点在于：业务活动仅限于开展配送业务，业务比较单一，有利于提高专业化的物流服务水平；占用流动资金少，经营风险较小。

2. 按配送的主体承担者不同来分类

1）自有型配送模式

这是目前生产流通或综合性企业（集团）所广泛采用的一种配送模式。企业（集团）通过独立组建配送中心，实现内部各部门、厂、店的物品供应的配送。这种配送模式体现自我满足特点，形成了新型的"大而全""小而全"倾向，一定程度上造成了社会资源的浪费。但是，就目前来看，在满足企业（集团）内部生产材料供应、产品外销、零售场店供货和区域外市场拓展等企业自身需求方面也发挥了重要作用。

较典型的企业（集团）内自有配送模式，就是连锁企业的配送。大大小小的连锁公司或集团基本上都是通过组建自己的配送中心，来完成对内部各场、店的统一采购、统一配送和统一结算的。

2）外包型配送模式

这种模式主要是由具有一定规模的物流设施设备（库房、站台、车辆等）及专业经验、技能的批发、储运或其他物流业务经营企业，利用自身业务优势，承担其他生产性企业在该区域内的市场开拓、产品营销而开展的纯服务性的配送。通过这种现场办公式的决策组织，生产企业在该区域的业务代表控制着信息处理和决策权，独立组织营销、配送业务活动。提供场所的物流业务经营企业只是在生产企业这种派驻机构的指示下提供相应的仓储、运输、加工和配送服务，收取相对于全部物流利润的极小比率的业务服务费。开展这种配送模式的企业对所承揽的配送业务缺乏全面的了解和掌握，无法组织合理高效的配送，在设备、人员上浪费比较大。因此，这是一种高消耗、低收益的配送模式。

3）综合型配送模式

在这种模式中，从事配送业务的企业通过与上家（生产、加工企业）建立广泛的代理或买断关系，与下家（零售店铺）形成稳定的契约关系，从而将生产、加工企业的商品或信息进行统一组织、处理后，按客户订单的要求配送到店铺。这种模式的配送还表现为在用户间交流供应信息，从而起到调剂余缺、合理利用资源的作用。综合化的中介型配送模式是一种比较完整意义上的配送模式。

4）共同配送模式

这是一种配送经营企业间为实现整体的配送合理化，以互惠互利为原则，互相提供便利的配送业务的协作型配送模式，是配送的一种发展方向，特别是在城市中的配送。

5.2.4 配送的流程

配送流程是根据配送货物的性质、状态、配送环节、配送工艺装备等因素来制定的，配送流程可分为基本流程和特殊流程。

1. 配送的基本流程

配送业务的组织一般是按照功能要素展开的，其基本流程如图 5.2 所示。

图 5.2 配送基本业务流程

2. 配送的特殊流程

配送的基本流程比较规范，但并不是所有的配送都按相同流程进行。不同产品的配送有各自的独特之处，也就形成不同产品的特殊配送流程，一般有生产资料配送流程和生活资料配送流程。下面主要介绍生产资料配送流程。

在管理运作中，人们常常把生产资料分成两大类：工业品生产资料和农产品生产资料。这里讲的生产资料是一般用于满足工作、交通、基本建设等需要的工业品生产资料，其中包括各种原料、材料、燃料、机电设备等。

(1) 从物流的角度看，有些生产资料是以散装或裸露方式流转的(如煤炭、水泥、木材等产品)，有些则是以捆装和集装方式流转的(如金属材料、机电产品等)，也有些产品直接进入消费领域，中间不经过初加工过程。由于产品的性质和消费情况各异，其配送模式也迥然不同。

(2) 从配送流程上来看，生产资料配送大体上可分为两种模式。

① 第一种模式：在配送流程中，作业内容和工序比较简单，除了有进货、储存、装货和送货等作业以外，基本上不存在其他工序。这种配送模式中，装卸运输作业通常要使用专用的工具或设备，并且车辆可直接开到储货场地进行作业(直接发送)。在流通实践中，按照这种模式进行配送的生产资料产品主要有煤炭、水泥、成品油等。

② 第二种模式：在配送活动中包含着加工(产品的初级加工)。换而言之，加工作业成了配送流程中的一道重要工序。由于产品种类和需求方向不同，在加工工序之后续接的作业也不尽一致。

很明显，第二种模式要比第一种模式复杂，不但作业工序多，而且同样的工序可能会重复出现(如储存工序)。在物资供应活动中，采用第二种配送模式流转的生产资料产品主要有钢材、木材等。

5.3 认知配送中心

5.3.1 配送中心的概念

配送中心是组织配送性销售或供应，以执行实物配送为主要职能的流通型物流节点。配送中心的形成及发展是有其历史原因的，它是为了达到物流系统化和大规模化的必然结果。配送中心是基于物流系统化和进行市场开拓两大因素而发展起来的。

1. 配送中心的含义

配送中心是专业从事货物配送活动的物流场所和经济组织，是集加工、理货、送货等多种职能于一体的多功能、集约化的物流节点。配送中心以物流配送活动为核心业务,其目的是为了提供高水平的配送服务,因此,要求其具有现代化的物流设施和经营理念。

随着我国市场经济的不断发展,市场竞争的结果是使卖方市场逐渐转向买方市场。传统的流通模式越来越不能满足市场多品种小批量的需求,一些商业或流通企业纷纷准备或开始筹建配送中心,以降低成本,提高服务质量和水平。通过建设配送中心可以扩大经营规模,改进物流与信息流系统,满足用户不断发展的多样化需求,使末端物流更加合理。

2. 配送中心的分类

对于不同种类与行业形态的配送中心,其作业内容、设备类型、营运范围可能完全不同,但是系统规划分析的方法与步骤有共同之处。配送中心的发展已逐渐由以仓库为主体向信息化、自动化的整合型配送中心发展。企业的背景不同,其配送中心的功能、构成和运营方式就有很大区别,因此在配送中心规划时应充分考虑。随着经济的发展和流通规模的不断扩大,配送中心不仅数量增加,而且也由于服务功能和组织形式的不同演绎出许多新的类型,标准不同,分类的结果也不一样。

1) 按配送中心归属分类

(1) 自有型配送中心。自有型配送中心是指隶属于某一个企业或企业集团,通常只为本企业提供配送服务。连锁经营的企业常常建有这类配送中心,如美国沃尔玛公司所属的配送中心,就是公司独资建立并专门为本公司所属的连锁企业提供商品配送服务的自有型配送中心。

(2) 公共型配送中心。公共型配送中心是以营利为目的,面向社会开展后勤服务的配送组织,其特点是服务范围不限于某一个企业。在配送中心总量中,这种配送组织占有相当大的比例,并随着经济的发展其比例还会提高。

2) 按配送中心辐射服务范围分类

(1) 城市配送中心。城市配送中心是一种以城市作为配送范围的配送中心,其特点是多品种、小批量,配送距离短,要求反应能力强,提供门到门的配送服务,根据城市道路的特点,其运载工具常为小型汽车。另外,城市配送的对象多为连锁零售企业的门店和最终消费者,如我国很多城市的食品配送中心、菜篮子配送中心等都属于城市配送中心。

(2) 区域配送中心。区域配送中心是一种具有较强辐射能力和库存储备的配送中心。这种配送中心规模较大,库存商品充分,客户较多,配送批量也较大,辐射能力强,配送范围广,可以跨省、市开展配送业务。其服务对象经常是下一级配送中心、零售商或生产企业用户,如美国沃尔玛公司的配送中心,建筑面积12万平方米,每天可为6个州100家连锁店配送商品。

3) 按照配送中心内部特性分类

(1) 储存型配送中心。这种配送中心是有很强储存功能的配送中心。一般来讲,在买方市场下,企业成品销售需要有较大库存支持,其配送中心可能有较强储存功能;在卖方市场下,企业原材料、零部件供应需要有较大库存支持,这种供应配送中心也有较强的储存功能。大范围配送的配送中心需要有较大库存,也可能是储存型配送中心。

(2) 流通型配送中心。这种配送中心基本上没有长期储存功能,仅以暂存或随进随出方式进行配货、送货的配送中心。这种配送中心的典型方式是大量货物整进并按一定批量零出，采用大型分货机，进货时直接进入分货机传送带分送到各用户货位或直接分送到配送汽车上，货物在配送中心里仅做少许停滞。例如，日本的阪神配送中心内只有暂存，大量储存则依靠一个大型补给仓库。

（3）加工配送中心。这种配送中心具有加工职能，根据用户的需要或者市场竞争的需要，对配送物进行加工之后进行配送的配送中心。在这种配送中心内，有分装、包装、初级加工、集中下料、组装产品等加工活动，如世界著名连锁服务店肯德基和麦当劳的配送中心就是属于这种类型的。

4）按照配送中心承担的流通职能分类

（1）供应配送中心。这种配送中心执行供应的职能，专门为某个或某些用户（如连锁店、联合公司）组织供应的配送中心。例如，为大型连锁超级市场组织供应的配送中心；代替零件加工厂送货的零件配送中心，使零件加工厂对装配厂的供应合理化。供应型配送中心的主要特点是，配送的用户有限并且稳定，用户的配送要求范围也比较确定，属于企业型用户。

（2）销售配送中心。这种配送中心执行销售的职能，以销售经营为目的，以配送为手段的配送中心。销售配送中心大体有两种类型：一种是生产企业为本身产品直接销售给消费者的配送中心，在国外这种类型的配送中心很多；另一种是流通企业作为本身经营的一种方式，建立配送中心以扩大销售，我国目前拟建的配送中心大多属于这种类型，国外的例证也很多。

5）按配送货物种类分类

根据配送货物的属性，这种配送中心可以分为食品配送中心、日用品配送中心、医药品配送中心、化妆品配送中心、家用电器配送中心、电子（3C）产品配送中心、书籍产品配送中心、服饰产品配送中心、汽车零件配送中心以及生鲜处理中心等。

5.3.2 配送中心的功能

一般的仓库只重视商品的储存保管，传统的运输只是提供商品运输而已，而配送中心是重视商品流通的全方位功能，同时具有商品储存的功能。配送中心的功能全面完整，它把收货验货、储存保管、装卸搬运、拣选、流通加工、送货、结算和信息处理有机地结合起来，通过发挥配送中心的各项功能，大大地压缩整个连锁企业的库存费用，从而降低整个物流系统的成本，提高企业的服务水平。

1. 集货功能

为了能够按照用户要求配送货物，尤其是多品种、小批量的配送，首先必须集中满足用户需求的数量和品种的备货，从生产企业取得种类、数量繁多的货物，这是配送中心的基础职能，是配送中心取得规模优势的基础所在。一般来说，集货批量应大于配送批量。

2. 储存功能

储存在配送中心创造着时间效用。配送依靠集中库存来实现对多个用户的服务，储存可形成配送的资源保证，可有效地组织货源，调节商品的生产与消费、进货和销售之间的时间差，这是配送中心必不可少的支撑功能。为保证正常配送特别是即时配送的需要，配送中心应保持一定量的储备。

3. 拣选功能

拣选是配送中心区别于一般仓库和送货的标志。为了将多种货物向多个用户按不同要求、种类、规格、数量进行配送，配送中心必须有效地将储存货物按用户要求拣选出来，并能在拣选基础上按配送计划进行理货，这是配送中心的核心功能之一。为了提高拣选效率，应配备相应的拣选装置，如货物识别装置、传送装置等。

4. 配货功能

将各用户所需的多种货物在配货区有效地组合起来，形成向用户方便发送的配载，这也是配送中心的核心功能之一。分拣职能和配货职能作为配送中心不同于其他物流组织的独特职能，作为整个配送系统水平高低的关键职能，已不单纯是完善送货、支持送货的准备，它还是配送企业提高服务质量和自身效益的必然延伸，是送货向高级形式发展的必然要求。

5. 装卸搬运功能

配送中心的集货、理货、装货、加工都需要辅之以装卸搬运，有效的装卸能大大提高配送中心的水平。这是配送中心的基础性功能。

6. 配装功能

在单个客户的配送数量不能达到配送车辆的有效载运负荷时，就存在着如何集中不同客户的配送物品进行搭配装载以充分利用车辆的运能、运力问题，这一工作过程就是配装，也叫配载。配送中心和一般送货的不同之处也在于此。配送中心可以通过配装送货大大提高送货水平和车辆利用率，降低送货成本。

7. 送货功能

虽然送货过程已超出配送中心的范畴，但配送中心仍对送货工作指挥管理起决定性作用，送货属于配送中心的末端职能。配送运输中的难点是，如何组合形成高效最佳配送路线，如何使配装和路线有效搭配。

8. 流通加工功能

配送中心为促进销售、便利物流或提高原材料的利用率，按用户要求并根据合理配送的原则而对商品进行下料、打孔、解体、分装、贴标签、组装等初加工活动，因而使配送中心具备一定的加工能力。流通加工不仅提高了配送中心的经营和服务水平，而且有利于提高资源的利用率。经济高效的运输、装卸、保管一般需要大的包装形式，但在配送中心下位的零售商、最终客户，一般需要小的包装。为解决这一矛盾，有的配送中心设有流通加工功能。流通加工与制造加工不同，它对商品不作性能和功能的改变，仅仅是商品尺寸、数量和包装形式的改变。例如，粮油配送中心是将大桶包装加工成瓶状小包装，饲料配送中心则是将多种饲料的大包装加工成混合包装的小包装。

9. 信息处理功能

配送中心除了具有上述功能外，还能为配送中心本身及上下游企业提供各式各样的信息情报，以供配送中心营运管理政策制定、商品路线开发、商品销售推广政策制定参考。例如，哪一个客户订多少商品，哪一种商品比较畅销，从计算机的分析资料中可以很快获得答案，甚至可以将这些宝贵资料提供给上游的制造商及下游的零售商当做经营管理的参考。配送中心不仅实现物的流通，而且也通过信息来协调配送中各环节的作业，协调生产与消费等。配送中心的信息处理是全物流系统中重要的一环。

5.3.3 配送中心选址

配送中心是一种物流节点，其目的是降低运输成本，减少销售机会的损失。配送中心的设置和建设要考虑一个区域范围内物流系统的整体规划，同时还要满足其经营上的要求，是一项建设规模大、投资额高、涉及面广的系统工程。

1. 配送中心选址的影响因素

1) 自然环境因素

（1）气象条件。配送中心选址过程中，主要考虑的气象条件有温度、风力、降水量、无霜期、年平均蒸发量等指标。

（2）地质条件。配送中心是大量商品的集结地，拥有大量的建筑物及构筑物，有些商品的重量很大，这些都对地面造成很大的压力。如果配送中心地面以下存在着淤泥层、松土层等不良地质条件，会在受压地段造成沉陷、翻浆等严重后果。为此，配送中心选址要求土壤承载力要高。

（3）水文条件。配送中心选址需远离容易泛滥的河川流域与地下水上溢的区域，要认真考察近年的水文资料，洪泛区、内涝区、干河滩等区域绝对禁止选择。

（4）地形条件。配送中心应选择地势较高、地形平坦之处，且应具有适当的面积与外形。

2) 经营环境因素

（1）经营环境。配送中心所在地区的物流产业政策对物流企业的经济效益将产生重要影响。本地区物流发展水平、行业内竞争情况等也是影响选址的重要因素。

（2）顾客需求分布。配送中心服务对象的分布、经营配送的商品及顾客对配送服务的要求等是配送中心选址必须考虑的。经营不同类型商品的配送中心最好能分别布局在不同区域，因为顾客分布状况、配送商品数量的增加和顾客对配送服务要求的提高等都对配送中心的经营和管理带来影响。

（3）物流费用。配送中心选址必须考虑物流费用，应综合考虑总费用的合理性，大多数配送中心选址接近服务需求地，以便缩短运距、降低运费等物流费用。

3) 基础设施状况

（1）交通条件。配送中心选址时必须考虑交通运输条件。运输是物流活动的核心环节，配送活动必须依靠由各种运输方式所组成的最有效的运输系统，才能及时、准确地将商品送交顾客。因此，配送中心的选址应尽可能接近交通运输枢纽，如高速公路、主要干道、其他交通运输站港等，以提高配送效率，缩短配送运输时间。

（2）公共设施状况。配送中心周围的公共设施也是必须考虑的因素之一，要求有充足的供水、电、气、热的能力，排污能力，此外还应有信息网络技术条件。

4）其他因素

其他因素包括环境保护方面的要求，选址地周边状况等。

2. 配送中心选址的方法

配送中心选址可分为单一配送中心的选址和多个配送中心的选址，这里只介绍单一选址的方法。单一选址是指一个配送中心对应多个客户的选址，其方法有加权评分法和重心法。

1）加权评分法

选址时的许多重要因素难以精确的量化，而对这些因素与指标缺乏一定程度的量化就难以对各种选址方案作对比分析，常用的处理方法就是加权评分法。

加权评分法的实施步骤如下：

步骤一，列出备选地点。

步骤二，列出影响选址的各个因素，并根据其影响的重要程度赋予不同的权重。

步骤三，给出每个因素的分值范围，一般是 1~10 或 1~100。

步骤四，专家对各个备选地点就各个因素评分，并将该因素的得分乘以其权重。

步骤五，将每个地点各因素的得分相加，求出总分后加以比较，得分最多的地点作为选址地点。

2）重心法

重心法将配送系统的资源点或需求点看成是分布在某一平面范围内的物体系统，各资源点与需求点的物流量分别看成是物体的重量，物体系统的重心点将作为配送的最佳设置点，如图 5.3 所示。

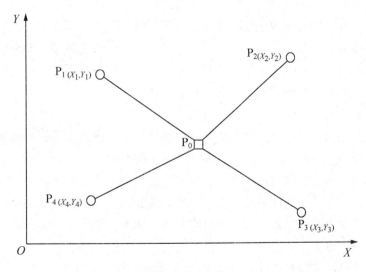

图 5.3　重心法

重心法的实施步骤如下：

步骤一，在坐标系中标出各个点的坐标$(X_i，Y_i)$，目的在于确定各点的相对距离。

步骤二，根据各点在坐标系中的横坐标值、纵坐标值求出配送成本最低的位置坐标 X 和 Y，即配送中心的选址。其计算公式为

$$X = \frac{\sum C_i Q_i X_i}{\sum Q_i C_i}$$

$$Y = \frac{\sum C_i Q_i Y_i}{\sum Q_i C_i}$$

式中，C_i——配送中心至资源点或需求点 i 的费率；

Q_i——第 i 资源点或需求点的资源量或需求量。

这种方法对于用地的现实性和候选位置点均缺乏全面考虑。例如，最适当的选址点可能是车站、公园等，就是不可行的，此时可以在其最近处选择可以采用的场址点，也可以在其附近选定几个现实的场址作为候补。

5.3.4 配送中心的规划与布局

1. 作业功能的规划

1) 作业流程的规划

配送中心的主要活动是订货、进货、储存、拣货、发货和配送作业。有的配送中心还有流通加工作业、退货作业。如有退货作业时，还要进行退货品的分类、保管和退回作业。因此，只有经过基本资料分析和基本条件假设之后，才能针对配送中心的特性进一步分析并制定合理的作业程序，以便选用设备和规划设计空间。通过对各项作业流程的合理化分析，从而找出作业中不合理和不必要的作业，力求简化配送中心可能出现的不必要的计算和处理环节。

这样规划出的配送中心减少了重复堆放的搬运、翻堆和暂存等工作，提高了配送中心的效率，降低了作业成本。如果储运单位过多时，可将各作业单位予以分类合并，避免内部作业过程中储运单位过多的转换。尽量简化储运单位，以托盘或储运箱为容器。把体积、外形差别大的商品归类相同标准的储运单位。

2) 作业区域的功能规划

在作业流程规划后，可根据配送中心的运营特性进行区域及周边辅助活动区的规划。物流作业区指装卸货、入库、拣取、出库、发货等基本的配送中心作业环节；周边辅助活动区指办公室、计算机中心等。通过归类整理，可把配送中心分成以下作业区域：

（1）基本物流作业区。此区域是配送中心核心区域，在此进行基本的物流作业，包括车辆入库、卸货、进货点收、理货、入库、储存、流通加工、发货、配载、配送等作业。

（2）退货物流作业区。此区域的设置可根据配送中心的规模大小及与供应商的协议等实际需要而定。在此区域进行的作业有退货卸货、退货点收、退货责任确认、退货良品处理、退货瑕疵品处理、退货废品处理作业。

（3）换货补货作业区。此区域可在基本物流作业区内进行，主要的作业有退货后换货作业、零星补货拣取作业、零星补货包装、零星补货运送。

（4）流通加工作业区。此区域根据实际需要设置，如果流通加工业务量很小可在配装区进行。流通加工区的主要作业有拆箱、裹包、多种物品集包、外包装、发货商品称重、印贴标签等。

（5）物流配合作业区。物流配合作业是配合物流基本作业的诸如容器回收、空容器暂存、废料回收处理等。具体设置时可根据实际需要，如设置容器暂存区或容器储存区、废料暂存区或废料处理区等。

（6）设备作业区。此区域主要是保证配送中心业务正常进行的配合区域，主要的作业项目有电气设备使用、动力及空调设备的使用、安全消防设备的使用、设备维修工具器材存放、人员车辆通行通畅、机械搬运设备停放等。

（7）办公事务区。办公事务是配送中心正常运转及高效率运行的基础保证，主要的事务活动有配送中心各项事务性的办公活动、一般公文文件与资料档案的管理、配送中心电脑系统的使用及管理等。

（8）员工活动区。配送中心员工及供应商休息、膳食、盥洗的场所。

3) 作业区的能力规划

在确定了配送中心的作业区之后，根据配送中心服务的对象、商品的特性、自动化水平、信息系统建设情况等因素进一步确定各作业区的具体内容。在对作业区域进行规划时应以物流作业区域为主，再延伸到相关周边区域。对物流作业区的规划可根据流程进出顺序逐区规划。现以基本物流作业区域为例，对各作业区域的具体内容进行说明。

（1）装卸区作业能力规划内容。包括进货平台和发货平台是否共用或相邻、装卸货车进出频率、商品装载特性、装卸设备设施选用、平均装卸货时间、进货时段、配送时段等。

（2）进货暂存区作业能力规划内容。包括每日进货数量、容器使用规格、容器流通频率、进货等待入库时间、进货点收作业内容等。

（3）理货区作业能力规划内容。包括理货作业时间、进货品检作业内容、品检作业时间、有无装卸托盘配合设施等。

（4）库存区作业能力规划内容。包括最大库存量需求、商品特性基本资料、储区划分原则、储位指派原则、存货管理方法、商品周转情况、盘点作业方式等。

（5）拣货区作业能力规划内容。包括订单处理原则、拣货信息传递方式、拣货方式、配送物品品项分析等。

（6）补货区作业能力规划内容。包括补货区容量、补货作业方式、每日分拣量、盘点作业方式等。

2. 作业区域布局规划

1) 活动关系的分析

配送中心的各类作业区域之间存在着相关关系，如有些是程序上的关系，有些是组织上的关系，有些是功能上的关系；有些作业区域之间相关性很强，有些相关性弱。因此，在进行区域布置规划时，必须对各区域之间的关系加以分析，明确各区域之间的相关程度，作为区域布置规划的重要参考。确定各区域之间相关程度的方法可采用关联分析法，在此不作详细介绍。

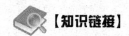【知识链接】

关联分析法的步骤

步骤一,划分区域(设施)关联的等级与原因。
步骤二,用图或表来表示区域(设施)之间的关联关系。
步骤三,按照关系紧密程度确定相邻布置的原则。
步骤四,根据面积或其他因素进行调整。

区域的关联程度一般分为6种:绝对重要、特别重要、重要、一般、不重要、不宜靠近。区域之间的关系密切原因,不同的配送中心有不同的表现形式。表5-1为区域关系密切的原因举例。

表5-1 关系密切原因举例

序 号	关系密切的原因
1	共用场地
2	共用人员
3	使用共同记录
4	人员接触
5	文件接触
6	工作流程连续
7	做类似的工作
8	共用设备
9	其他

2)作业区域规划布局

在规划作业区域时,应对作业流量、作业活动特性、设备型号、建筑物特性、成本和运行效率等因素综合考虑,确定满足作业要求的长度、宽度、高度。在规划作业区域时,除了考虑设备的基本使用面积外,还需考虑操作、物料暂存和通道面积。另外,在规划时必须考虑配送中心的发展情况,新技术、新设备的发展情况,规划要留有余地及要有柔性。

(1)通道空间的布局规划。通道的合理安排和宽度设计将直接影响物流效率,在规划布局时应首先对通道的位置和宽度进行规划设计。在进行通道规划布局时要考虑影响通道布局的因素,结合通道类型合理布局规划。

(2)进出货区的作业空间规划与布局。物品在进出货时需要拆装、理货、检查或暂存以待入库存储或待车装载配送,为此在进出货平台上应留空间作为缓冲区。为了使平台与车辆高度能满足装卸货的顺利进行,进出货平台需要连接设备。这种设备需要1~2.5m的空间,若使用固定式连接设备时需要1.5~3.5m的空间。为使车辆及人员畅通进出,在暂存区和连接设备之间应有出入通道。图5.4所示为暂存区、连接设备和出入通道的布局形式。

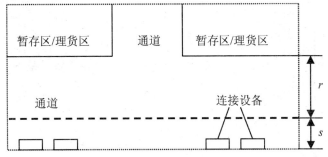

图 5.4　出入货平台所需的空间

注：使用可拆卸式的连接设备，$s=1\sim2.5\text{m}$；使用固定式连接设备时需要 $1.5\sim3.5\text{m}$；若通道上使用人力搬运，$r=2.5\sim4\text{m}$。

（3）进出货站台位置设计。

① 进出货共用站台，如图 5.5 所示。进出货共用站台可以有效提高空间和设备的使用率，但管理较困难，容易出现"进"与"出"相互影响的情况，特别是在进出货高峰时间。

图 5.5　进出货共用站台

② 进出货相邻，分开使用站台，如图 5.6 所示。这种形式不会使进出货相互影响，可以共用设备，但空间利用率低。

图 5.6　进出货相邻分开使用站台

③ 进出货站台完全独立，两者不相邻，如图 5.7 所示。这种形式是进出货作业完全独立的站台设计，不但空间分开而且设备也独立。

④ 多个进出货站台。这种形式有多个进出货口，进出货频繁，且空间足够。

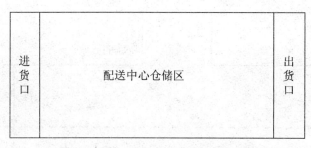

图 5.7 进出货站台完全独立两者不相邻

（4）站台形式设计。站台的设计形式有锯齿形和直线形两种。锯齿形站台的优点是车辆旋转纵深较浅，但占用仓库内部空间较大，图 5.8(a)所示为锯齿形站台设计形式。直线形站台的优点是占用仓库内部空间小，缺点是车辆旋转纵深较大，且需要较大的外部空间，如图 5.8(b)所示。

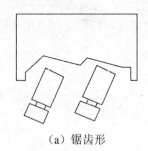
（a）锯齿形

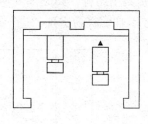
（b）直线形

图 5.8 进出货码头设计形式

在设计进出货空间时，除考虑提高作业效率和充分利用空间外，还必须考虑安全问题。尤其是设计车辆和站台之间的连接部分时，必须考虑防止风吹、雨水进入货柜或仓库内部。同时还应考虑避免库内冷暖空气外溢。为此，停车站台设计有以下 3 种形式：

① 内围式。把站台围在库区内，安全性高，有利于防止风雨侵袭和冷暖气外溢。这种形式造价较高。

② 齐平式。站台与仓库外边齐平，优点是整个站台仍在仓库内，可避免能源外溢造成浪费，造价也很低，目前被广泛采用。

③ 开放式。站台全部突出在仓库之外，站台上的货物完全没有遮掩，库内冷暖空气容易外泄，安全性低。

（5）仓储区作业空间规划。在规划配送中心储区空间时要充分考虑如下因素：商品尺寸和数量，托盘的尺寸和货架空间，设备的型号、尺寸和工作半径，通道宽度、位置和需要空间，柱间距离，建造尺寸和形式，进出货口形式，其他服务设施（消防设施、排水设施等）的位置。然后，根据商品储存的形式，可按照托盘平置堆放、使用托盘货架、使用轻型托盘货架的储存形式求出存货所占空间的大小。

（6）拣货区作业空间规划。拣货作业是配送中心核心作业环节，也是最费时的工作。拣货作业的合理布置可以提高整个配送中心的运作效率。根据配送中心类型及经营商品特性，拣货方式可分为储存和拣货区共用托盘货架的拣货方式、储存和拣货区共用的零星拣货方式、储存与拣货区分开的零星拣货方式和分段拣货的少量拣货方式等。

> 拓展阅读

IBM 在我国的代理配送

深圳某公司是一家为高科技电子产品企业提供物流配送服务的企业。该公司承接了 IBM 公司在我国境内生产厂的电子料件的配送业务，将 IBM 分布在全球各地共 140 余家供应商的料件通过海陆空物流网络有机地联系在一起。料件集装箱运到中国香港机场、码头后，由公司配送中心进行报关、接运、质检、分拣、选货、配套、集成、结算、制单、信息传递、运输、装卸等项作业。将上千种电子料件在 24h 内安全、准确地完成从"香港—保税区—IBM 工厂生产线"的物流过程，保证了 IBM 在各地的供应。与此同时，该公司还要完成与 IBM、供应商之间的费用结算。

实训一　制作配送流程图

一、实训要求

（1）选出两种有代表性的产品如金属材料、化工产品，来具体说明生产资料的配送流程。

（2）选出两种有代表性的产品如日用小杂品、食品，来具体说明生活资料的配送流程。

（3）进一步掌握生产资料以及生活资料的配送流程，分析各类商品配送流程的差别，加深理解。

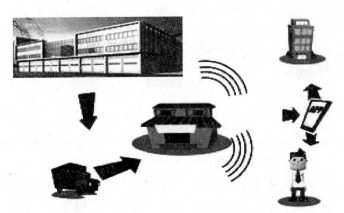

二、操作步骤

（1）分别用流程图的形式来表示金属材料、化工产品的配送流程。

（2）分别用流程图的形式来表示日用小杂品、食品的配送流程。

（3）对各类商品的配送流程进行比较，分析各自的特点。

（4）交流与实训报告。

（5）进行实训总结。

实训二　制作配送中心平面示意图

一、实训要求

(1) 进一步掌握配送中心规划与布局的基本要求，培养学生配送中心的规划建设与管理能力。

(2) 根据配送中心的运营特性进行作业区域及周边辅助活动区的规划。

二、操作步骤

(1) 分析食品配送中心、日用品配送中心、医药品配送中心、化妆品配送中心、家用电器配送中心、电子(3C)产品配送中心、书籍产品配送中心、服饰产品配送中心、汽车零件配送中心以及生鲜处理中心运营特性的差异。

(2) 根据配送中心的运营特性进行作业区域及周边辅助活动区的规划，并画出平面示意图。

(3) 交流与实训报告。

(4) 进行实训总结。

一、单项选择题

1. 一些配送企业配送的货物主要是原材料、半成品等，它们的服务对象主要是生产企业和大型商业组织，那么这种配送企业是(　　)。

A. 供应型配送中心　B. 零售型配送中心　C. 储存型配送中心　D. 批发型配送中心

2. 我国上海地区 6 家造船厂共同组建的钢板配送中心是属于(　　)。

A. 供应型配送中心　B. 销售型配送中心　C. 储存型配送中心　D. 自有型配送中心

3. 配送中心配送的商品侧重于以下类型中的(　　)。

A. 单品种、大批量商品　　　　　　B. 单品种、小批量商品

C. 多品种、小批量商品　　　　　　D. 多品种、大批量商品

4. (　　)是配送中心区别于传统仓库的显著特点。

A. 以存储为主，配送为辅　　　　　B. 以配送为主，存储为辅

C. 储存与配送并重　　　　　　　　D. 以上答案均不正确

5. 划分城市与区域配送中心的标准是（　　）。
   A. 配送品种　　　　B. 物流功能　　　　C. 配送地域范围　　　　D. 服务性质
6. 准时—看板式是属于（　　）形式。
   A. 定量配送　　　　B. 定时配送　　　　C. 快速配送　　　　D. 定时定线路配送
7. 下列配送功能要素中，（　　）是配送系统中具有现代特点的功能要素。
   A. 配货　　　　B. 加工　　　　C. 配装　　　　D. 拣选

二、多项选择题

1. 配送包括（　　）要素。
   A. 集货　　　　B. 分拣　　　　C. 配货
   D. 配装　　　　E. 配送加工
2. 配送中心的选址原则是（　　）。
   A. 适应性原则　　　　B. 战略性原则　　　　C. 经济性原则
   D. 协调性原则　　　　E. 以上都是
3. 作为从事配送业务的物流场所或组织，配送中心应基本符合（　　）等要求。
   A. 主要为特定的用户服务　　B. 配送功能健全　　C. 完善的信息网络
   D. 辐射范围小　　　　E. 多品种、小批量
4. 以下属于配送中心基本功能的有（　　）。
   A. 客户服务管理功能　　B. 流通加工功能　　C. 货物分拣功能
   D. 货品组配功能　　　　E. 运输服务管理
5. 配送活动根据配送的时间和配送货物的数量不同可以分为（　　）几种形式。
   A. 定时配送　　　　B. 定量配送　　　　C. 定时定量配送
   D. 定时定线路配送　　E. 即时配送

三、判断题

1. 日配是指用户的订货发出后24h之内将货物送到用户手中。　　　　　　　（　　）
2. 配送中心可以说是物流中心的一种形式。　　　　　　　　　　　　　　（　　）
3. 由于城市范围内一般处于汽车运输的经济里程之内，所以城市配送中心大多采用汽车作为配送工具。　　　　　　　　　　　　　　　　　　　　　　　　　（　　）
4. 不同类型、不同功能的配送中心，其配送流程是一致的。　　　　　　　（　　）
5. 流通配送中心有长期储存功能，是以暂存或随进随出方式进行配货、送货的配送中心。
　　　　　　　　　　　　　　　　　　　　　　　　　　　　　　　　　（　　）

四、简答题

1. 什么是配送？它有哪些基本特点？
2. 配送可以分为哪些种类？
3. 不合理配送的表现形式主要有哪些？配送合理化的判断标志和方法有哪些？
4. 简述配送的功能要素。
5. 简述配送中心的主要类型。
6. 配送中心应如何选址？

第 6 章

配送作业

PEISONG ZUOYE

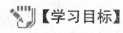
【学习目标】

知识目标	技能目标
(1) 了解配送作业管理的基本内容 (2) 掌握配送作业管理的基本环节 (3) 掌握配送的各典型作业环节内容	(1) 能处理配送订单 (2) 能正确地运用各种拣货方式 (3) 能根据订单配货 (4) 能合理安排送货作业 (5) 能够设计合理的配送作业流程

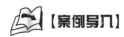【案例导入】

一家成功的便利店背后一定有一个高效的物流配送系统，7-11从一开始采用的就是在特定区域高密度集中开店的策略，在物流管理上也采用集中的物流配送方案，这一方案每年大概能为7-11节约相当于商品原价10%的费用。7-11的物流共同配送系统分别在不同的区域统一集货、统一配送。配送中心有一个计算机网络配送系统，分别与供应商及7-11店铺相连。为了保证不断货，配送中心一般会根据以往的经验保留4d左右的库存，同时，中心的计算机系统每天都会定期收到各个店铺发来的库存报告和要货报告，配送中心把这些报告集中分析，最后形成一张张向不同供应商发出的订单，由计算机网络传给供应商，而供应商则会在预定时间之内向中心派送货物。

7-11配送中心在收到所有货物后，对各个店铺所需要的货物分别打包，等待发送。第二天一早，派送车就会从配送中心鱼贯而出，择路向自己区域内的店铺送货。整个配送过程就这样每天循环往复，为7-11连锁店的顺利运行铺石铺路。有了自己的配送中心，7-11就能和供应商谈价格了。7-11和供应商之间定期会有一次定价谈判，以确定未来一定时间内大部分商品的价格，其中包括供应商的运费和其他费用。一旦确定价格，7-11就省下了每次和供应商讨价还价这一环节，少了口舌之争，多了平稳运行，7-11为自己节省了时间也节省了费用。

配送的细化随着店铺的扩大和商品的增多，7-11的物流配送越来越复杂，配送时间和配送种类的细分势在必行。以台湾省的7-11为例，全省的物流配送就细分为出版物、常温食品、低温食品和鲜食食品4个类别的配送，各区域的配送中心需要根据不同商品的特征和需求量每天作出不同频率的配送，以确保食品的新鲜度，以此来吸引更多的顾客。新鲜、即时、便利和不缺货是7-11的配送管理的最大特点，也是各家7-11店铺的最大卖点。

思考

7-11配送中心的配送作业涉及哪些环节？

6.1 订单处理

由接到客户订单开始至准备着手拣货之间的作业阶段称为订单处理，通常包括订单确认、存货查询、单据处理等内容。订单处理是与客户接触的首要环节，对后续的拣选、配送产生直接影响。订单处理可分人工处理和计算机处理两种方式，其中人工处理的弹性较大，但只适合少量的订单处理，一旦订单数量较多，处理将变得缓慢且容易出错；计算机处理则速度快、效率高，适合大量的订单处理。订单处理是配送系统基本作业流程中重要的一环。

【知识链接】

配送系统基本作业流程

配送作业一般有进货作业、搬运作业、储存作业、盘点作业、订单处理、拣货、补货、配货、送货，如图6.1所示。

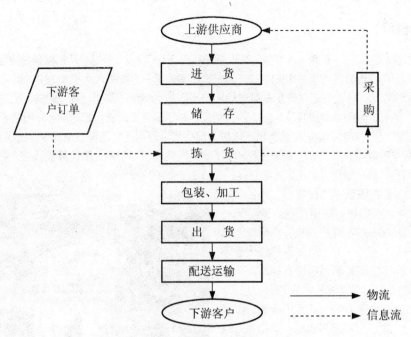

图 6.1 配送系统基本作业流程

6.1.1 订单处理的流程

订单是配送中心开展配送业务的依据。配送中心接到客户订单以后需要对订单加以处理。订单处理流程如图 6.2 所示。

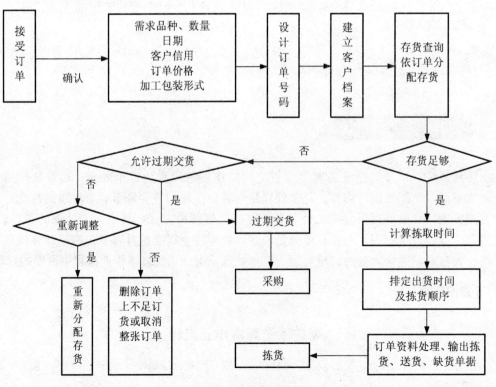

图 6.2 订单处理流程

6.1.2 订单接受

接单作业为订单处理的第一步。随着物流环境及现代科学技术的发展,接受客户订货的方式逐渐由传统的人工下单、接单演变为计算机接受订货资料的电子订货方式。

1. 传统订货方式

传统订货方式是指利用人工方法书写、输入和传送订单,其方法有以下几种:
(1) 厂商铺货。
(2) 厂商巡查隔日送货。
(3) 电话口头订货。
(4) 传真订货。
(5) 客户自行取货。
(6) 业务员跑单、接单。

2. 电子订货方式

这是一种依靠计算机网络,借助计算机信息处理功能,取代传统人工书写、输入、传送的订货方式。配送中心借助计算机信息处理系统,将订货信息转为电子信息,并由通信网络传送订单的一种订货方式。其方法主要有以下几种:

(1) 订货簿或货架标签配合手持终端机及扫描器。订货人员携带订货簿及手持终端机巡视货架,若发现商品缺货则用扫描器扫描订货簿或货架上的商品标签,再输入订货数量,当所有订货资料输入完毕后,利用数据机将订货信息传给总公司或供应商。

(2) POS 订货。客户若有 POS 机则可在商品存档里设定安全存量,每当销售一笔商品后,计算机自动扣除该商品库存。当库存低于安全存量时,便自动产生订货资料,将此订货资料确认后即可通过通信网络传给总公司或供应商。也有客户将每日的 POS 资料传给总公司,总公司将 POS 销售资料与库存资料对比后,根据采购计划向供应商下单。这种方式适用于连锁商业企业的销售终端向配送中心订货。

(3) 订货应用系统。客户信息系统里如果有订货处理系统,可将订货处理系统产生的订货资料,由转换软件转成与供应商约定的共同格式,在约定时间里将资料转送出去。

电子订货方式与传统订货方式相比,由于其传递速度快、可靠性好、准确性高,能极大地提高服务水平,将会成为订货信息的主要传递方式。

6.1.3 订单内容确认

订单是配送中心开展配送业务的依据。配送中心接到客户订单以后需要对订单加以处理,其内容主要有下列几项。

1. 检查订货信息的准确性

货物品种、数量、日期的确认是对订货资料项目的基本检查,即检查品名、数量、送货日期等是否有遗漏、笔误或不符公司要求的情形。尤其当要求送货时间有问题或出货时间已延迟的时候,更需与客户再次确认一下订单内容或更正运送时间。

2. 客户信用的确认

不论订单是以何种方式传至公司的,配送系统的第一步都要查核客户的财务状况,以确定其是否有能力支付该件订单的货款。核查的做法多是检查客户的应收货款是否已超过其信用额度。因而接单系统中应设计下述途径来查核客户信用的状况。

(1) 当输入客户代号名称资料后,系统即加以检核客户的信用状况,若客户应收账款已超过其信用额度时,系统应加以警示,以便输入人员决定是否继续输入其订货资料或拒绝其订货。

(2) 若客户此次的订购金额加上以前累计的应收账款超过信用额度时,系统应将此笔订单资料锁定,以便主管审核。审核通过,此笔订单资料才能进入下一个处理步骤。

原则上顾客的信用调查是由销售部门来负责,但销售部门往往为了争取订单并不太重视这种查核工作,因而也有些公司会授权财务部门来承接负责。一旦查核结果发现客户的信用有问题,财务部门即将订单送回销售部门再调查或退回。

3. 交易形态确认

配送中心虽有整合传统批发商的功能以及高效的物流、信息处理功能,但在面对众多的交易对象时,仍需应客户的不同需求而有不同的做法。这反映到接受订货业务上,可看出其具有多种订单交易形态,也即配送中心应因不同的客户或不同的商品有不同交易及处理方式。

4. 订货价格确认

不同的客户、不同的订购量可能有不同的价格,输入价格时系统应加以核验;若输入的价格不符(输入错误或因业务员降价强接单等),系统应加以锁定,以便主管审核。

5. 加工包装确认

客户对于订购的商品是否有特殊的包装、分装或贴标等要求,或是有关赠品的包装等资料的记录都应加以确认。

6. 设定订单号码

每一个订单都要有唯一的订单号码,可以根据经营合同来指定,除了便于计算成本外,还可用于采购结算、配送等整个商品流通过程。所有工作说明、订单及进度报告单均以此号码作为标准号码。

7. 建立客户档案

将客户状况详细记录,不但能让此次交易更易进行,且有益于今后合作机会的增加。客户档案应包含订单处理用到的及与配送作业相关的资料,包括客户姓名、代号、等级形态、客户信用额度、客户销售付款及折扣率的条件、开发或负责此客户的业务员、客户配送区域、客户点配送路径顺序、客户点适合的车辆类型、客户点卸货特性、客户配送要求、过期订单处理指示等。

6.1.4 存货查询及分配

1. 存货查询

存货查询的目的在于确认是否能满足客户需求。存货资料一般包括货物名称、编号、产品描述、库存量、已分配存货、有效存货及期望进货时间等。

输入客户订货商品的名称、代号时,系统就查对存货档的相关资料,看此商品是否缺货。如果缺货则提供商品资料或是此缺货商品已采购但未入库等信息,以便于接单人员与客户协调是否该改订替代品或是允许延后出货等,提高接单率及接单处理效率。

2. 存货分配

订单资料输入系统确认无误后,最主要的作业是如何将大量的订货资料,做最有效的汇总分类,调拨库存,以便后续的配送作业能有效地进行。存货的分配模式可分为单一订单分配及批次分配两种。

(1) 单一订单分配。单一订单分配多为在线即时分配,也就是在输入订单资料时就将存货分配给该订单。

(2) 批次分配。累计汇总订单资料输入后,再一次分配库存。配送中心因订单数量多,客户类型、等级多,通常采用批次分配以确保库存能做最佳的分配。

采用批次分配时,要注意订单的分批原则,即批次的划分方法。作业的不同,各配送中心的分批原则也可能不同,总括来说有下面几种方法:

① 按接单时序划分,将整个接单时间划分成几个时段,若一天有多个配送时段,则将订单按接单先后分为几个批次处理。

② 按配送区域路径,将同一配送区域路径的订单汇总一起处理。

③ 按流通加工需求,将需加工处理或需相同流通加工处理的订单汇总一起处理。

④ 按车辆需求,如果配送商品要用特殊的配送车辆(如低温车、冷冻车、冷藏车)或客户所在地、卸货有特殊要求,可以汇总合并处理。

3. 分配后存货不足的处理

(1) 单一订单分配不足。如果现有存货数量无法满足客户需求,则应按照客户意愿与公司政策来决定应对方式。

(2) 批次分配不足。如果以批次分配选定参与分配的订单后,这些订单的某商品总出货量大于可分配的库存量,可依以下原则来决定客户分配的优先性。

① 具特殊优先权者先分配。对于一些例外的订单如缺货补货订单、延迟交货订单或远期订单,这些在前次即应允诺交货的订单,或客户提前预约的订单,应有优先取得存货的权利。因此,当存货已补充或交货期限到时,应确定优先分配权。

② 依客户等级来取舍,将客户重要性程度高的做优先分配,如将客户做 ABC 分类。

③ 依订单交易量或交易金额来取舍,将对公司贡献大的订单做优先处理。

④ 依客户信用状况,将信用较好的客户订单做优先处理。

⑤ 系统定义优先规则。建立一套订单处理的优先规则,而后在做分配时即可依此优先规则自动分配。

4. 拣取作业时间计算及出货日程排定

1)拣取作业时间的计算

为了有计划地安排出货日程,需要对每一订单或每批订单可能花费的拣取时间要事先掌握,对此要计算订单拣取的标准时间。

（1）计算每一单元的拣取标准时间。

（2）有了单元的拣取标准时间后,即可依每品种订购数量(多少单元)再配合每品种的寻找时间,来计算出每品种的拣取时间。

（3）根据每一订单或每批订单的订货品种并考虑一些纸上作业的时间,将整张或整批订单的拣取时间算出。

2)依订单排定出货时间及拣货顺序

前面根据存货状况进行了存货的分配,但对于这些已分配存货的订单应如何安排出货时间及拣货先后顺序,通常会再依客户需求、拣取标准时间及内部工作负荷来拟定。

6.1.5 订单资料输出

订单资料经上述处理后,即可开始打印一些出货单据,主要有拣货单、送货单和缺货资料。

1. 拣货单

拣货单提供商品出库指示,作为拣货的依据,其格式应配合配送中心的拣货策略及拣货作业方式,以提供有效的拣货信息,便于拣货的进行。拣货单的打印应考虑商品储位,依据储位前后相关顺序打印,以减少人员重复往返取货,同时拣货数量、单位也要详细确认标示出来。

2. 送货单

物品交货时,通常附上送货单据给客户清点签收。因为送货单主要是给客户签收、确认的出货资料,其正确性及明确性很重要。要确保送货单上的资料与实际送货资料相符,除了出货前清点外,出货单据的打印时间及对于一些订单异动情形(如缺货品项、缺货数量等)也需打印注明。

3. 缺货资料

库存分配后,对于缺货的商品或缺货的订单资料,系统应该提供查询报表打印功能以便工作人员处理。库存缺货商品应提供依商品或供应商查询的缺货商品资料,以提醒采购人员紧急采购。

6.2 拣货作业

6.2.1 拣货作业的概念

拣货就是依据顾客的订货要求或配送中心的送货计划,尽可能迅速、准确地将商品从其储位或其他区域拣取出来,并按一定的方式进行分拣、集中,等待配装送货的作业过程。

在配送作业的各环节中,拣货作业是非常重要的一环,它是整个配送中心作业系统的核心。由于配送多为多品种、小体积、小批量的物流作业,这使得拣货作业工作量占配送中心作业量的比重非常大,并且工艺复杂,特别是对于客户多、商品品种多、需求批量小、需求频率高、送货时间要求高的配送服务。拣货作业的速度和质量不仅对配送中心的作业效率起决定性的作用,而且直接影响到整个配送中心的信誉和服务水平,也直接影响配送的成本。

6.2.2 拣货作业的流程

拣货作业是配送中心作业的核心环节。从实际运作过程来看,拣货作业是在拣货信息的指导下,通过行走和搬运拣取货物,再按一定的方式将货物分拣、集中。因此,拣货作业的主要过程包括以下 4 个环节。

1. 拣货信息的产生

拣货作业必须在拣货信息的指导下才能完成。拣货信息来源于顾客的订单或配送中心的送货单。因此,有些配送中心直接利用顾客的订单或配送中心的送货单作为人工拣货指示,即拣货作业人员直接凭订单或送货单拣取货物。这种信息传递方式无法准确标示所拣货物的储位,使拣货人员延长寻找货物时间和拣货行走路径。国外大多数配送中心一般先将订单等原始拣货信息经过处理后转换成"拣货单"或电子拣货信号,指导拣货人员或自动拣取设备进行拣货作业,以提高作业效率和作业准确性。

2. 行走和搬运

拣货时,拣货作业人员或机器必须直接接触并拿取货物,因此,形成拣货过程中的行走与货物的搬运距离。缩短行走和货物搬运距离是提高配送中心作业效率的关键,可以由拣货人员步行或搭乘运载工具到达货物储存的位置拣取货物,也可以由自动储存拣货系统完成。

3. 拣取

无论是人工或机器拣取货物,都必须首先确认被拣货物的品名、规格、数量等内容是否与拣货信息传递的指示一致。这种确认既可以通过人工目视读取信息,也可以利用无线传输终端机读取条码由计算机进行对比,后一种方式往往可以大幅度降低拣货的错误率。拣货信息被确认后,拣取的过程可以由人工或自动化设备完成。通常小体积、少批量、搬运重量在人力范围内且出货频率不是特别高时,可以采取手工方式拣取;对于体积大、重量大的货物可以利用升降叉车等搬运机械辅助作业;对于出货频率很高的可以采用自动拣货系统。

4. 分类与集中

配送中心在收到多个客户的订单后,可以形成批量拣取,然后再根据不同的客户或送货路线分类集中。有些需要进行流通加工的商品还需根据加工方法进行分拣,加工完毕再按一定方式出货,该过程如图6.3所示。多品种分拣的工艺过程较复杂,难度也大,容易发生错误,必须在统筹安排形成规模效应的基础上,提高作业的精确性。在物品体积小、重量轻的情况下,可以采取人力分拣,也可以采取机械辅助作业,或利用自动分拣机自动将拣取出来的货物进行分类与集中。分类完成后,货物经过查对、包装便可以出货、装运、送货了。

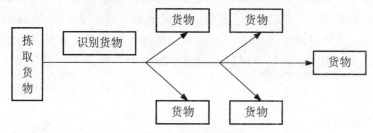

图6.3 分货过程示意图

从拣货作业的4个基本过程可以看出,整个拣货作业所消耗的时间主要包括4个部分:订单或送货单经过信息处理过程,形成拣货指示的时间;行走与搬运货物的时间;准确找到货物的储位并确认所拣货物及其数量的时间;拣取完毕,将货物分拣集中的时间。因此,提高拣货作业效率,主要应缩短以上4个作业时间,以提高作业速度与作业能力。此外,防止拣货错误的发生,提高配送中心内部储存管理账物相符率和顾客满意度,降低作业成本也是拣货作业管理的目标。

6.2.3 拣货单位

拣货单位是指拣货作业中拣取货物的包装单位。通常拣货单位可分为托盘、箱(外包装)、单件(小包装)以及特殊货物4种形式。有些品种根据配送要求需要有两种以上的拣货单位,如有些用量小的客户以单件或箱为单位出货,有些需大批量送货的客户则可以以箱或整托盘为单位直接出货。

确定拣货单位的必要性在于避免拣货及出货作业过程中对货物进行拆装甚至重组,以提高拣货系统作业效率,同时也是为了适应拣货自动化作业的需要。而且拣取的货物来自储存系统,储存系统的货物则通过验收入库而来。因此,从供应商供货到进货入库存储,再到拣货出货,要提高整个物流系统的作业效率,减少货物拆装、重组的工作量,必须根据配送包装要求,确定拣货包装单位,根据拣货包装单位来相应地调整储存和入库商品的包装单位。

6.2.4 拣货方式

按照拣货作业最简单的划分方式,可以将其分为按订单拣取、批量拣取和复合拣取3种。

1. 按订单拣取

按订单拣取是针对每一份订单，作业员巡回于拣货区域，按照订单所列商品及数量，将客户所订购的商品逐一由拣货区域或其他作业区中取出，然后集中在一起的拣货方式，如图6.4所示。这种方式又叫摘果法。

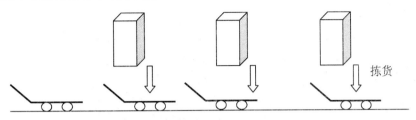

图6.4 按订单拣取示意图

1）按订单拣取方式的优、缺点

（1）按订单拣取方式的优点。

① 作业方法单纯，接到订单可立即拣货、送货，所以作业前置时间短。

② 作业人员责任明确，易于安排人力。

③ 拣货后不用进行分拣作业，适用于配送大批量、少品种的订单的处理。

（2）按订单拣取方式的缺点。

① 商品品类多时，拣货行走路径加长，拣取效率较低。

② 拣货区域大时，搬运困难。

③ 少量、多批次拣取时，会造成拣货路径重复、费时、效率降低。

2）适用范围

按订单拣取适合于订单大小差异较大、订单数量变化频繁、季节性强的商品拣货。商品差异较大、外观体积变化较大也适宜采用这种拣取方式，如化妆品、家具、电器、百货、高级服饰等。

2. 批量拣取

批量拣取是将多张订单集合成一批，按照商品品种类别汇总后再进行拣货，然后依据不同客户或不同订单分类集中的拣货方式，如图6.5所示。这种方式又叫播种法。

1）批量拣取方式的优、缺点

（1）批量拣取方式的优点。

① 适合订单数量庞大的系统。

② 可以缩短拣取货物时的行走搬运距离，增加单位时间的拣货量。

③ 越要求少量、多批次的配送，批量拣取就越有效。

（2）批量拣取方式的缺点。对订单的到来无法做及时处理，必须当订单累积到一定数量时，才做一次性的处理。因此，会有停滞时间产生。

2）适用范围

批量拣取方式通常在系统化、自动化设备齐全，作业速度高的情况下采用，适合订单变化较小，订单数量稳定的配送中心和外形较规则、固定的商品出货，如箱装、袋装的商品。

另外，需进行流通加工的商品也适合批量拣取，拣取完后再进行批量加工，然后分拣配送，有利于提高拣货及加工效率。

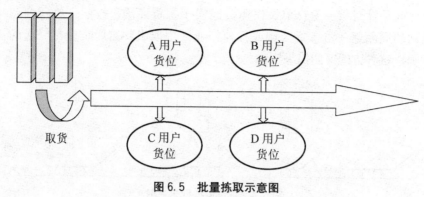

图6.5 批量拣取示意图

3. 复合拣取

为克服按订单拣取和批量拣取方式的缺点，配送中心也可以采取将按订单拣取和批量拣取组合起来的复合拣取方式。复合拣取即根据订单的品种、数量及出库频率确定哪些订单适应于按订单拣取，哪些适应于按批量拣取，分别采取不同的拣货方式。

【知识链接】

拣货的检核要点

（1）不要等待：零闲置时间。
（2）不要拿取：零搬运（多利用输送带、无人搬运车）。
（3）不要走动：动线的缩短。
（4）不要思考：零判断业务（不依赖熟练工）。
（5）不要寻找：储位管理。
（6）不要书写：免纸张。
（7）不要检查：利用条码由计算机检查。

6.2.5 拣货策略

拣货策略是影响拣货作业效率的重要因素，对不同订单需求应采取不同的拣货策略。决定拣货策略的4个主要因素是分区、订单分割、订单分批和分类，这4个因素相互作用可产生多个拣货策略。

1. 分区

分区策略是将拣货作业场地进行区域划分，按分区原则的不同，其有4种分区方法。

1）按货物特性分区

根据货物原有的性质，将需要特别储存搬运或分离储存的货物进行区隔，以保证货物的品质在储存期间保持一定。

2）按拣货单位分区

将拣货作业区按拣货单位划分，如箱装拣货区、单品拣货区，或是具有特殊货物特性的冷冻品拣货区等，目的是使储存单位与拣货单位统一，以便实现拣取与搬运单元化，使拣货作业单纯化。

3）按拣货方式分区

不同拣货单位分区中，按拣货方法和设备的不同，又可分为若干区域，通常是按货物销售的 ABC 分类的原则，按出货量的大小和拣取次数的多少做 ABC 分类，然后选用合适的拣货设备和拣货方式。其目的是使拣货作业单纯化、一致化，减少不必要的重复行走时间。如同一单品拣货区中，按拣货设备的不同，又可分为台车拣货区和输送机拣货区。

4）工作分区

在相同的拣货方式下，将拣货作业场地再做划分，由一个或一组固定的拣货人员负责拣取某区域内的货品。该策略的优点是拣货人员需要记忆的存货位置和移动距离减少，拣货时间缩短，还可以配合订单分割策略，运用多组拣货人员在短时间内共同完成订单的拣取，但要注意工作平衡问题。

2. 订单分割

当订单上订购的货物品种较多，或拣货系统要求及时快速处理时，为使其能在短时间内完成拣货处理，可将订单分成若干份子订单交由不同拣货区域同时进行拣货作业。将订单按拣货区进行分解的过程称为订单分割。

订单分割一般是与拣货分区相对应的。对于采取拣货分区的配送中心，其订单处理过程的第一步就是要按区域进行订单的分割，各个拣货区根据分割后的子订单进行拣取作业，各拣货区子订单拣货完成后，再进行订单的汇总。

3. 订单分批

订单分批是为了提高拣货作业效率而把多张订单集合成一批，进行批次拣取的作业，其目的是缩短拣货时平均行走搬运的距离和时间。若将每批次订单中的同一货物品种加总后拣取，然后再把货物分类至每一个顾客的订单，则形成批量拣取。这样不仅缩短了拣取时平均行走搬运的距离，而且也减少了重复寻找货位的时间，进而提高了拣货效率。订单分批的原则如下介绍。

1）总合计量分批

将拣货作业前所累积订单中每一货物依品种合计总量，再根据这一总量进行拣取，以将拣取路径减至最短，同时储存区域的储存单位也可以单纯化，但需要有功能强大的分拣系统来支持。这种方式适用于周期性配送，如可将所有的订单在中午前收集，下午做合计量分批拣取单据的打印等信息处理，第二天一早进行拣取等作业。

2）时窗分批

当从订单到达至拣货完成出货所需的时间非常紧迫时，可利用此策略开启短暂而固定的时窗，如 5min 或 10min，再将此时窗中所到达的订单做成一批，进行批量拣取。这一方式常与分区及订单分割联合运用，特别适合到达时间短而平均的订单形态，同时订购量和品相数不宜太大。

3）固定订单量分批

订单分批按先到先处理的基本原则，当累计订单量到达设定的固定量时再开始进行拣货作业。固定订单量分批与时窗分批类似,但这种订单分批的方式更注重维持较稳定的作业效率,而在处理的速度上比前者慢。

4) 智能型分批

订单输入计算机经处理后,将拣取路径相近的订单分成一批同时处理,可大量缩短拣货行走搬运距离。采用这种分批方式的配送中心通常将前一天的订单汇总后,经计算机处理在当天下班前产生次日的拣货单据,因此对紧急插单作业处理较为困难。

一般可以按配送客户数、订货形态、需求频率这3项条件选择合适的订单分批方式,见表6-1。

表6-1 订单分批方式的选择

适应情况 分批方式	配送客户数	订货型号	需求频率
总合计分批	数量较多且稳定	差异小而数量大	周期性
时窗分批	数量较多且稳定	差异小而数量较大	周期性或非周期性
固定订单分批	数量较多且稳定	差异小而数量小	周期性
智能型分批	数量较多且稳定	差异较大	非即时性

4. 分类

当采用分批拣货策略时,拣货完成后还必须有分类策略与之配合。分类方式大致可分为拣货同时分类和拣货后集中分类两类。

1) 拣货同时分类

在拣货的同时将货物按各订单分类。这种分类方式常与固定量分批或智能分批方式联用,因此需要使用计算机辅助台车作为拣货设备,才能加快拣取速度,同时避免错误发生。该方式较适用于少量多样场合,且由于拣货台车不可能太大,所以每批次的客户订单不宜过大。

2) 拣货后集中分类

这种分类一般有两种方法。一种是以人工作业为主,将货物总量搬运到空地上进行分类。这种方法要求每批次的订单量及货品数量不宜过大,以免超出人员负荷。另一种方法是利用分拣输送机系统进行集中分类,是较自动化的作业方式。

以上4类因素可以单独使用,形成4种策略,也可联合运用(图6.6和图6.7),形成新的策略,还可以不采取任何策略,直接按订单拣货。

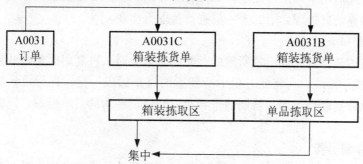

图6.6 拣货单位分区与订单分割联合策略

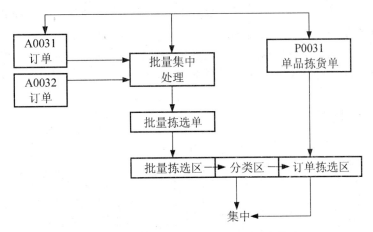

图6.7 拣货方式分区与订单分割联合策略

 6.3 补货作业

补货作业是将货物从保管区域搬运到拣货区的作业过程，其目的是保证拣货区有货可拣，是保证充足货源的基础。与拣货作业直接相关的就是补货问题，它的筹划必须满足两个条件：一是要确保有货物可配，二是要将待配货物放置在存取都方便的位置。补货作业流程如图6.8所示。

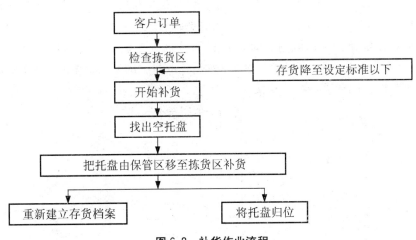

图6.8 补货作业流程

6.3.1 补货方式

根据储存、拣货布局不同，补货方式分为整箱补货、整托补货两种。

1. 整箱补货

整箱补货是由货架保管区补货到流动式货架的动管区的补货方式，如图6.9所示。这种补货方式保管区为货架存放，动管拣货区为两面开放式的流动式货架。拣货时拣货员在流动货架拣取区拣取单品放入周转箱中，而后放置于输送机运至出货区。而当拣取后发现动管区的存货低于要求存货时，要进行补货的动作。

这种补货方式为作业员至货架保管区取货箱，以手推车载箱至拣货区。这种保管动管区存放形态的补货方式比较适合体积小且少量多样出货的物品。

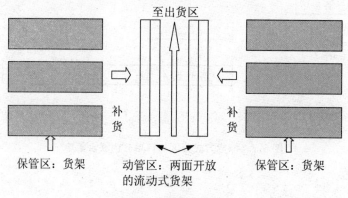

图 6.9　整箱补货示意

2. 整托补货

这种补货方式是以托盘为单位进行补货。根据补货的位置不同，其又分为两种情况：一种是地板至地板，另一种是地板至货架。

1）地板至地板的整托补货（图 6.10）

在这种补货方式中，保管区为以托盘为单位地板平置堆叠存放，动管区也为以托盘为单位地板平置堆叠存放。所不同之处在于保管区的面积较大，存放物品量较多，而动管区的面积较小，存放物品量较少。拣取时拣货员在拣取区拣取托盘上的货箱，放至中央输送机出货；或者，可使用叉车将托盘整个送至出货区（当拣取量大时）。而当拣取后发觉动管拣取区的存货低于水准时，则要进行补货动作。

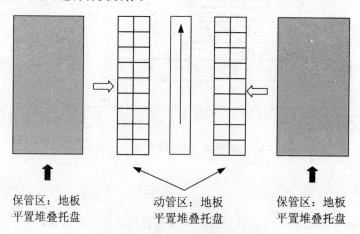

图 6.10　地板至地板的整托补货

这种补货方式为作业员以叉车由托盘平置堆叠的保管区搬运托盘至同样是托盘平置堆叠的拣货动管区，比较适合体积大或出货量多的物品。

2) 地板至货架的整托盘补货(图6.11)

在这种补货方式中,保管区是以托盘为单位地板平置堆叠存放,动管区则为托盘货架存放。拣取时拣货员在拣取区搭乘牵引车拉着推车移动拣货,拣取后再将推车送至输送机轨道出货。而一旦发觉拣取后动管区的库存太低,则要进行补货动作。

这种补货方式为作业员使用叉车至地板平置堆叠的保管区搬回托盘,送至动管区托盘货架上存放,比较适合体积中等或中量(以箱为单位)出货的物品。

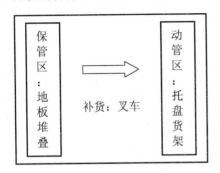 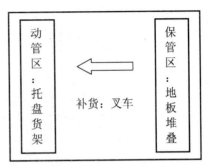

图6.11 地板至货架的整托盘补货

3) 货架之间的补货

这种补货方式为保管区与动管区属于同一货架,也就是将一货架上的两手方便拿取之处(中下层)作为动管区,不容易拿取之处(上层)作为保管区。进货时便将动管区放不下的多余货箱放至上层保管区。对动管拣取区的物品进行拣货,而当动管区的存货低于水准时,则可利用叉车将上层保管区的物品搬至下层动管区补货。

此保管动管区存放形态的补货方式较适合体积不大、每品种存货量不高且出货多属中小量(以箱为单位)的物品。

6.3.2 补货时机

补货主要是为拣货做准备,因此,补货作业的发生与否主要看拣货区的货物存量是否符合需求。究竟何时补货要看拣货区的存量,以避免出现拣货中途才发现拣货区的货量不足需要补货的情况,而影响整个拣货作业。通常可采用批次补货、定时补货和随机补货3种方式,至于该选用哪种应视具体情况而定。

1. 批次补货

在每天或每一批次拣取前,经由计算机计算所需货物的总拣取量,再查看动管拣货区的货物量,计算差额并在拣货作业前补足货物。这是"一次补足"的补货原则,较适合一日内作业量变化不大、紧急追加订货不多,或是每批次拣取量大、事先掌握的情况。

2. 定时补货

将每天划分为数个时点,补货人员在时段内检查动管拣货区货架上货物存量,若不足即马上将货架补满。这是"定时补足"的补货原则,较适合分批拣货时间固定、处理紧急追加订货的时间也固定的情况。

3. 随机补货

指定专门的补货人员，随时巡视动管拣货区的货物存量，发现不足随时补货。这是"不定时补足"的补货原则，较适合每批次拣取量不大、紧急追加订货较多，以至于一日内作业量不易事前掌握的情况。

6.4 配货作业

跟拣货紧密相连的另一项作业是配货作业。配货是指将拣取分类完成的货物做好出货检查，装入妥当的容器，做好标识，根据车辆调度安排的趟次别或厂商别等指示将物品运至待运区，最后装车发送。这一连串过程即为配货作业的内容，其主要流程如图 6.12 所示。

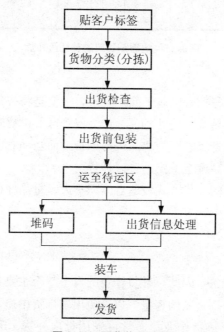

图 6.12 配货作业流程

6.4.1 贴客户标签

贴客户标签发即把印有客户有关信息（如客户的名称、地点、所需商品、数量）的标签贴在配送的货箱上，便于后续作用。

6.4.2 分拣

分拣就是拣货作业完成后，按照不同的客户或不同的配送路线将货物做分类的工作，又称为分货。分拣作业一般在理货场地进行，它的任务是将发给同一客户的各种货物汇集在一处，以等待发运。分拣的操作方式一般有人工分拣、自助分拣和旋转架分拣 3 种。

1. 人工分拣

人工分拣是用人力以手推车为辅助工具，将被分拣商品分送到指定的场所堆放待运，批量较大的商品则用叉车托盘作业。目前，我国大多数传统的仓库、配送中心基本上都采用人工分拣，它的优缺点非常明显。

（1）优点。机动灵活，不需复杂、昂贵的设备，不受商品包装等条件的制约。

（2）缺点。速度慢、工作效率低、易出差错，只适用于分拣量少、分拣单位少的场合。

因此，人工分拣作业的复核工作是非常重要的，通常是由计算机系统打印"配货明细表"供理货员根据各门店配货数进行复核，并打印"配送汇总表"（配送中心内勤与运输车之间的交接汇总单）。

2. 自动分拣

由于近年来对快速、高效、准确性物流服务的需求增加，为顺应多品种少量订货的市场趋势，自动分拣机开始逐渐引起企业关注并得以广泛运用。自动分拣机是利用计算机及其识别系统来达到分拣的目标，因而具有迅速、正确且不费力的效果，尤其在拣取数量或分拣数量众多时，效率更高。在产品投入与确定目的地后，系统会按预先所设定的对应逻辑，自动将商品送至目的流道中，完成分拣操作。配送中心若采用批次拣货的拣货策略，则自动分拣机可应用在其后续的二次分拣上，既快速又精确。

利用自动分拣机分拣的主要过程为：先将有关货物及分拣信息通过自动分拣机的信息输入装置，输入自动控制系统；当货物通过移载装置移至输送机上时，由输送系统运送至分拣系统；分拣系统是自动分拣机的主体，这部分的工作过程为先由自动识别装置识别货物，再由分拣道口排出装置，按预先设置的分拣要求将货物推出分拣机。

分拣排出方式有推出式、浮起送出式、倾斜滑下式、皮带送出式等，同时为尽早使各货物脱离自动分拣机，避免发生碰撞而设置有缓冲装置。

自动分拣优、缺点如下：

（1）优点。单位时间内商品处理量高，分拣差错率低，货损率低，大大降低作业人员的劳动强度。

（2）缺点。投入的成本高。

3. 旋转架分拣

为节省成本，也可采用取代自动分拣机而使用旋转架的方式。这种分拣方式是将旋转架的每一格位当成客户的出货篮，分拣时只要向计算机输入各客户的代号，旋转架就会自动将其货篮转至作业员面前，让其将批量拣取的物品放入进行分拣。同样，即使没有动力的小型旋转架，为节省空间也可作为人工目视处理的货篮，只不过作业员依每格位上的客户标签自行旋转找寻，以便将物品放入正确货位中。

6.4.3 出货检查

货物分拣、配货后，就要进行检查核对工作，这项工作就是出货检查作业，如图 6.13 所示。出货检查作业主要包括把拣取物品依客户、车次等，按出货单逐一核对货物的品种和数量，同时还必须核查货物的包装与质量。

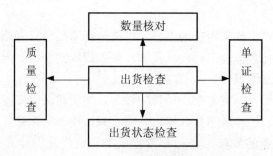

图 6.13　出货检查作业内容

出货检查是在拣货作业后的物品检查，因耗费时间及人力，在效率上经常是个大问题。出货检查是属于要确认拣货作业是否产生错误的处理作业，所以若能先找出让拣货作业不会发生错误的方法，就能免除事后检查的需要，或只对少数易出错物品做检查。

1. 人工检查法

出货检查最简单的做法就是以纯人工进行，将物品一个个点数并逐一核对出货单，进而再查验出货的质量水平和状态情况。以状态及质量检验而言，纯人工方式逐项或抽样检查的确有其必要性，但对于物品品种及数量核对来说，纯人工方式可能较无效率也较难将问题找出，即使是采取多次的检查作业，也可能是耗费了许多时间，而错误却依然存在。

2. 商品条码检查法

这种方法的最大原则就是要导入条码，让条码跟着货物跑。当进行出货检查时，只需将拣出物品的条码用扫描仪读出，计算机则会自动将资料与出货单对照，检查是否有数量或品种上的差异。

3. 声音输入检查法

这种方法是一项较新的技术，是由作业员发声读出物品的名称（或代号）及数量，之后计算机接收声音做自动识别，转成数字资料再与出货单进行对比。这种方法的优点在于作业员只需用嘴读取资料，手脚空着可做其他的工作，自由度较高。但要注意的是，这种方法声音的发音要准，且每次发音字数有限，否则计算机辨识困难，可能产生错误。

4. 重量计算检查法

这种方法是先利用计算机自动汇总出货单上的物品重量，而后将拣出物品以计重器称出总重，再将两者互相对照的检查方式。事实上，若能利用装有重量检查系统的拣货台车拣货，则在拣取过程中就能利用此法来做检查，拣货员每拣取一样物品，台车上的计重器就会自动显示其重量做查对，如此完全可省去事后的检查工作，在效率及正确性上的效果将更好。

6.4.4　包装、捆包

这是配货作业中重要的一个环节，它对配好的货物进行包装、捆包，起到保护商品，便于搬运、储存、提高用户购买欲望以及易于辨认的作用。同时，由于将同一客户的货物捆绑在一起，方便送货过程中的交接作业，进而可以提高送货效率。

6.5 送货作业

对于配送中心来说，送货作业是指利用货车等运载工具将货物从配送中心送至客户的作业。送货通常是一种短距离、小批量、高频率的运输形式，它以服务为目标，以尽可能满足客户需求为宗旨。

6.5.1 送货作业的特点

送货是配送中心作业最终及最具体直接的服务表现，其特点有下列几个。

1. 时效性

时效性就是指要确保在指定的时间内交货。由于配送是从客户订货至交货各阶段中的最后一阶段，也是最容易无计划性延误时程的阶段，一旦延误便无法弥补，所以如果途中意外不能准时到达，必须立刻与总部联系，由总部采取紧急措施，确保履行合同。影响时效性的因素很多，除配送车辆故障外，所选择的配送路径、路况不佳、中途客户卸货不及时等均会造成时间上的延误。因此，必须在认真分析各种因素的前提下，用系统化的思想和原则，有效协调、综合管理，选择合理的配送线路、配送车辆和送货人员，使每位客户在预定的时间收到所订购的货物。

2. 可靠性

可靠性是指将物品完好无缺地送达目的地，这主要取决于配送人员的责任心和素质。就配送而言，要达到可靠性目标，关键在于以下几项原则：
（1）装卸货时的细心程度。
（2）运送过程对物品的保护。
（3）对客户地点及作业环境的了解。
（4）配送人员的素质。
若配送人员能随时注意这几项原则，物品就能以最好的品质送到客户手中。

3. 沟通性

送货作业是配送的末端服务，它通过送货上门服务直接与客户接触，是与顾客沟通最直接的桥梁。它不仅代表着公司的形象和信誉，而且在沟通中起着非常重要的作用。一些物流企业甚至把卡车司机和送货人员称为"公司的形象大使"。因此，必须充分利用与客户沟通的机会，巩固与发展公司的信誉，为客户提供更优质的服务。

4. 便利性

配送以服务为目标，以最大限度地满足客户要求为宗旨。因此，应尽可能地让顾客享受到便捷的服务，通过采用高弹性的送货系统，如采用紧急送货、顺道送货与退货、辅助资源回收等方式，为顾客提真正意义上的便利服务。

5. 经济性

满足客户的服务需求，不仅品质要好，而且价格也是客户重视的要项。同时，实现一定的经济利益也是配送企业运作的基本目标。对合作双方来说，以较低的费用完成送货作业是企业建立双赢机制、加强合作的基础。因此，不仅要满足客户的要求，提供高质量、及时、方便的配送服务，而且还必须提高配送效率，加强成本管理与控制。

6.5.2 送货作业的流程

送货的一般作业流程如图 6.14 所示。

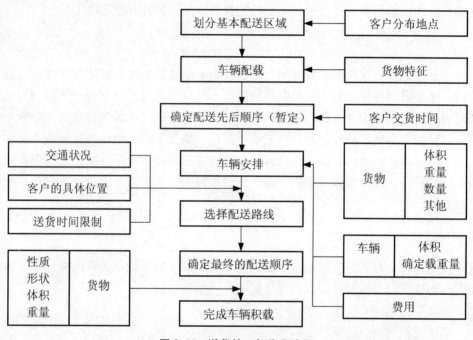

图 6.14 送货的一般作业流程

1. 划分基本配送区域

为使整个配送有一个可循的基本依据，应首先将客户所在地的具体位置做一系统统计，并将其做区域上的整体划分，将每一客户囊括在不同的基本配送区域之中，以作为下一步决策的基本参考。如按行政区域或依交通条件划分不同的配送区域，在这一划分的基础上再做弹性调整来安排配送。

2. 车辆配载

（1）由于配送货物品种、特性各异，为提高配送效率，确保货物质量，必须对特性差异大的货物进行分类。在接到订单后，将货物依特性进行分类，分别采取不同的配送方式和运输工具，如按冷冻食品、速食品、散装货物、箱装货物等分类配载。

(2) 配送货物也有轻重缓急之分,必须初步确定哪些货物先发,哪些货物后发。

(3) 根据货物的性质,初步确定哪些货物可配于同一辆车,哪些货物不能配于同一辆车,以做好车辆的初步配装工作。

3. 暂定配送先后顺序

在考虑其他影响因素做出确定的配送方案前,应根据客户订单要求的送货时间将配送的先后作业次序做初步排定,为后面车辆积载做好准备工作。计划工作的目的是为了保证达到既定的目标。因此,预先确定基本配送顺序既可以有效地保证送货时间,又可以提高运作效率。

4. 车辆安排

车辆安排要解决的问题是安排什么类型、吨位的配送车辆进行最后的送货。一般企业拥有的车型有限,车辆数量也有限,当其车辆无法满足要求时,可使用外雇车辆。在保证配送运输质量的前提下,是组建自营车队还是以外雇车辆为主,则必须视经营成本而定,具体比较如图 6.15 所示。曲线 1 表示外雇车辆的运送费用随运输量的变化情况;曲线 2 表示自有车辆的运送费用随运输量的变化情况。当运输量小于 A 时,外雇车辆费用小于自有车辆费用,所以应选用外雇车辆;当运输量大于 A 时,外雇车辆费用大于自有车辆费用,所以应选用自有车辆。

但无论自有车辆还是外雇车辆,都必须事先掌握有哪些车辆可供调派并符合要求,即这些车辆的容量和额定载重是否满足要求。安排车辆之前,还必须分析订单上货物的信息,如体积、质量、数量等对于装卸的特别要求等,综合考虑各方面因素的影响,做出最合适的车辆安排。

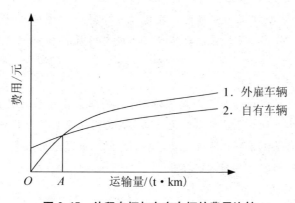

图 6.15 外租车辆与自有车辆的费用比较

5. 选择配送线路

知道了每辆车负责配送的具体客户后,如何以最快的速度完成对这些货物的配送,即如何选择配送距离短、配送时间短、配送成本低的线路,这需根据客户的具体位置、沿途的交通情况等做出选择和判断。除此之外,还必须考虑有些客户或其所在地点环境对送货时间、车型等方面的特殊要求,如有些客户不在中午或晚上收货,有些道路在交通高峰期实行特别的交通管制等。

6. 确定最终的配送顺序

做好车辆安排及选择好最佳的配送线路后,依据各车负责配送的具体客户的先后,即可将客户的最终配送顺序加以确定。

另外,对于多个配送点的配送顺序的计算,需要借助计算机建立数学模型,以求得最佳路线。这方面的知识这里不做详细分析,可参考本书"第7章 配送运输"的相关内容。

7. 完成车辆积载

明确了客户的配送顺序后,接下来就是如何将货物装车、以什么次序装车的问题,即车辆的积载问题。原则上,知道了客户的配送顺序先后,只要将货物依"后送先装"的顺序装车即可,但有时为了有效利用空间,可能还要考虑货物的性质(如怕震、怕压、怕撞、怕湿)、形状、体积及重量等做出调整。

在以上各操作流程中,需要注意以下要点:
(1) 明确订单内容。
(2) 掌握货物的性质。
(3) 明确具体配送地点。
(4) 适当选择配送车辆。

拓展阅读

沃尔玛的特色配送

沃尔玛的年销售额连续3年在福布斯排名冠军,相对于汽车制造、IT、高科技电子等高利润行业,它是一个利润率极低的零售商,能连续3年第一,堪称奇迹。沃尔玛之所以能够迅速增长,并且成为世界500强之首,与其在节省成本以及在物流配送系统方面的成就是分不开的。

1. 实施"无缝点对点"

沃尔玛的经营哲学是"以最佳服务,最低的成本,提供最高质量的服务"。在物流运营过程当中,要尽可能降低成本,让利于消费者,沃尔玛向自己提出了挑战,其中的一个挑战就是要建立一个"无缝点对点"的物流系统,能够为商店和顾客提供最迅速的服务。这种"无缝"的意思是指使整个供应链达到一种非常顺畅的链接。

2. 建立良好的循环系统

为了使成本最低,沃尔玛建立了物流循环系统。实践证明,如果物流循环是比较成功的,那么在顾客购买了某种商品之后,这个系统就开始自动地进行供货。

沃尔玛的物流循环系统当中的可变性使得这些卖方和买方(工厂与商场)可以对于这些顾客所买的东西和订单能够进行及时的补货。这个系统与配送中心联系在一起。沃尔玛的配送中心实际上是一个中枢,供货商只提供给配送中心,不用直接给每个商店,因此这个配送中心可以为供货商减少很多成本。供货商就可以把省下来的这部分利润让利于消费者。通过这样的方法,沃尔玛就从整个供应链中,将这笔配送中心的成本费用节省下来,实现了低投入高产出。

3. 完善的补货系统

沃尔玛之所以能够取得成功,是因为沃尔玛在每一个商店都有一个补货系统。它使得沃尔玛在任何一个时间点都可以知道现在这个商店当中有多少货品、有多少货品正在运输过程当中、有多少是在配送中心等。同时,它也使沃尔玛可以了解某种货品前一周卖了多少、去年卖了多少,而且可以预测沃尔玛将来可以卖多少这种货品。

沃尔玛这个自动补货系统,可以自动向商场经理来订货,这样就可以非常及时地对商场进行帮助。

4. 建立开放式的平台

沃尔玛所有的系统都是基于的 UNIX 系统的一个配送系统,这是一个非常大的开放式的平台,不但采用传送带,还采用产品代码,以及自动补货系统和激光识别系统。这样,员工可以在传送带上就取到自己所负责的商店所需的商品。那么在传送的时候,他们是怎么知道应该取哪个箱子呢?传送带上有一些信号灯,有红的、绿的,还有黄的,员工可以根据信号灯的提示来确定商品应被送往的商店来拿取这些商品,并将取到的这些商品放到一个箱子当中。这样,所有这些商场都可以在各自所属的箱子当中放入不同的货品。由于供应链中的各个环节都可以使用这个平台,所以节省了拣货成本。

5. 建立自己的运输车队

沃尔玛的物流部门实行全天候的运作,而且是每天24h,每周7d 的运作。众所周知,沃尔玛的产品卖得非常多,因此运输车队对物流的支持是非常必要的,要确保商店所需的商品不断地流向沃尔玛的商店,这样物流就没有任何停止的过程。

在整个物流过程当中,最昂贵的就是沃尔玛运输这部分,运输车队省下的成本越多,那么整个供应链当中所节省的钱就越多,让利给消费者的部分也就越多。因此,沃尔玛采用一种尽可能大的卡车,而且沃尔玛使用的汽车一般比集装箱运输卡车要更长或者更高。

【本章实训】

拣货作业与配送作业训练

一、实训要求

(1) 根据客户订单进行拣货。

(2) 送货作业流程设计。

客户订单资料如下:

客户1订单

序 号	品 名	数 量	规 格	单 位
1	滴露香皂	50	125g	块
2	佳洁士牙膏	60	120g	支
3	雕牌洗衣粉	30	1000g	袋

客户 2 订单

序　号	品　　名	数　量	规　格	单　位
1	力士香皂	20	130g	块
2	高露洁牙膏	20	180g	支
3	奥妙洗衣粉	25	500g	袋

客户 3 订单

序　号	品　　名	数　量	规　格	单　位
1	力士香皂	30	130g	块
2	洁银牙膏	45	150g	支
3	雕牌洗衣粉	35	1000g	袋

二、操作步骤

（1）整合所有订单，归纳所有的所需物品。

（2）由通道一开始进入开始拣货。由于客户所需的物品质量都很小，所以可以一次性全部用一个手动托盘弄完。

（3）顺序为从雕牌洗衣粉到滴露香皂，到力士香皂，再到洁银牙膏。

（4）从入口到第二通道，先奥妙洗衣粉然后到高露洁牙膏最后到出口。

（5）利用人工分拣，分别将出口的货物分拣给客户1、客户2、客户3。

（6）完成各客户送货作业流程。

【课后练习】

一、单项选择题

1. 按订单拣取适用于（　　）的订单处理。

A. 批量大　　　　B. 批量少　　　　C. 品种多　　　　D. 品种少

2. （　　）是配送中心关键作业项目。

A. 接受订单　　　B. 进货作业　　　C. 理货配货　　　D. 出货作业

3. 按订单拣取又称为（　　）。

A. 摘果法　　　　B. 播种法　　　　C. 分货方式　　　D. 提货方式

4. 当订单所订购的商品品种较多时，常采用的拣货策略是（　　）。

A. 分区　　　　　B. 订单分割　　　C. 订单分批　　　D. 分类

5. 不属于配送中心的主要作业环节的有（　　）。

A. 订单处理　　　　　　　　　　　B. 库存管理
C. 补货及拣货　　　　　　　　　　D. 流通加工

6. 拣货作业可以最简单地划分为按订单拣取、（　　）和复合拣取3种方式。

A. 摘果式拣取　　B. 播种式拣取　　C. 批量拣取　　　D. 指令式拣取

7. 在每天或每次拣货之前，计算所需货品的总拣货量，再查看拣货区现存货品量，计算差额并在拣货作业开始前补足货品的方法是（　　）。

A. 批次补货　　　B. 定时补货　　　C. 随机补货　　　D. 定量补货

8. （　　）分批按先到先处理的基本原则，当订单累积达到设定的数量时，开始进行拣货作业。这种方式偏重于维持较稳定的作业效率，但在处理速度上慢于定时分批方式。

A. 总合计量　　　　　　　　　　　B. 定时
C. 固定订单量　　　　　　　　　　D. 智慧型

二、多项选择题

1. 配送中心的主要作业环节包括（　　）。

A. 订单处理　　　　　B. 库存管理　　　　　C. 补货及拣货
D. 流通加工　　　　　E. 配送

2. 拣货作业方式可分为（　　）。

A. 按订单拣取　　　　B. 按客户拣取　　　　C. 批量拣取
D. 复合拣取　　　　　E. 按产品拣取

3. 通常可采用的补货方式有（　　）。

A. 定量补货　　　　　B. 批次补货　　　　　C. 定时补货
D. 随机补货　　　　　E. 一次补货

4. 出货检查内容有（　　）。

A. 数量核对　　　　　B. 质量核对　　　　　C. 单证检查
D. 状态检查　　　　　E. 条形码检查

5. 送货作业的特点有（　　）。

A. 时效性　　　　　　B. 可靠性　　　　　　C. 便利性
D. 沟通性　　　　　　E. 经济性

6. 传统订货方式是指利用人工方法书写、输入和传送订单，其方法包括（　　）。

A. 铺货　　　　　　　B. 巡查送货　　　　　C. 口头电话
D. 邮寄订单　　　　　E. 业务员跑单、接单

三、判断题

1. 采用按订单拣取方式，拣取后不用进行分类作业，适用于配送批量较大的订单的处理。（　　）
2. 配载就是配货，它是配送活动的一个重要内容。（　　）
3. 邮政部门把信件按照送达目的地分开集中在一起后再运送，是比较典型的分拣作业。（　　）
4. 越要求少量、多批次的配送，摘果法拣取就越有效。（　　）
5. 拣货是配送不可缺少的一个环节。（　　）
6. 订单处理是与客户直接沟通的作业阶段，对后续的作业产生直接影响。（　　）
7. 送货作为配送的最后一道环节，对于物流企业来说是非常关键的。（　　）
8. 订单拣取也称播种法，批量拣取也称摘果法。（　　）

9. 订单分割策略必须与分类策略配合运用，才能有效地发挥其优势。　　（　）

10. 随着消费者多品种、少批量的消费需求日趋强烈，配送中心商品拆零拣货的作业量越来越小，拣货作业已成为配送中心的一个重要作业环节。　　（　）

四、思考题

1. 订单确认的主要内容有哪些？
2. 拣货作业方式有哪些？各有什么特点？
3. 拣货策略有哪些？
4. 补货时机有哪些？
5. 配货作业的主要内容和主要方法各是什么？
6. 阐述送货作业的流程。

第 7 章

配送运输

PEISONG YUNSHU

【学习目标】

知识目标	技能目标
（1）了解车辆调度的基本原理	（1）能够利用表上作业法和图上作业法解决问题
（2）掌握车辆积载的基本要求	（2）熟悉运用配送线路选择的基本方法
（3）掌握配送线路优化的基本方法	（3）能够利用相关的知识提高车辆的装载率

【案例导入】

为进一步优化资源配置，充分发挥资源效能，节约物流配送成本，真正实现"现代物流、高效配送、经济管理"，某烟草公司顺利完成了配送线路的优化调整工作。此次线路调整呈现出3个特点。

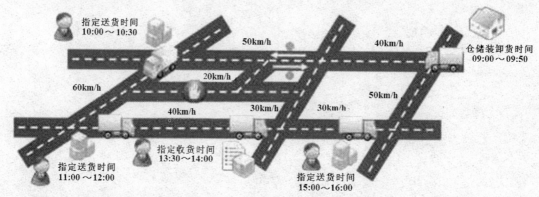

1. 周密制订调整计划

该公司多次召开会议对此次线路调整优化进行安排，并制定了线路调整方案，成立了线路调整领导小组，对人员休假、线路长短、配送周期等各个方面进行认真部署。

2. 科学合理配置资源

线路调整后，由原来13辆送货车缩减为12辆，仅在车辆费用上每年就能节省8万余元。取消酒店、宾馆专线，其送货员、驾驶员作为替班人员，有效缓解了配送人员紧张的问题，保证了送货员、驾驶员一周双休。充分调动起各方面的积极性，提高了工作效率。

3. 均衡劳动强度

线路调整后，根据配送的工作量确定户数，城区平均每天送货100户，城乡结合部每天90户，农村70户，各线路送货时间基本持平，避免了个别线路工作任务重的不平衡现象。

思考

该烟草公司是怎样优化配送路线的？

7.1 车辆调度

配送车辆是在点多、面广、纵横交错、干支相连的运输网络中分散运行的，涉及多个部门、多个环节，工作条件较为复杂。这就需要建立一个具有权威性的组织指挥系统——车辆调度管理部门，进行统一领导、统一指挥，且能灵活地、及时地处理问题。

7.1.1 车辆调度的作用和特点

1. 车辆调度的作用

（1）保证运输任务按期完成。

（2）能及时了解运输任务的执行情况。

(3) 促进运输及相关工作的有序进行。

(4) 实现最小的运力投入。

2. 车辆调度的特点

(1) 计划性。坚持合同运输与临时运输相结合,以完成运输任务为出发点,认真编制、执行及检查车辆运行作业计划。

(2) 预防性。在车辆运行组织中经常进行一系列预防性检查,发现薄弱环节及时采取措施,避免运输生产的中断。

(3) 机动性。加强信息沟通,机动、灵活地处理有关部门的问题,准确及时地发布调度命令,保证生产的连续性。

7.1.2 车辆调度的方法

车辆调度的方法有多种,车辆调度管理部门可根据客户所需货物、配送中心站点及交通线路的布局不同而选用不同的方法。简单的可采用定向专车运行调度法、循环调度法、交叉调度法等。如果运输任务较重、交通网络较复杂,为合理调度车辆的运行,调度部门也可运用运筹学中线性规划的方法。下面介绍几种车辆调度方法。

1. 图上作业法

图上作业法是将配送运输量任务反映在交通图上,通过对交通图初始调运方案的调整,求出最优配送车辆运行调度方案。运用这种方法,要求交通图上没有货物对流现象,以运行最短路线、最低运费或最高行程利用率为优化目标。

1) 绘制交通图

绘制交通图是指根据客户所需货物汇总情况、交通线路、配送点与客户点的布局,绘制出交通示意图。

【案例解析】

设 A_1、A_2、A_3 这 3 个配送点分别有化肥 40t、30t、30t,需送往 4 个客户点 B_1、B_2、B_3、B_4,各客户点的需要量分别为 10t、20t、30t、40t,而且已知各配送点和客户点的地理位置及它们之间的道路通阻情况,可据此绘制出相应的交通图,如图 7.1 所示。图中两点间连线上的数字为两点间路线里程数。

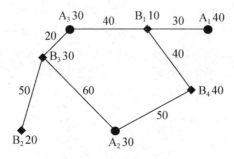

图 7.1 运距运量交通图

2）将初始调运方案反映在交通图上

任何一张交通图上的线路分布形态无非分为成圈与不成圈两类。

【案例解析】

承上例。对于不成圈的 A_1、B_2 的运输，按"就近调运"的原则即可很容易地得出最优调运方案。其中，（$A_1 \rightarrow B_4$ 70km）<（$A_3 \rightarrow B_4$ 80km）、（$A_3 \rightarrow B_2$ 70km）<（$A_2 \rightarrow B_2$ 110km），先设定（$A_1 \rightarrow B_4$）、（$A_3 \rightarrow B_2$）运输。

对于成圈的，A_2、A_3、B_1、B_3 所组成的圈，可采用破圈法处理。即先假定某两点（A_2 与 B_4）不通（"破圈"），再对货物就近调运，$A_2 \rightarrow B_3$、$A_3 \rightarrow B_1$，数量不够的再从第二近点调运，即可得出初始调运方案，如图 7.2 所示。

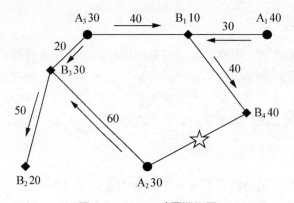

图 7.2　$A_2 \rightarrow B_4$ 破圈调运图

在绘制初始方案交通图时，凡是按顺时针方向调运的货物调运线路（如 $A_3 \rightarrow B_1$、$B_1 \rightarrow B_4$、$A_2 \rightarrow B_3$），其调运箭头线都画在圈外，称为外圈；否则，其调运箭头线（如 $A_3 \rightarrow B_3$）都画在圈内，称为内圈。或者，两种箭头相反方向标注也可。

3）检查和调整

面对交通图上的初始调运方案，先分别计算线路的全圈长、内圈长和外圈长（圈长即指里程数）。如果内圈长和外圈长都分别小于全圈长的一半，则该方案即为最优方案；否则即为非最优方案，需要对其进行调整。

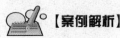【案例解析】

承上例。全圈长（$A_2 \rightarrow A_3 \rightarrow B_1 \rightarrow A_2$）为 210km，外圈长（$A_3 \rightarrow B_1$ 40km、$B_1 \rightarrow B_4$ 40km、$A_2 \rightarrow B_3$ 60km）为 140km，大于全圈长的 1/2，此调运方案不是最优方案，需要调整。调整的方法是在外圈（若内圈长大于全圈长的 1/2，则在内圈）上先假定运量最小的线路两端点（如 A_3 与 B_1）之间不通，再对货物就近调运，可得到调整方案，如图 7.3 所示；然后，再检查调整方案的内圈长与外圈长是否分别小于全圈长的 1/2……如此反复，直到得出最优调运方案为止。在图 7.3 中，可计算得出内圈长为 70km，外圈长为 100km，均小于全圈长的 1/2，可见该方案已为最优方案。

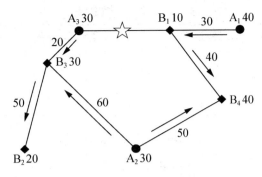

图 7.3　$A_3 \rightarrow B_1$ 破圈调运图

2. 经验调度法和运输定额比法

在有多种车辆时，车辆使用的经验原则为尽可能使用能满载运输的车辆进行运输，如运输 5t 的货物，安排一辆 5t 载重量的车辆运输。在能够保证满载的情况下，优先使用大型车辆，且先载运大批量的货物。一般而言，大型车辆能够保证较高的运输效率和较低的运输成本。

【案例解析】

某建材配送中心，某日需运输水泥 580t、盘条 400t 和不定量的平板玻璃。该中心有大型车 20 辆、中型车 20 辆、小型车 30 辆。各种车每日只运输一种物资，运输定额见表 7-1。

表 7-1　车辆运输定额表　　　　　　　　　　　　单位：吨/(日·辆)

车辆种类	运水泥	运盘条	运玻璃
大型车	20	17	14
中型车	18	15	12
小型车	16	13	10

根据经验调度法，车辆安排的顺序为：大型车、中型车、小型车。货载安排的顺序为：水泥、盘条、玻璃。由此得出派车方案见表 7-2，共完成货运量 1080t。

表 7-2　经验调度法

车辆种类	水泥车辆数/辆	盘条车辆数/辆	玻璃车辆数/辆	车辆总数/辆
大型车	20			20
中型车	10	10		20
小型车		20	10	30
货运量/t	580	400	100	

对于以上车辆的运输能力，可以按表 7-3 计算每种车运输不同货物的定额比。

其他种类的定额比都小于 1，不予考虑。在表 7-3 中，小型车运水泥的定额比最高，因而首先安排小型车运输水泥。其次由中型车运输盘条，剩余的由大型车完成。由此得出如表 7-4 所示的派车方案，共完成量 1106t。

表7-3 车辆运输定额比

车辆种类	运水泥/运盘条	运盘条/运玻璃	运水泥/运玻璃
大型车	1.18	1.21	1.43
中型车	1.2	1.25	1.5
小型车	1.23	1.3	1.6

表7-4 定额比优化派车法

车辆种类	水泥车辆数/辆	盘条车辆数/辆	玻璃车辆数/辆	车辆总数/辆
大型车	5	6	9	20
中型车		20		20
小型车	30			
货运量/t	580	400	126	

3. 表上作业法

运输问题是线性规划最早研究的问题,也是与交通运输行业密切相关的问题。

已知有 m 个配送中心(产地)A_1、A_2、$\cdots$、A_m,其供应分别为 a_1、a_2、$\cdots$、a_m;有 n 个客户(销地)B_1、B_2、$\cdots$、B_n,其需求分别为 b_1、b_2、$\cdots$、b_n,从配送中心到客户的运价为 c_{ij}。若用 x_{ij} 表示运量,要求得总运费最小的调运方案。其运输问题数学模型如下:

$$\min z = \sum_{i=1}^{m} \sum_{j=1}^{n} c_{ij} x_{ij}$$

$$\sum_{j=1}^{n} x_{ij} = a_i, \ i=1, 2, 3, \cdots, m$$

$$\sum_{i=1}^{m} x_{ij} = b_j, \ j=1, 2, 3, \cdots, n$$

$$x_{ij} \geqslant 0, \ i=1, 2, 3, \cdots, m; \ j=1, 2, 3, \cdots, n$$

对产销平衡的运输的问题,有以下关系式存在:

$$\sum_{j=1}^{n} b_j = \sum_{i=1}^{m} \left(\sum_{j=1}^{n} x_{ij} \right) = \sum_{j=1}^{n} \left(\sum_{i=1}^{m} x_{ij} \right) = \sum_{i=1}^{m} a_i$$

显然这是一个线性规划问题。由于此问题结构比较特殊,所以通常采用比较简单的表上作业法求解,具体解法可课后参考相关内容。

7.2 积配载

7.2.1 车辆积配载的概念

1. 积载和配载的定义

配送中心服务的对象是众多的客户和各种不同的货物品种。为了降低配送运输成本,需要充分利用运输配送的资源,对货物进行装车调配、优化处理,达到提高车辆在容积和载货两方面的装载效率,进而提高车辆运能运力的利用率,降低配送运输成本,这就是配载。

积载是指对货物在运输工具上的配置与堆装方式作出合理安排,即在配载的基础上根据装货清单确定货物在各货仓、隔层仓或车辆配装的品种、数量及堆码位置及正确的堆装工艺。

2. 影响车辆积配载的因素

(1) 货物特性因素。如轻泡货物,由于车辆容积的限制和运行限制(主要是超高)而无法满足吨位,造成吨位利用率降低。

(2) 货物包装情况。若车厢尺寸与货物包装容器的尺寸不成整倍数关系,则无法装满车厢。如货物宽度 80cm,车厢宽度 220cm,将会剩余 60cm。

(3) 不能拼装运输。应尽量选派核定吨位与所配送的货物数量接近的车辆进行运输,或按有关规定而必须减载运输,比如有些危险品必须减载运送才能保证安全。

(4) 装载技术的原因。由于装载技术的原因,造成不能装足吨位。

7.2.2 车辆积配载的原则

客户的配送顺序安排好后,只要按货物"后送先装"的顺序装车即可。但有时为了有效地利用空间,还应根据货物的性质(怕震、怕压、怕撞、怕湿)、形状及质量等做出某些调整。如能根据这些选择恰当的装卸方法,并能合理地进行车辆积载工作,则可使货物在配送运输中货损货差减少,既能保证货物完好和安全运输,又能使车辆的载重能力和容积得到充分的利用。当然,这就要求在车辆积载时应遵循下列原则:

(1) 轻重搭配的原则。车辆装货时,必须将重货置于底部,轻货置于上部,避免重货压坏轻货,并使货物重心下移,从而保证运输安全。

(2) 大小搭配的原则。货物包装的尺寸有大有小,为了充分利用车厢的内容积,可在同一层或上下层合理搭配不同尺寸的货物,以减少箱内的空隙。

(3) 货物性质搭配原则。拼装在一个车厢内的货物,其化学性质、物理属性不能互相抵触。如不能将散发臭味的货物与具有吸臭性的食品混装,不能将散发粉尘的货物与清洁货物混装。

(4) 同地点积载。到达同一地点的适合配装的货物应尽可能一次积载。

(5) 确定合理的堆码层次及方法。可根据车厢的尺寸、容积,货物外包装的尺寸来确定。

(6) 不超过车辆额定载重量。积载时不允许超过车辆所允许的最大载重量且车厢内货物重量应分布均匀。

(7) 根据货物形状排放。积载易滚动的卷状、桶状货物要垂直摆放。

(8) 积载时防止货损。货与货之间、货与车辆之间应留有空隙并适当衬垫,防止货损。

(9) 积载完加固。装货完毕应在门端处采取适当的稳固措施,以防开门卸货时货物倾倒造成货损。

(10) 后送先装。尽量做到"后送先装"。

7.2.3 提高车辆装载效率的办法

（1）结合各类车厢的装载标准，根据不同货物和不同包装体积的要求，合理安排装载顺序，努力提高装载技术和操作水平，力求装足车辆核定吨位。

（2）根据客户所需要的货物品种和数量调派适宜的车型承运，这就要求配送中心根据经营商品的特性配备合适的车型结构。

（3）可以拼装运输的尽可能拼装运输，但要注意防止差错。

箱式货车有确定的车厢容积，车辆的载货容积为确定值。若车厢容积为 V，车辆载重量为 W，现要装载质量体积为 R_a、R_b 两种货物，使得车辆的载重量和车厢容积均被充分利用，其数学模型如下：

设两种货物的配装重量为 w_a、w_b，则

$$\begin{cases} w_a + w_b = W \\ w_a \times R_a + w_b \times R_b = V \end{cases}$$

$$w_a = \frac{V - W \times R_b}{R_a - R_b}$$

$$w_b = \frac{V - W \times R_a}{R_b - R_a}$$

【案例解析】

某配送中心需运送水泥和玻璃两种货物，水泥的体积为 $0.9\text{m}^3/\text{t}$，玻璃的体积为 $1.6\text{m}^3/\text{t}$，计划使用的车辆的载重量为 11t，车厢容积为 15m^3。试问如何装载可以使车辆的载重量能力和车厢容积都被充分利用？

解 设水泥的装载量为 w_a，玻璃的装载量为 w_b。

其中，$V = 15\text{m}^3$，$W = 11\text{t}$，$R_a = 0.9\text{m}^3/\text{t}$，$R_b = 1.6\text{m}^3/\text{t}$，则

$$w_a = \frac{V - W \times R_b}{R_a - R_b} = \frac{15 - 11 \times 1.6}{0.9 - 1.6} \approx 3.71(\text{t})$$

$$w_b = \frac{V - W \times R_a}{R_b - R_a} = \frac{15 - 11 \times 0.9}{1.6 - 0.9} \approx 7.29(\text{t})$$

所以，车装载水泥 3.71t，玻璃 7.29t 时车辆到达满载。

通过以上计算可以得出，两种货物的搭配使车辆的载重能力和车厢容积都得到充分的利用，但是其前提条件需是车厢的容积系数介于所要配载货物的容重比之间。如所需要装载的货物的质量体积都大于或小于车厢容积系数，则只能是车厢容积不满或者不能满足载重量。当存在多种货物时，可以将货物比重与车辆容积系数相近的货物先配装，剩下两种最重和最轻的货物进行搭配配装。或者，对需要保证数量的货物先足量配装，再对不定量配送的货物进行配装。

7.2.4 装车堆积

装车堆积是在具体装车时，为充分利用车厢载重量、容积而采用的方法，一般根据所配送货物的性质和包装来确定堆积的行、列、层数及码放的规律。

1. 堆积的方式

堆积的方式有行列式堆码方式和直立式堆码方式。

2. 堆积应注意事项

（1）堆码方式要有规律、整齐。

（2）堆码高度不能太高。车辆堆装高度一是受道路高度限制，二是受道路运输法规限制，如大型货车的高度从地面起不得超过 4m，载重量 1000kg 以上的小型货车不得超过 2.5m，载重量 1000kg 以下的小型货车不得超过 2m。

（3）货物在横向不得超出车厢宽度，前端不得超出车身，后端不得超出车厢的长度依车型而定大货车不超过 2m，载重量 1000kg 以上的小型货车不得超过 1m，载重量 1000kg 以下的小型货车不得超过 0.5m。

（4）堆码时应重货在下，轻货在上。包装强度差的应放在包装强度好的上面。

（5）货物应大小搭配，以利于充分利用车厢的载容积及核定载重量。

（6）按顺序堆码，先卸车的货物后码放。

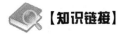

【知识链接】

装车货物的绑扎

绑扎是配送发车前的最后一个环节，也是非常重要的环节。它是在配送货物按客户订单全部装车完毕后，为了保证货物在配送运输过程中的完好，以及避免车辆达到各客户点卸货开箱时发生货物倾倒而必须进行的一道工序。

1. 绑扎时主要考虑的因素

（1）绑扎端点要易于固定而且牢靠。

（2）可根据具体情况选择绑扎形式。

（3）应注意绑扎的松紧度，避免货物或其外包装损坏。

2. 绑扎的形式

（1）单件捆绑。

（2）单元化、成组化捆绑。

（3）分层捆绑。

（4）分行捆绑。

（5）分列捆绑。

3. 绑扎的方法

（1）平行绑扎。

（2）垂直绑扎。

（3）相互交错绑扎。

7.3 路线选择与优化

7.3.1 路线选择与优化的意义

配送路线是指送货车辆由配送中心向客户送货时所要经过的路线。一般地,由于连接配送中心和客户的路线远不止一条,而是存在一个道路交通网,所以就有必要在这张道路交通网中选择一个比较合理的配送路线。

配送路线设计就是整合影响配送运输的各种因素,适时适当地利用现有的运输工具和道路状况,及时、安全、方便、经济地将客户所需的商品准确地送达客户手中。在配送运输路线设计中,需根据不同客户群的特点和要求,选择不同的路线设计方法,最终达到节省时间、运距和降低配送运输成本的目的。同时,要考虑配送运输的影响因素如车流量的变化、道路状况、客户的分布状况和配送中心的地址、车辆定额载重量以及车辆运行限制等对配送路线进行优化,最终找出一条最佳的运输路线解决方案,达到节省运行距离、运输时间和运输费用的目的。

7.3.2 路线选择与优化的方法

1. 经验判断法

经验判断法是指利用行车人员的经验来选择配送路线的一种主观判断方法,一般是以司机习惯行驶路线和道路行驶规定等为基本标准,拟订出几个不同方案,通过倾听有经验的司机和送货人员的意见,或者直接由配送管理人员凭经验作出判断。这种方法的质量取决于决策者对运输车辆、客户的地理位置与交通路线情况掌握程度和决策者的分析判断能力与经验。尽管缺乏科学性,易受掌握信息的详尽程度限制,但其运作方式简单、快速、方便。通常在配送路线的影响因素较多,难以用某种确定的数学关系表达时,或难以以某种单项依据评定时采用该方法。

2. 综合评分法

能够拟定出多种配送路线方案,并且评价指标明确,只是部分指标难以量化,或对某一项指标有突出的强调与要求,而采取加权评分的方式来确定配送路线。

综合评分法的实施步骤如下:
步骤一,拟定配送路线方案。
步骤二,确定评价指标。
步骤三,对方案进行综合评分。

【案例解析】

某配送中心为配送路线方案评价设立了 10 项指标:配送全过程的配送距离、行车时间、配送准时性、行车难易、动用车辆台次数、油耗、车辆状况、运送量、配送客户数、配送总费用。每个评价标准分为4个档次并赋以不同的分值，即极差(0分)、差(1分)、较好(2分)、良好(3分)、最好(4分)，满分为40分。然后，在表上为配送路线方案评分，根据最后的评分情况在各个方案之间进行比较，确定最佳配送路线。

表7-5所示是对一配送路线方案进行评分的情况。表中的路线方案得分为32分，为满分（理想方案）的80%，各项平均得分为3.2分，总分为4+4+2+3+3+3+4+4+3+2=32。

表7-5 路线方案评分表

序号	平均指标	极差	差	较好	良好	最好
		0分	1分	2分	3分	4分
1	配送全过程的配送距离					√
2	行车时间					√
3	配送准时性			√		
4	行车难易				√	
5	动用车辆台次数				√	
6	油耗				√	
7	车辆状况					√
8	运送量					√
9	配送客户数				√	
10	配送总费用			√		

3. 数学计算法

1) 一对一配送的最短路线问题

一对一配送指的是由一个配送中心向一个特定客户进行送货。在配送运输模式中，要求选择最短的配送路线，实现高效率的配送，达到快速、经济配送的经营目的。最短路线问题是线路优化模型理论中最为基础的问题之一，也是解决其他一些线路优化问题的有效工具。

从物流优化的角度看，客户的需求量接近或大于可用车辆的额定载重量，需专门派一辆或多辆车一次或多次送货。配送路线设计追求的是最短配送距离，以节约时间、多装快跑，提高配送效率。因此，一对一配送进行配送路线设计和优化的目标是寻找从配送中心到特定客户的最短线路。

最短路径可以描述为：已知一个网络由节点和线组成，点与点之间由线连接，线代表点与点之间运行的成本（距离、时间、运费等）。最初，除始发点外，所有节点都是未解的，即均未确定是否在选定的运输路线上。始发点作为已解的点，计算从始发点开始。

【案例解析】

如图7.4所示，求从起点A到终点F之间距离最短的路线，节点之间的每条线路上都标有相应的距离。

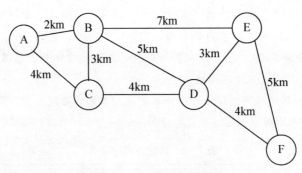

图 7.4 各节点连通图

解 列出一张如表 7-6 所示的表格。第一个已解的节点就是起点 A，与其直接相连的未解节点有 B 和 C 点。

第一步，可以看出 B 点是距 A 点最近的节点，记为 AB。由于 B 是唯一的选择，所以它成为已解的节点。

表 7-6 最短路线方法计算表

步骤	直接连接到未解节点的已解节点	与其直接连接的未解节点	相关总成本	第 n 个最近节点	最小成本	最新连接
1	A	B	2	B	2	AB
		C	4			
2	A	C	4	C	4	AC
	B	C	2+3=5			
		D	2+5=7			
		E	2+7=9			
3	B	D	2+5=7	D	7	BD
		E	2+7=9			
	C	D	4+4=8			
4	B	E	2+7=9	E	9	BE
	D	E	7+3=10			
		F	7+4=11			
5	D	F	7+4=11	F	11	DF
	E	F	9+5=14			

第二步，找出距 A 点和 B 点最近的未解节点。列出距各个已解节点最近的连接点，这里有 A—C、B—C、B—D、B—E。注意，从起点通过已解的节点到某一节点所需的距离应该等于到达这个已解节点的最短距离加上已解节点与未解节点之间的距离。也就是说，从 A 点经过 B 点到达 C 点的距离为 AB+BC=2+3=5。可以看出，C 点是距 A 点最近的节点，记为 AC。现在，C 点也成了已解节点。

第三步，第三次迭代要找到与各已解节点直接连接的最近的未解节点。表 7-6 所示有 2 个候选点，从起点到这几个候选点D、E所需的距离，相应为7、9、8，其中连接BD的距离最短，为7。因此，D点就是第三次迭代的结果。

重复上述过程直到将所有的点变为已解点，算法结束。寻找最短路径从终点F往反方向，即F—D—B—A，最优路径为A—B—D—F，最小距离为11。此外，还可以找出起点到任意其他一点的最短距离，如从A到E的最短距离为9，路径为A—B—E。

2）一对多配送的路线优化问题

一对多配送是指由一个配送中心向多个客户进行送货，这种配送运输模式要求同一条路线上所有客户的需求总量不大于一辆车的额定载重量。其基本思路是，由一辆车装载所有客户的货物，沿一条优选的线路，依次将货物送到各个客户的货物接收点，既保证客户按时收货，又节约运输费。解决这种模式的优化设计问题可以采用"节约里程"法。

（1）节约里程法的基本思想，下面通过案例进行说明。

【案例解析】

如图7.5所示，假设P为配送中心，A和B为客户接货点，各点之间的道路距离分别用a、b、c表示。比较两种运输路线方案：一种是派两辆车分别向客户A、B点送货，总的运输里程为$2(a+b)$；另一种是将A、B两地的货物装在同一辆车上，采用巡回配送方式，即从P出发经由A到B，再返回，总的运输里程为$a+b+c$。若不考虑道路特殊情况等因素的影响，则第二种方式与第一种方式运输距离之差为$2(a+b)-(a+b+c)$。按照三角形原理，可以看出第二种方式比第一种方式要节约$a+b-c$的里程数。节约法就是按照以上原理对配送网络的运输路线进行优化计算的。

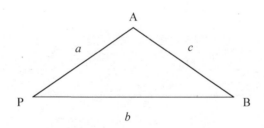

图7.5　节约里程法的基本思想示意

（2）节约里程法的计算，下面通过案例进行说明。

【案例解析】

图7.6所示为某配送网络，P为配送中心所在地，其余A至I为各客户所在地，共9个客户。路线边上的数字为道路距离，单位为"km"，括弧里的数字为各客户需要的货物数量，单位为"t"。假设该配送中心有最大载重量为2t和5t的两种货车，并限制车辆一次运行线路距离不超过35km。为了尽量缩短车辆运行距离，试用节约里程法设计出最佳配送路线。

解　用节约里程法进行求解，步骤如下：

第一步，利用前面所述的最短路径法求出网络节点之间的最短距离。计算结果见表7-7。

第二步，根据表7-7计算各用户之间的节约里程。计算结果见表7-8。

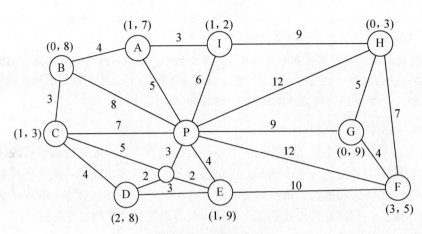

图 7.6 配送网络图

表 7-7 网络节点的最短途径 单位：km

	P	A	B	C	D	E	F	G	H	I
A	5	A								
B	8	4	B							
C	7	7	3	C						
D	5	10	7	4	D					
E	4	9	10	7	3	E				
F	12	17	20	17	13	10	F			
G	9	14	17	16	14	13	4	G		
H	12	12	16	19	17	16	7	5	H	
I	6	3	7	10	11	10	16	14	9	

表 7-8 用户之间的节约里程 单位：km

	A	B	C	D	E	F	G	H	I
B	9	B							
C	5	12	C						
D	0	6	8	D					
E	0	2	4	6	E				
F	0	0	2	4	6	F			
G	0	0	0	0	0	17	G		
H	5	4	0	0	0	17	16	H	
I	8	7	3	0	0	2	1	9	

根据计算，A—B 的节约里程为 5+8−4=9(km)。

第三步，对节约里程按大小顺序进行排列。计算结果见表7-9。

表7-9 节约行程排序结果   单位：km

序 号	连 接 点	节约里程	序 号	连 接 点	节约里程
1	F—G	17	12	E—F	6
2	F—H	17	13	A—C	5
3	G—H	16	14	A—H	5
4	B—C	12	15	B—H	4
5	A—B	9	16	C—E	4
6	H—I	9	17	D—F	4
7	A—I	8	18	C—I	3
8	C—D	8	19	B—E	2
9	B—I	7	20	C—F	2
10	B—D	6	21	F—I	2
11	D—E	6	22	G—I	1

第四步，根据节约里程排序表和配送车辆载重量及行驶里程等约束条件，逐步求出最优配送路线。

① 初始解。从P向各个用户配送，共有9条路线，总的运行距离为136km，需要2t汽车7辆，5t汽车2辆，如图7.7所示。

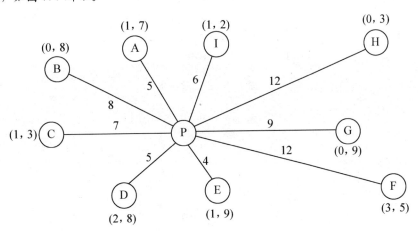

图7.7 初始解结果

② 二次解。按照节约里程的大小顺序连接F—G、F—H、G—H，由于G和H已经在一条配送线路中，所以不再连接G—H，如图7.8所示。配送路线7条，需要2t车5辆，5t车2辆。总运行距离为136−(17+17)=102(km)。配送路线Ⅰ的运行距离为32km，装载量为4.7t。

③ 三次解。连接B—C、A—B、H—I，但因H—I加入配送路线Ⅰ后，超过车辆最大载重量5t，所以不再连接H—I，如图7.9所示。此时，总的配送路线为5条，需要2t车2辆，5t车3辆，总的配送距离为81km。配送路线Ⅱ的运行距离为19km，装载量为3.8t。

④ 四次解。连接A—I到配送路线Ⅱ，如图7.10所示。总的配送路线为4条，需5t车辆3辆，2t车辆1辆，总的配送距离为73km。此时，配送路线Ⅱ的运行距离为23km，装载量为5t。

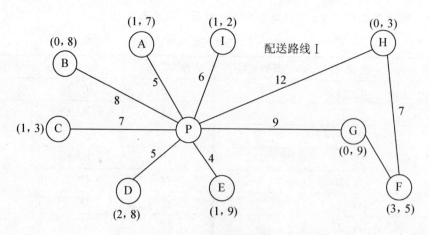

图 7.8 二次解结果

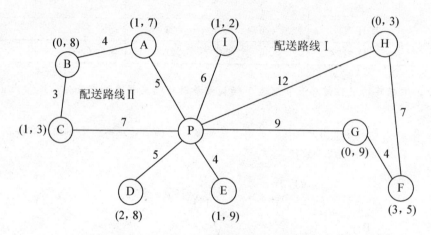

图 7.9 三次解结果

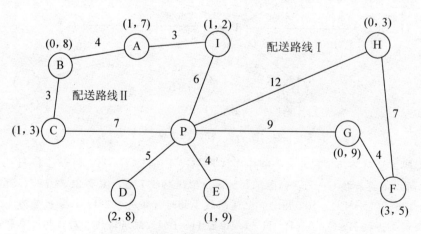

图 7.10 四次解结果

⑤ 最终解。按节约行程顺序排列接下来应该是 C—D、B—I、B—D、D—E。但是，由于 B、C 和 I 已经在配送路线 II 中，如果 D 放入，则超出了载重量的限额，所以不再连接 C—D、B—D。连接 D—E 组成新的配送路线 III，如图 7.11 所示。

到此为止,完成了全部的配送路线规划设计,共有 3 条配送路线,运行距离为 67km,需要 5t 车 3 辆。

其中:

配送路线Ⅰ运行距离 32km,装载量 4.7t;

配送路线Ⅱ运行距离 23km,装载量 5t;

配送路线Ⅲ运行距离 12km,装载量 4.7t。

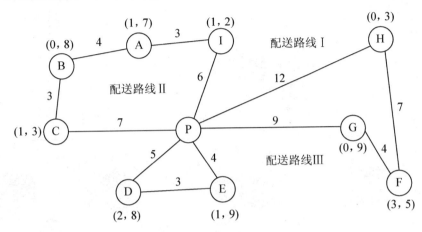

图 7.11 最终解结果

(3) 节约里程法需要考虑的因素。

① 适用于顾客需求稳定的配送中心,对于需求不固定的顾客,采用其他途径配送,或并入到有富余的配送路线中去。

② 要充分考虑道路运输状况,最终确定的配送路线要充分听取司机及现场工作人员的意见。

③ 各配送路线的负荷要尽量均衡。

④ 要预测需求的变化以及发展趋势。

⑤ 考虑交通的状况。

⑥ 可利用计算机软件求解优化。

3) 多对多配送的路线优化问题

多对多配送路线的优化是指由多个配送中心向多个目的地配送货物,其路线优化的基本思路是在保证各目的地运量的前提下使整个运输过程的成本最低。多对多配送路线的优化过程可参照前文中的表上作业法和图上作业法的内容。

配送中心车辆调度和积配载调查

一、实训要求

(1) 教师带领学生参观某配送中心,让学生了解配送中心车辆调度及积配载的要求。

(2) 将全班同学按 5 人为一组,分成若干小组。

(3) 每一组调查完成后写一份调查报告。

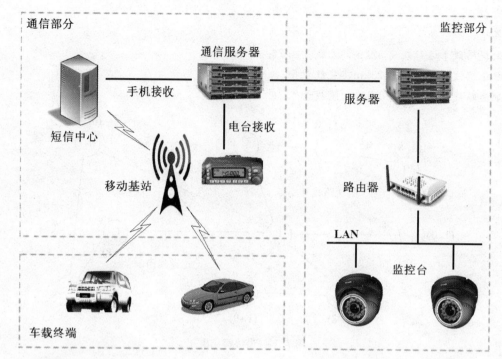

二、操作步骤

(1) 事前设计车辆调度和积配载两份表格,包含调查所要获得的信息。
(2) 查看配送中心车辆调度和积配载最近一个月的信息。
(3) 现场和工作人员交流,并观察和分析,认真做好相关记录。
(4) 整理完成书面材料并分组讨论。

【课后练习】

一、单项选择题

1. 下列选项中不属于车辆调度特点的是(　　)。
A. 计划性　　　　B. 预防性　　　　C. 机动性　　　　D. 灵活性
2. 车辆积配载的原则有(　　)。
A. 轻重搭配　　　B. 后送后装　　　C. 不同地点积载　　D. 不同性质货物拼装
3. 综合评分法的评价标准分为(　　)个档次。
A. 1　　　　　　B. 2　　　　　　C. 3　　　　　　D. 4

二、多项选择题

1. 车辆调度的方法有(　　)。
A. 图上作业法　　　　　　B. 表上作业法　　　　　　C. 经验调度法
D. 运输定额比法　　　　　E. 节约里程法
2. 车辆调度的作用为(　　)。

A. 促进运输及相关工作的有序进行　　B. 能及时了解运输任务的执行情况
C. 保证运输任务按期完成　　　　　　D. 实现最小的运力投入
E. 降低仓储作业成本

3. 影响配送车辆积配载的因素包括(　　)。
A. 货物特性因素　　　　B. 运输车辆的载重情况　　C. 不能拼装运输
D. 由于装载技术的原因，造成不能装足吨位　　　E. 货物包装情况

4. 车辆调度的特点包括(　　)。
A. 计划性　　　　B. 预防性　　　　C. 机动性
D. 机械性　　　　E. 以上都是

三、判断题

1. 表上作业法适合多个配送中心和多个客户的情况。（　　）
2. 车辆调度做得好坏与否对物流企业没有影响。（　　）
3. 积配载时只要按货物"后送先装"的顺序装车即可。（　　）
4. 经验判断法在配送路线的选择与优化中是比较实用的一种方法。（　　）
5. 车辆积配载时必须根据实际情况安排。（　　）

四、思考题

1. 简述配送路线优化中一对一配送的最短路线问题的实现步骤。
2. 简述提高车辆装载效率的具体办法。
3. 简述车辆调度方法中的表上作业法的实现步骤。

五、计算题

1. 有 4 个用户 B_1、B_2、B_3 和 B_4 所需的某种物品由 3 个配送中心 A_1、A_2 和 A_3 配送，各配送中心每日的配送量及从各配送中心到各客户的单位产品的运价见表 7-10。问应该如何调运产品，才能在满足各用户的需要量的前提下，使总运费为最少。试分别用最小元素法和伏格尔法求解，并用闭回路法加以检验(运价单位：百元)。

表 7-10　运量运价表

销地 配送中心	B_1	B_2	B_3	B_4	供应量/t
A_1	6	4	12	5	8
A_2	2	7	10	7	5
A_3	20	12	6	9	7
需求量/t	4	5	8	3	

2. 图 7.12 所示为某配送网络，P 为配送中心所在地，A~J 为客户所在地，共 10 个客户。括号内的数字为配送量，单位为"t"。路线上的数字为道路距离，单位为"km"。现有可以利用的车辆是最大装载量为 2t 和 4t 的两种厢式货车，并限制车辆一次运行距离在 30km 以内。为了尽量缩短车辆运行距离，试用节约里程法设计出最佳配送线路。

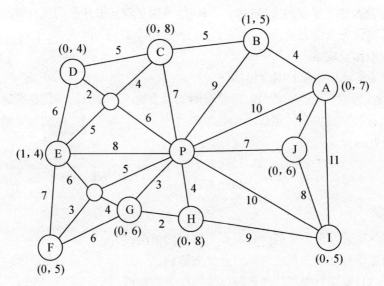

图 7.12 配送网络图

第三部分 综合篇

第 8 章

仓储设备

CANGCHU SHEBEI

【学习目标】

知识目标	技能目标
（1）掌握叉车的性能 （2）掌握托盘的概念、类型及其标准化 （3）掌握货架的概念和类型 （4）了解自动化立体仓库的构成	（1）能够识别各种类型的仓储设备 （2）能够合理地选择仓储与配送中心所适用的设备 （3）能够操作常用的仓储设备

【案例导入】

全球经济一体化的发展对我国传统医药流通行业产生重大的冲击，企业如何有效应用信息化技术水平，实现向现代医药物流转型，如何适应医药行业飞速的发展，应对世界巨头的挑战成为当代各医药流通企业密切关注的话题。先进的医药流通企业需要依靠发展现代物流，建立现代化配送中心，实行统一的科学管理。

北京某医药公司运用先进物流技术对物流设施进行了改造，包括全面提前拣选、创新性应用移动台车、PDA 拣货、出库自动化分拣设备、自动化立库与储备拣选设备、月台笼车、自动补货等设施设备与实用技术，显著提高了公司医药物流的现代化水平。

1. 全面提前拣选

为实现拣货的同步性，在系统中实现了提前拣选的设计，保证了拣选的连续性。

2. 无线台车系统

收货作业设计了无线移动台车系统，利用无线传输技术实现数据实时传递，减少作业动线。

3. 自动化立体仓库拣选

整货拣选、补货直接从立体库拣选到输送线，降低了搬运工作量，提高了整箱拣选、补货的效率。

4. PDA 支援拣选

零货拣选峰值时采用了 PDA 支援拣选，实现了在一个拆零区同时开展多个订单的拣选，提高了峰值时的订单处理效率。

5. 笼车管理系统

笼车货位集结采用了系统自动控制的方式，提高了月台存储率与机动性，便于寻找，提高了配送装车的效率。

6. 自动补货系统

系统自动下达补货命令，输送设备将药品送至对应的拆零补货区，作业人员扫描上架。

7. 条码复核系统

零货复核采用了条码扫描系统，通过扫描药品条码实现品种识别，提高了复核效率，减少对熟练员工的依赖。

8. PDA 复核

通过 PDA 复核系统，实时获得订单复核信息，快速准确地完成药箱复核，提高了复核的准确率和效率。

思考

该公司如何通过现代物流设备在竞争中取胜的？

8.1 认知设备

8.1.1 仓储与配送中心设备的种类

随着现代化仓储与配送中心的建立,仓储与配送中心设备也在日益更新,朝着经济、实用、安全、可靠、合理、稳定等方向发展,在完成仓储与配送中心功能中起着非常重要的作用。仓储与配送中心设备的种类很多,为使其发挥最佳效用,管理人员必须进行合理的选择配置和管理使用。根据其用途的不同,仓储与配送中心设备可分为如下五大类。

1. 装卸搬运分拣设备

这类设备是用于提升、搬运商品的机械设备,主要包括以下几种:
(1) 装卸堆垛设备。主要有起重机、堆垛机、叉车、托盘等。
(2) 搬运传送设备。主要有输送机、自动导引搬运车等。
(3) 分拣设备。主要有自动化的分拣机等。

2. 保管养护设备

保管养护设备是用于储存、保管、养护商品的设备,主要包括各种货架、吸湿器、除锈机、烘干机、温湿度控制器等。

3. 计量检验设备

计量检验设备是用于商品的入库验收、在库检查和出库交接过程中使用的称量设备及检验商品的各种仪器仪表。称量设备包括地中衡、轨道衡、磅秤、自动称量装置等;量具包括直尺、卷尺、卡钳、线规、游标卡尺和千分卡尺等;检验商品的仪器、仪表有测湿仪、拉力机、硬度机、显微镜、光谱仪、光学分析仪器等。

4. 通风、照明、保暖设备

这类设备常见的有联动开窗机械、抽风机、各式电扇、普通加罩电灯、探照灯、暖气装置、防护火炉等。

5. 消防设备

为了保证仓储与配送中心的安全,必须根据储存商品的种类配置相应的消防设备,常见的有消火栓、灭火器等。

8.1.2 仓储与配送中心设备的选择

1. 设备选择的原则

(1) 仓储与配送中心设备的型号应与仓储与配送中心的作业量、出入库作业频率相适应。仓储与配送中心的日吞吐量与设备的额定起重量、水平运行速度、起升和下降速度以及设备的数量有关，应根据具体的情况进行选择。同时，设备的型号应与货物的出入库频率相适应。对于综合性仓库，由于其吞吐量不大，但是其收发作业频繁高，作业量和作业时间很不均衡，这时应该考虑选用起重载荷相对较小、工作繁忙程度较高的机械设备；对于专用性仓库，由于其吞吐量大，但是其收发作业并不频繁，作业量和作业时间均衡，这时应该考虑选用起重载荷相对较大、工作繁忙程度较小的机械设备。

（2）计量和搬运作业同时完成。有些仓储与配送中心需要大量的计量作业，如果搬运作业和计量作业不同时进行，势必要增加装卸搬运的次数，降低生产效率，所以需要搬运作业和计量作业同时完成。例如，在皮带输送机上安装计量装置，在货物输送的过程中同时完成计量工作。

（3）选择自动化程度高的输送装置。要提高仓储与配送中心的作业频率，应从货物和作业机械两方面着手。从货物的角度来考虑，要选择合适的货架和托盘，托盘的运用大大提高了出入库作业的效率，选择合适的货架同样使出入库作业的效率提高；从机械设备的角度来考虑，应提高机械设备的自动化程度以提高仓储作业的效率。

（4）注意设备的经济性。选择装卸搬运设备时，应该根据仓储与配送中心作业的特点，运用系统的思想。在坚持技术先进、经济合理、操作方便的原则下，企业应根据自身的特点对设备进行经济性评价，选择合适的设备。设备的总费用构成与其他设备一样，是由一次性购置费用和维护费用所组成的，应根据企业的具体情况进行合理的选择。同时，应注意设备的投资回收期，应选择投资回收期最短的装卸搬运设备。除此之外，还应注意将设备的经济性与设备的技术性结合起来进行考虑，如采用新设备时，尽管设备的投资额加大，但应该看到采用新设备所带来的生产率提高、劳动力节约和节省能源等收益。

2. 设备选择考虑的因素

仓储与配送中心设备的选择一般要考虑物品特性、存取性、出入库量、厂房架构、作业区场地和设备成本等因素，此外，不同的仓储与配送中心以及不同的设备应该根据具体的情况加以选择。

1）物品特性

物品的尺寸大小、外形包装等将会影响储存单位的选用。储存单位不同，相对的使用设备就不同，如托盘式货架适用于托盘化货物存储，而箱货架则适合箱品使用。若外形尺寸特别则需要有一些特殊的存储设备，而货品本身的材料特性，如易腐性或易燃性等货品，在存储放设备上就必须做防腐考虑。

2）存取性

一般存取性与储存密度是相对的，也就是说，为了得到较高的储存密度，则必须相对牺牲物品的存取性。有些货架形式虽可得到较高的储存密度，但会使储位管理较为复杂。唯有立体自动仓库可往上发展，存取性与储存密度俱佳，但相对投资成本较为昂贵。因此，选用何种形式的储存设备，可以说是各种因素的折中，也是一种策略的应用。

3）出入库量

某些形式的货架虽有很好的储存密度，但出入库量却不高，适合于低频度的作业。出入库量高低是非常重要的数据,可依此数据来选用适当的储放设备形式。另外,还需考虑是否有先进先出的需求,如食品等。

4) 厂房架构

梁下有效高度、梁柱位置会影响货架的配置。地板承受的强度、平整度也与货架的设计、安装有关。另外,必须考虑防火设施和照明设施。

5) 作业区场地

作业区场地的光滑度、平整度状况和承受能力极大地影响叉车的使用,尤其是在使用提升的室内叉车时。使用场地一般可分为3种情况:起伏较大的地面、波浪状的地面和平整的地面。较大起伏的地面应尽量避免,如果作业场地承重能力不足,在选择叉车时,应充分考虑叉车的自重对地面的影响。

6) 设备成本

要综合考虑采购成本与使用维护成本的关系,如采用新设备时,尽管设备的投资额加大,但应该看到采用新设备所带来的生产率提高、劳动力节约和能源节省等收益。设备的总费用构成与其他设备一样,是由购置费用和维护费用所组成的。在满足技术要求的情况下,应选择投资回收期最短的设备。

3. 设备选择的依据

任何具体仓储与配送中心设备的选择,都可以使用鱼刺图分析出主要因素,选择合适的设备。下面以货架的选择依据为例采用鱼刺图分析,如图8.1所示。

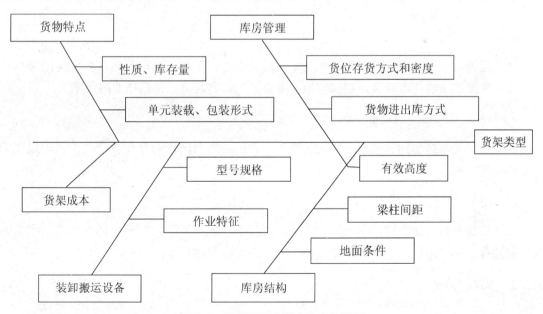

图 8.1 选择货架应综合考虑的因素

由图 8.1 可以看出,影响货架选择的主要因素有装卸搬运设备、货物特点、货架成本、库房结构及库房管理等。在此基础上再进一步细化下去,得出更具体的因素,最终选择各方面都符合仓储与配送中心要求的货架。

8.2 叉车

8.2.1 叉车的概念

叉车又称铲车、叉式取货机,享有万能装卸机的美称,是物流领域最常用的具有装卸、搬运双重功能的机械。它以货叉作为主要的取货装置,依靠液压起升机构升降货物,由轮胎式行驶运动实现货物的水平搬运。叉车除了使用货叉以外,还可以更换各类的取物装置以适应多种货物的装卸、搬运和堆垛作业。

【知识链接】

关于叉车

叉车是物料搬运的主要工具,规格种类繁多,每一种类型的叉车有其适用的环境场合,选型必须十分慎重,一旦选型不当势必造成仓库作业的低效和事故。作为"物流现代化"技术之一的智能叉车技术,将企业信息系统扩展到叉车上,使众多物流、仓储和生产环节都能获益匪浅。

8.2.2 叉车的特点

1. 通用性

在物流的各个领域都有所应用,如仓库、配送中心、车站、码头和港口都要应用叉车进行作业。如果叉车与托盘配合,则其应用范围会更广,同时可以提高作业的效率。

2. 具有装卸和搬运的双重功能

实际上,叉车是装卸和搬运一体化的设备,它将装卸和搬运两种作业合二为一,提高了作业的效率。

3. 灵活性

叉车底盘与汽车相比较,它的转向轮的轮距较小,这样叉车的转弯半径就很小,作业时灵活性增强。在许多机械工具难以使用的领域,都可以采用叉车。

8.2.3 叉车的种类

1. 按照采用的动力方式分类

1)内燃式叉车

内燃叉车采用的动力装置是内燃机,根据动力不同又可分为汽油机式叉车、柴油机式叉车和液化石油气式叉车。其特点是机动性好,功率大,用途较广泛。一般情况下,重、大吨位的叉车采用内燃机作为动力。

2）电动式叉车

电动式叉车又称电瓶式叉车，以蓄电池作为动力，用直流电机驱动。它具有操作容易、无废气污染、适合在室内作业的特点。随着环保要求越来越高，电动式叉车需求有较快的增长趋势。

2. 按照用途分类

1）通用叉车

通用叉车是指在大多数情况下都可以使用的叉车，如常用的平衡重式叉车。

2）专用叉车

专用叉车是指具有专门用途的叉车，如堆垛式叉车、集装箱叉车、箱内作业叉车。

3. 按照性能和功用分类

1）平衡重式叉车

平衡重式叉车（如图 8.2 所示）的货叉位于叉车的前部，为了平衡货物重量产生的倾翻力矩，在叉车的后部装有平衡配重，以保持叉车的稳定。平衡重式叉车是目前应用最广泛的叉车，占叉车总量的 80% 左右。平衡重式叉车是常见的搬运车辆，整车的平衡靠车尾的平衡块维持，平衡块和搬运的货物分别在整车重心的两边。平衡重式叉车动力分为内燃机和电力两种，其举高与门架的类型有关，一般有二级和三级门架。

图 8.2　平衡重式叉车

2）插腿式叉车

插腿式叉车（如图 8.3 所示）的两条腿向前伸出，支撑在很小的车轮上。支腿的高度很小，可同货叉一起插入货物底部，由货叉托起货物。货物的重心落到车辆的支撑平面内，因此稳定性很好，不必再设平衡重。插腿式叉车一般由电动机驱动，蓄电池供电。它的作业特点是起重重量小、车速低、结构简单、外形小巧，适用于通道狭窄的仓储与配送中心内作业。

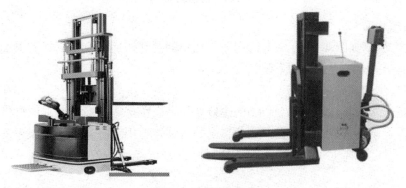

图 8.3　插腿式叉车

3) 侧面式叉车

侧面式叉车(如图8.4所示)的门架和货叉在车体的一侧。其作业有两个特点：一是在出入库作业的过程中，车辆进入通道，货叉面向货架或货垛，这样在进行装卸作业时不必再先转弯然后作业，这个特点使侧面式叉车适合于窄通道作业；二是有利于搬装条形长尺寸货物，因为长尺寸物与车体平行，不受通道宽度的限制。侧面叉车在室外工作一般采用充气轮胎，在室内工作一般采用实心轮胎。

图8.4 侧面式叉车

4) 前移式叉车

前移式叉车(如图8.5所示)有两条前伸的支腿。与插腿式叉车比较，其前轮较大，支腿较高，作业时支腿不能插入货物的底部，而门架可以带着整个起升机构沿支腿内侧的轨道移动，这样货叉叉取货物后稍微起升一个高度即可缩回，保证叉车运行时的稳定性。前移式叉车与插腿式叉车一样，都是货物的重心落到车辆的支撑面以内，因此稳定性很好，适用于车间、仓库、配送中心内作业。

图8.5 前移式叉车

5) 集装箱式叉车

集装箱式叉车(如图8.6所示)专门用于集装箱的装卸搬运，有正面式和侧面式两类，它的主要特点是可搬运较大重量的集装箱货物。

6) 高货位拣选式叉车

高货位拣选式叉车(如图8.7所示)的主要作用是高位拣货。操作台上的操作者可与底部装置一起上下运动，并拣选储存在两侧货架内的货物，适用于多品种少量出入库的拣选式高层货架仓库。其起升高度一般为4～6m，最高可达13m，大大提高仓库空间利用率。

图 8.6 集装箱式叉车

图 8.7 高货位拣选式叉车

8.3 托 盘

8.3.1 托盘的概念

托盘是一种装卸用垫板，它便于货物装卸、运输和保管，由可以承载单位数量物品的负荷面和供叉车作业的插槽构成。托盘是最基本的物流器具，有人称其为"活动的平台""可移动的地面"。它是静态货物转变成动态货物的载体，是装卸搬运、仓储保管以及运输过程中均可利用的工具，与叉车配合利用可以大幅度提高装卸搬运效率。用托盘堆码货物可以大幅度增加仓储与配送中心利用率，托盘一体化运输可以大幅度降低成本。托盘的利用最初始于装卸搬运领域，现在托盘单元化包装、单元化保管、单元化装卸搬运、单元化运输处处可见，比比皆是。在整个物流系统活动中，小小的托盘能发挥出巨大的威力。

托盘是一种随着装卸机械化而发展起来的一种重要的集装器具，叉车与托盘共同使用形成有效的装卸系统，大大提高了装卸机械化水平，有效缓解了运输过程中长期存在的装卸瓶颈制约。目前，托盘作为实现单元化货物装载运输的重要工具正在被各行各业所认识和接纳，应用越来越广泛。

【知识链接】

关 于 托 盘

托盘起源于 20 世纪 30 年代太平洋战争，美国军队首次使用托盘来改善货物搬运效率，保证后勤物资供应。之后，托盘在世界各国得到了广泛应用，被认为是 20 世纪物流产业中两大关键性创新之一。在美国 80%的商品贸易由托盘运载，在欧洲每年有 2.8 亿个托盘在企业间循环。我国大约有 1 亿个托盘，其中 90%是木质托盘，可循环利用的塑料托盘仅占 8%。由于我国托盘规格标准不统一，又缺乏托盘共用系统，所以绝大部分托盘仅限于企业内部使用。目前，我国物流规模的迅速扩张导致托盘总量以每年 2000 万个的速度在迅猛增长。

8.3.2 托盘的种类

1. 按照结构不同分类

1）平托盘

平托盘（如图 8.8 所示）几乎是托盘的代名词，只要一提托盘，一般都是指平托盘，因为平托盘使用范围最广、利用数量最大、通用性最好。平托盘又可细分为以下几种类型：

(1) 根据台面分类，平托盘有单面型、单面使用型、双面使用型和翼型等 4 种。

(2) 根据叉车叉入方式分类，平托盘有单向叉入型、双向叉入型、四向叉入型等 3 种。

图 8.8 平托盘

2）箱式托盘

箱式托盘（如图 8.9 所示）是四面有侧板的托盘，有的箱体上有顶板，有的没有顶板。箱板有固定式、折叠式、可卸下式 3 种。四周栏板有板式、栅式和网式。因此，四周栏板为栅栏式的箱式托盘也称笼式托盘或仓库笼。箱式托盘防护能力强，可防止塌垛和货损，可装载异型不能稳定堆码的货物，应用范围广。

图 8.9 箱式托盘

3) 柱式托盘

柱式托盘(如图 8.10 所示)分为固定式和可卸式两种,其基本结构是托盘的 4 个角有钢制立柱,柱子上端可用横梁连接,形成框架型。柱式托盘的主要作用有两个:一是利用立柱支撑重量物,往高叠放;二是可防止托盘上放置的货物在运输和装卸过程中发生塌垛现象。

图 8.10 柱式托盘

4) 轮式托盘

轮式托盘(如图 8.11 所示)与柱式托盘和箱式托盘相比,多了下部的小型轮子。因此,轮式托盘显示出能短距离移动、自行搬运或滚上滚下式的装卸等优势,用途广泛,适用性强。

图 8.11 轮式托盘

5）特种专用托盘

由于托盘作业效率高、安全稳定，尤其在一些要求快速作业的场合，利用托盘的重要性更加突出，所以各国纷纷研制了多种多样的专用托盘。

（1）平板玻璃集装托盘。也称平板玻璃集装架，分许多种类，有L型单面装放平板玻璃单面进叉式，有A型双面装放平板玻璃双向进叉式，还有吊叉结合式和框架式等。运输过程中托盘起支撑和固定作用，平板玻璃一般都立放在托盘上，并且玻璃还要顺着车辆的前进方向以保持托盘和玻璃的稳固。

（2）轮胎专用托盘。轮胎的特点是耐水、耐蚀，但怕挤、怕压，轮胎专用托盘较好地解决了这个矛盾。利用轮胎专用托盘，可多层码放，不挤不压，大大地提高了装卸和储存效率。

（3）长尺寸物托盘。这是一种专门用来码放长尺寸物品的托盘，有的呈多层结构，物品堆码后就形成了长尺寸货架。

（4）油桶专用托盘。这是专门存放、装运标准油桶的异型平托盘，双面均有波形沟槽或侧板，以稳定油桶、防止滚落。其优点是可多层堆码，提高仓储和运输能力。

2. 按照材质的不同分类

1）木制托盘

木制托盘是托盘中最传统和最普及的类型，其由于木材具有价格低廉、易于加工、成品适应性强、可以维修等特点而为绝大多数用户采用。

2）塑料托盘

塑料托盘与钢托盘、木托盘相比具有质轻、平稳、美观、整体性好、无钉无刺、无味无毒、耐酸、耐碱、耐腐蚀、易冲洗消毒、不腐烂、不助燃、无静电火花、可回收等优点，使用寿命是木托盘的几倍。

3）金属托盘

与其他材质的托盘相比，金属制托盘具有最好的承载性、牢固性及表面抗侵蚀性，但其缺点同样突出，重量大无法人工搬运而且价格高昂。

4）纸质托盘

纸质托盘具有无虫害、环保、价格低廉以及承重能力强等优点。常见的纸质托盘：以牛皮纸为基本原料所生产的阿贝纸托盘、以蜂窝纸为基本原料所生产的蜂窝纸托盘、以瓦楞纸为基本原料所生产的瓦楞纸托盘、以高质牛皮纸为原料所生产的滑托盘。

8.3.3 托盘标准化

托盘的标准化是物流领域的一个重要的问题。托盘如果只是在工厂和仓库使用是不能充分发挥其效益的，只有全程托盘化才能取得良好的效果。

我国托盘规格与国际化组织规定的通用尺寸一致，主要有3种规格：800mm×1000mm、800mm×1200mm、1000mm×1200mm。

托盘集合包装所集装的货物单元体积一般为 $1m^3$ 以上，高度在1100mm或2200mm，载重为500～2000kg。

8.4 货架

8.4.1 货架的概念

1. 货架的定义

货架是用支架、隔板或托架组成的立体储存货物的设施。货架在仓储与配送中心中占有非常重要的地位。随着现代工业的迅猛发展、物流量的大幅度增加,为实现仓储与配送中心的现代化管理,改善仓储与配送中心的功能,不仅要求货架数量多,而且要求货架具有多功能,同时满足仓储作业机械化、自动化的需求。

【知识链接】

关 于 货 架

货架是仓储与配送中心的重要组成部分。从最原始的在库房席地堆放货物,到起用简单货架,再到自动化立体库中的高位货架,货架的使用及其变迁恰巧反映了日新月异的仓库现代化进程。

2. 货架的作用

货架在现代物流活动中起着相当重要的作用,仓储与配送中心管理实现现代化与货架的种类、功能有直接的关系。

(1) 货架是一种架式结构物,可充分利用仓储与配送中心空间提高库容利用率,扩大仓储与配送中心储存能力。

(2) 存入货架中的货物互不挤压,物资损耗小,可完整保证物资本身的性能,减少货物的损失。

(3) 货架中的货物存取方便,便于清点及计量,可做到先进先出。

(4) 可以采取防潮、通风、防尘、防盗、防破坏等措施提高物资存储质量。

8.4.2 货架的种类

1. 托盘货架

托盘货架(如图8.12所示)是使用最广泛的托盘类货物存储系统,通用性也较强。其结构是货架沿仓库的宽度方向分成若干排,其间有一条巷道供堆垛起重机、叉车或其他搬运机械运行。每排货架沿仓库纵长方向分为若干列,在垂直方向又分成若干层,从而形成大量货格用以用托盘存储货物。

托盘货架的优点有以下几点:

(1) 每一块托盘均能单独存入或移动,而不需移动其他托盘。

(2) 可适应各种类型的货物,可按货物尺寸要求调整横梁高度。

图 8.12 托盘货架

(3) 配套设备最简单，成本也最低，能快速安装及拆除。

(4) 货物装卸迅速，主要适用于整托盘出入库或手工拣选的场合，能尽可能地利用仓储与配送中心的上层空间。

2. 重力式货架

重力式货架（如图 8.13 所示）又称为流动式货架，是一种利用存储货物自身重力来达到在货物存储深度方向上使货物运动的存储系统，较多应用于拣选系统。它常与流利装置和轨道配合使用，取倾斜布置。重力式货架采取"先进先出"型存取模式，存货时托盘从货架斜坡高端送入滑道，通过导向轮下滑，逐个存放；取货时从斜坡低端取出货物，其后的托盘逐一向下滑动待取。托盘货物在每一条滑道中依次流入流出，所以重力式货架特别适用于易损货物和大批量同品种、短时期储存的货物，有利于提高仓库利用率，降低运营成本，但对货架通道有特殊要求。

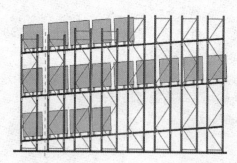

图 8.13 重力式货架

3. 悬臂式货架

悬臂式货架（如图 8.14 所示）由悬臂和纵梁相连而成。悬臂货架分单面和双面两种，由金属材料制造而成，为了防止所储存材料的破损，常常加上木质衬垫或橡胶衬垫。

悬臂式货架适合存储长、大件货物和不规则货物，如钢铁、木材、塑料等，其前伸的悬臂具有结构轻巧、载重能力好的特点；如果增加隔板，则特别适合空间小、高度低的库房，管理方便。悬臂式货架同样可以实现多层应用。

图 8.14 悬臂式货架

4. 层架

层架(如图 8.15 所示)由立柱、横梁、层板构成。架子本身分为数层，层间用于存放货物。层架种类繁多，如果按存放货物的重量分类，可以分为重型层架、中型层架和轻型层架；按结构特点分类，可以分为层格式、抽屉式等类型；按照封闭程度分类，可以分为开放型、半开放型、金属网型、前挡板型等。

层架结构简单，适用性强，存取作业方便，但存放货物的数量有限，是人工作业仓库中重要存储设备。

轻型层架特点和用途：一般采用装配式，较灵活机动，结构简单，承载能力较差；适于人工存取轻型或小件货物；存放物资数量有限，是人工作业仓库的主要储存设备。

中、重型层架特点和用途：一般采用固定式层架，坚固、结实，承载能力强；储存大件或中、重型物资，配合叉车等使用；能充分利用仓容面积，提高仓储能力。

图 8.15 层架

8.5 自动化立体仓库

8.5.1 自动化立体仓库的概念

自动化立体仓库又称立库、高层货架仓库、自动化仓库。它是一种用高层立体货架(托盘系统)存储物资,用自动控制的巷道堆垛起重机及其他机械进行搬运存取作业,用计算机控制管理的仓库。自动化立体仓库能按指令自动完成货物的搬运、存储作业,并对库存货物进行自动管理,是企业现代化的重要手段之一。

自动化立体仓库使用高层货架存储货物,存储区域大幅度地向高空发展,仓库最高达40m,最大库存量可达数万甚至十几万个货物单元,充分利用仓库地面和空间,节省了库存占地面积,提高了空间使用率。

8.5.2 自动化立体仓库的功能

自动化立体仓库如图8.16所示,其功能一般包括自动收货、存货、取货、发货和信息处理(暂不作介绍)等。

图8.16 自动化立体仓库

1. 收货

收货指仓库从供应方接受各种产品、材料或半成品,并将其存入仓库的过程。收货时,自动化系统需要站台或场地供运输车辆停靠,需要升降平台作为站台和载货车辆之间的过桥,需要装卸机械完成装卸作业;卸货时,自动化系统需要检查货物的品质和数量以及货物的完好状态,确认完好后方能入库存放。一般的自动化立体仓库从货物卸载经查验进入自动系统的接货设备开始,将信息输入计算机,生成管理信息。由自动控制系统进行货物入库的自动操作。

2. 存货

存货指自动化系统将货物存放到规定的位置,一般是放在高层货架上。存货之前仓库自动化系统首先要确定存货的位置。某些情况下货物可以采取分区固定存放的原则,即按货物的种类、大小和包装形式来实行分区存放。随着移动货架和自动识别技术的发展,仓库自动化系统已经可以做到随意存放,这既能提高仓库的利用率,又可以节约存取时间。

3. 取货

取货是指自动化系统根据需求从库房货架上取出所需货物。取货可以采取不同的取货原则,通常采用的是"先进先出"的原则,即在出库时,先存入的货物先被取出。对某些自动化立体仓库来说必须能够随时存取任意货位的货物,这种存取货要求搬运设备和地点能频繁更换。

4. 发货

发货是指取出的货物按照严格的要求发往用户。根据服务对象的不同，有的仓库只向单一用户发货，有的需要向多个用户发货。发货往往需要配货，即根据用户要求对货物进行配套供应。

8.5.3 自动化立体仓库的设施与设备

1. 自动化立体仓库的设施

自动化立体仓库由仓库建筑物、自动控制与管理系统、高层货架、巷道式堆垛机、出入库输送机等设备构成，还有与之配套的供电系统、空调系统、消防报警系统、称重计量系统、包装系统、网络通信系统等。图 8.17 所示为自动化立体仓库的结构示意图。

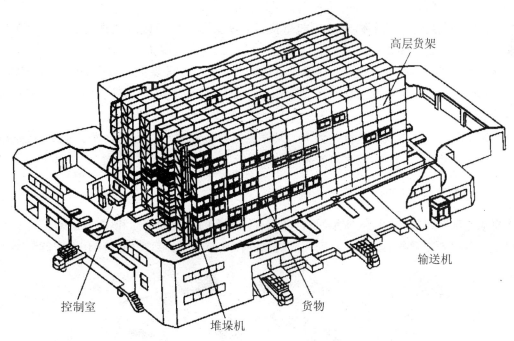

图 8.17 自动化立体仓库的结构示意图

自动化立体仓库从建筑形式上看，可分为整体式和分离式两种。整体式仓库的库架合一，货架直接用作仓库建筑物的承重结构，仓库建筑物与高层货架相互连接，形成一个不可分开的整体；分离式仓库是库架分离的仓库结构形式，货架根据需要和库房构造进行安装，不需要时可拆掉。

目前，国外自动化立体仓库的发展趋势是由整体式向分离式发展，因为整体式自动化立体仓库的建筑物与货架是固定的，一经建成便很难更改，应变能力差、投资高、施工周期长。仓库建筑物与货架的关系，即整体式还是分离式，对建筑投资建设周期和日后运用会产生重要影响。

分离式较整体式，具有下列优点：
(1) 施工比较容易，建设周期短。

(2) 整体式仓库地基和地面处理较为复杂，其费用约占总费用的 5%。
(3) 采用组合式货架，便于调整和拆迁。
(4) 可在现有建筑物内安装料架，改为库房。
(5) 仓库设备容易实现标准化、系列化。

由于上述原因，国外小型分离式仓库的发展比大型整体式仓库更为迅速。

2. 自动化立体仓库的构成

1) 高层货架

高层货架有各种类型：按照建筑材料不同，可分为钢结构货架、钢筋混凝土结构货架等；按照货架的结构特点，可分为固定式货架和可组装、拆卸的组合式货架；按照货架的高度区分，小于 5m 的为低层货架，5~15m 的为中层货架，15m 以上的为高层货架。自动化立体仓库货架一般由钢材或钢筋混凝土制作。

2) 搬运输送设备

常用的仓储机械设备有各种堆垛起重机、高架叉车、辊子或链式输送机、巷道转移台车、升降机、自动导向车等。

巷道式堆垛机分为巷道式单立柱堆垛机和巷道式双立柱堆垛机，是自动化立体仓库的主要搬运、取送设备。它主要由立柱、载货台、货叉、运行机构、卷扬(或升降)机构和控制机构等组成。

液压升降平台、辊式输送机、台车、叉车、托盘等是自动化立体仓库的主要运输设备，它们与堆垛机相互配合，构成完整的装卸搬运系统。

3. 自动化立体仓库的自动控制系统

自动控制系统(如图 8.18 所示)是自动化立体仓库的"指挥部"和"神经中枢"，它控制堆垛机和各种周边设备的运行，自动完成货物的存入与拣出。自动化立体仓库中的自动控制

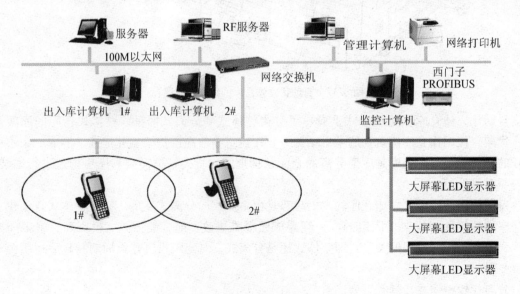

图 8.18　自动控制系统

系统主要包括检测装置、信息识别装置、控制装置、监控及调度设备、计算机管理设备系统、数据通信设备、大屏幕显示器和图像监视设备等。

（1）检测装置。为了实现对自动化立体仓库中各种作业设备的控制，并保证系统安全可靠地运行，系统必须具有多种检测手段，使之能检测各种物理参数和相应的化学参数。

对货物的外观检测及称重、机械设备及货物运行位置和方向的检测、对运行设备状态的检测、对系统参数的检测和对设备故障情况的检测都是极为重要的。对这些检测数据的判断和处理，可为系统决策提供最佳依据，使系统处于理想的工作状态。

（2）信息识别装置。信息识别设备是自动化立体仓库中必不可少的，它完成对货物品名、类别、货号、数量、等级、目的地、生产厂，甚至货位地址的识别。在自动化立体仓库中，物流信息的采集通常通过条形码、磁条、光学字符和射频等识别技术来完成。

（3）控制装置。控制系统是自动化立体仓库运行成功的关键。如果没有好的控制装置，系统运行的成本就会很高，而且效率会很低。为了实现自动运转，自动化立体仓库内所用的各种存取设备和输送设备本身必须配备各种控制装置。这些控制装置种类很多，从普通开关和继电器，到微处理器、单片机和可编程序控制器，根据各自设定的功能，它们都能完成一定的控制任务。如巷道式堆垛机的控制要求就包括了位置控制、速度控制、货叉控制以及方向控制等，所有这些控制都必须通过各种控制装置去实现。

（4）监控及调度设备。监控系统是自动化立体仓库的信息枢纽，在整个系统中起着举足轻重的作用，负责协调系统中各部分的运行。有的自动化立体仓库系统使用了很多运行设备，各设备的运行任务、运行路径、运行方向都需要由监控系统来统一调度，按照指挥系统的命令进行货物搬运活动。通过监控系统的监视画面，管理人员可以直观地看到各种设备的运行情况。

（5）计算机管理系统。计算机管理系统是自动化立体仓库的指挥中心，相当于人的大脑，指挥着仓库中各设备的运行。它主要完成整个仓库的账目管理和作业管理，并担负着与上级系统的通信和企业信息管理系统的部分任务。一般的自动化立体仓库管理系统多采用微型计算机为主的系统。比较大的仓库管理系统也可采用小型计算机。随着计算机的高速发展，微型计算机的功能越来越强，运算速度越来越高，微型机在这一领域将发挥重要的作用。

（6）数据通信设备。自动化立体仓库是一个复杂的自动化系统，由众多的子系统组成。在自动化立体仓库中，为完成规定的任务，各系统之间、各设备之间要进行大量的信息交换，如自动化立体仓库中的主机与监控系统、监控系统与控制系统之间的通信以及仓库管理计算机通过厂级计算机网络与其他信息系统的通信。信息传递的媒介有电缆、远红外光线、光纤和电磁波等。

（7）大屏幕显示器。自动化立体仓库中的各种显示设备是为了使人们操作方便、易于观察设备情况而设置的。在操作现场，操作人员可以通过显示设备的指示进行各种搬运拣选；在中央控制室或机房，人们可以通过屏幕或模拟屏的显示观察现场的操作及设备情况。

（8）图像监视设备。工业电视监视系统是通过高分辨率、低照度变焦摄像装置对自动化立体仓库中人身及设备安全进行观察，对主要操作点进行集中监视的现代化装置。

此外，还有一些自动化立体仓库对自动控制系统有特殊要求。如存储冷冻食品的立体仓库需要对仓库中的环境温度进行检测；控制存储感光材料的立体仓库需要整个仓库内部完全黑暗，以免感光材料失效而造成产品报废；存储某些药品的立体仓库对仓库的湿度、气压等均有一定的要求，因此需要特殊处理。

8.5.4 自动化立体仓库的优、缺点

1. 自动化立体仓库的优点

（1）仓库作业全部实现机械化和自动化，节省人力，大大提高了作业效率。

（2）大幅度地增加仓库高度，充分利用仓库面积与空间，减少占地面积，降低土地购置费用。例如，一座货架 15m 高的自动化仓库储存机电零件，单位面积储存量可达 $2\sim5t/m^2$，是普通货架仓库的 4~7 倍。

（3）采用托盘或货箱储存货物，货物的破损率显著降低。

（4）利于管理，货位集中便于控制，借助计算机能有效地利用仓库储存能力，便于清点盘货，合理减少库存，节约流动资金。

（5）能适应黑暗、有毒、低温等特殊场合的需要。

2. 自动化立体仓库的缺点

（1）结构复杂，配套设备多，需要的基建和设备投资高。

（2）货架安装精度要求高，施工比较困难，而且施工周期长。

（3）储存货物的品种受到一定限制，对长、大、笨重货物以及要求特殊保管条件的货物必须单独设立储存系统。

（4）对仓库管理人员和技术人员要求较高，必须经过专门培训才能胜任。

（5）工艺要求高，包括建库前的工艺设计和投产使用中按工艺设计进行作业。

（6）弹性较小，难以应付储存高峰的需求。流通业在实际运作时常常会有淡旺季或高低峰以及客户紧急的需求，而自动化设备数目固定，运行速度可调整范围不大。

（7）必须注意设备的保管保养并与设备提供商保持长久联系。自动化仓库的堆垛起重机、自动控制系统等都是先进的技术性设备，由于维护要求高，必须依赖供应商，以便在系统出现故障时能提供及时的技术援助。

自动化仓库要充分发挥其经济效益，就必须与采购管理系统、配送管理系统、销售管理系统等管理系统相结合，但是这些管理系统的建设需要大量投资。因此，在选择建设自动化仓库时，必须综合考虑自动化仓库在整个企业中的营运策略、地位和设置自动化仓库的目的，不能为了自动化而自动化，还要分析建设自动化仓库所带来的正面和负面影响。最后还要考虑采取相应的补救措施。因此，在实际建设中必须进行详细的方案规划，进行综合测评确定建设方案。

8.6 其他设备

8.6.1 手车和手推车

手车和手推车（如图 8.19 所示）属于人力作业车辆，在物流作业过程中，人力车辆的作

业也占有一定的比重，尤其适合于仓储与配送中心设施外的难以实现机械化作业的物流活动。此外，由于物流活动的复杂性和用户需要的多样性，常会以人力作业来衔接，以补充机械化作业的不足。

图 8.19　手车和手推车

8.6.2　堆垛机

堆垛机(如图 8.20 所示)是专门用来堆码或提升货物的机械。普通仓库使用的堆垛机(又称上班机)是一种构造简单、用于辅助人工堆垛、可移动的小型货物垂直提升设备。这种机械的特点是构造轻巧，人力推移方便，能在很狭窄的走道内操作，减轻堆垛工人的劳动强度，且堆码或提升高度较高，仓库的库容利用率较高，作业灵活，所以在中小型仓库内广泛使用。它分为桥式堆垛机、巷道式堆垛机等类型。

图 8.20　堆垛机

8.6.3　跨车

跨车(如图 8.21 所示)是一种机动车辆，它可以跨在物体上部，通过液压操纵的各种夹具或吊具提起货物。跨车装有减震装置和悬挂型起升拖架，能在一般路面上快速行驶而不会损坏货物。跨车为四轮转向，转弯半径小。它主要用来跨运长而重的货物和集装箱等。

8.6.4　牵引车

牵引车(如图 8.22 所示)是用来牵引仓库平板拖车的电动或机动车辆，一般多为轮胎式，极少采用履带式牵引车。国内仓库大多使用汽车或拖拉机作牵引车。仓库牵引车对仓库作业的重要性在于当牵引平板拖车与叉车并用时，可使货物装卸、运输、堆码作业完全机械化。

图 8.21 跨车

图 8.22 牵引车

8.6.5 传送带

传送带(如图 8.23 所示)是一种在固定路径上运送散装或小包装件货物的设备。常用的传送带有两种基本类型,一种是动力型传送带,另一种是重力型滚柱式或滚轮式传送带。动力型传送带的特点是由机械或电力驱动,适于运送作业地点固定的大量的货物。

图 8.23 传送带

> **拓展阅读**
>
> #### 西单商场的配送中心
>
> 北京市西单商场股份有限公司是一家有着 70 余年历史的老店。从 1996 年开始涉足连锁经营领域,店铺分散。统一管理、核算和配送是连锁业的特征,因此,商流(批发与零售)、物流、信息流和资金流 4 个机能的流通顺畅就成了连锁企业经营管理的关键。在信息流和资金流的控制管理已经小有成效之后,西单商场把解决问题的重点放在物流上——建设北京最大的零售业物流配

送中心,并成立第三方物流中心。这不仅为以后西单电子商务公司的发展提供了有力的物流支撑,更重要的是使集团能做到以物流控制商流,在集团的发展决策中始终领先一步。

目前,坐落在京城北部洼里西单商场现代化的物流配送中心已建设完成。这项工程是我国自主开发的第一批现代化物流配送中心,设计配送商品6000种,日吞吐能力为4万箱,配送周期为24h,年配送额为6.6亿元。该中心设有一座库架合一的自动化立体仓库,高16m,长130m,6个巷道,共1.1万余货位。与自动化立体仓库相衔接的货物自动分拣系统,采用国产滑靴式高速分拣机,分拣能力为每小时4500箱,并配有高速全息条码识别系统和电脑控制系统。此外,该中心设有无线局域网和车载计算机终端,在计算机网络通信、管理和控制系统的指挥下,可以实现高效、准确、合理的物流配送业务流程。

西单商场物流配送中心的建设有3个特点:实用、先进、创新。在设计中,西单商场物流配送中心以"敏捷供应链"和"e商业后勤学"(包括电子商务)等当前国际最先进的技术理论为指导,以现代信息技术作为"集成"的手段,在软件上下工夫,实现全局优化。与此同时,该中心的建设坚持组织管理创新与技术创新同步,按照BPR(业务流程重组)的原则进行体制改革,探索一条符合我国国情的流通现代化和商业信息化的道路。

总之,西单商场这个老店在70多年的发展历程中,一直流淌着信息化的新鲜血液。从最初甩掉手工结算到MIS系统的开发应用,再到现代物流的开发应用,走出了一条我国商业信息化的特色之路。随着国外商业管理软件系统纷纷进入国内市场,西单友谊更愿意通过不断学习,凭借企业自身的商用技术开发优势和对企业业务流程的清晰把握,让国内商业信息化解决方案成为国内商业应用的主流,让管理出效益在更多的商业企业成为现实。

【本章实训】

熟识仓储设备

一、实训要求

(1)深入物流企业了解仓储设施,如货架、托盘、装卸搬运设备、拣货系统、手持终端的使用和类型。

(2) 在教师指导下,学习手持终端的使用,了解不同类型手持终端的选用原则。

二、操作步骤

(1) 复习相关设施设备的内容。

(2) 打开搜索引擎了解相关知识。

(3) 查找相关货架信息和类型及选用标准。

(4) 查找相关托盘信息和类型及选用标准。

(5) 查找相关机械设备的信息和类型及选用标准。

(6) 使用手持终端扫描货物。

【课后练习】

一、单项选择题

1. 常见设备中能重载较长距离的设备是( )。

　　A. 手推车系列　　B. 叉车系列　　C. 传送带系列　　D. 托盘系列

2. ( )是将资料编码在晶体内,再将晶体以标签方式加以包装。当这标签在特定的无线电天线接收范围内,晶体资料就可以通过标签阅读机来译解。

　　A. 条形码　　　　　　　　　　B. 磁条

　　C. 无线电射频标签　　　　　　D. 计算机

3. 内燃机叉车适用于( )。

　　A. 室内、短距离和工作量较大的搬运工作

　　B. 室外、长距离和工作量较大的搬运工作

　　C. 室内、长距离和工作量较小的搬运工作

　　D. 室外、长距离和工作量较小的搬运工作

4. 主要用于商品货物的出入库、库内堆码以及翻垛等作业,对改进仓储管理,减轻劳动强度,提高收发作业效率有着重要作用的设备是( )。

　　A. 保管设备　　　　　　　　　B. 计量设备

　　C. 养护检验设备　　　　　　　D. 装卸、搬运设备

5. 托盘属于( )。

　　A. 计量设备　　　　　　　　　B. 组成搬运设备

　　C. 搬运传输设备　　　　　　　D. 装卸堆垛设备

6. 温度仪属于( )。

　　A. 计量设备　　　　　　　　　B. 劳动防护用品

　　C. 消防安全设备　　　　　　　D. 养护检验设备

7. 支架、隔板或托架组成的立体存储货物的设施是( )。

　　A. 托盘　　　　B. 货位　　　　C. 货架　　　　D. 堆垛机

8. 以下不属于新型货架的有( )。

　　A. 橱柜式货架　　B. 移动式货架　　C. 高层货架　　D. 托盘货架

9. 货架直接支撑仓库屋顶和围壁,被称为( )。

A. 高层货架 B. 封闭式货架
C. 固定式货架 D. 整体结构式货架

10. 10m 高的货架属于（ ）。
A. 低层货架 B. 中层货架 C. 高层货架 D. 都不属于

11. 中型货架每层货架的载重量在（ ）。
A. 300kg 以上 B. 500kg 以上 C. 800kg 以上 D. 1t 以上

12. 笼车是由金属网组成的，主要适合（ ）的储存。
A. 多品种大批量的散装货物 B. 小批量有包装的货物
C. 小批量的散装货物 D. 多品种大批量而且包装良好的货物

二、多项选择题

1. 在安排积层式货架的货位时，底层一般堆放（ ）的货物。
A. 较轻 B. 较重 C. 快速流动 D. 较慢

2. （ ）提供 100% 的存取性。
A. 单深式易选托盘货架 B. 倍深式托盘货架 C. 窄道式托盘货架
D. 移动式托盘货架 E. 驶出式托盘货架

3. 选用现代化仓库设备时应考虑的因素主要有（ ）。
A. 商品特性 B. 出入库量 C. 信息系统
D. 库房架构 E. 商品的存取性

4. 以下属于传统式货架的是（ ）。
A. 抽屉式货架 B. 托盘货架 C. 橱柜式货架
D. 旋转式货架 E. 层格式货架

5. 按适用性不同，可将货架分为（ ）。
A. 新型货架 B. 通用货架 C. 传统式货架
D. 专用货架 E. 特种货架

6. 通用平托盘按其制造材料不同，可分为（ ）。
A. 木制平托盘 B. 钢制平托盘 C. 塑料平托盘
D. 纸制平托盘 E. 金属平托盘

7. 电瓶叉车与内燃机叉车相比，以下各项描述正确的是（ ）。
A. 行走速度较快 B. 起重量较大 C. 操作和维修较简单
D. 叉齿提升速度较慢 E. 构造更复杂

8. 叉车的主要技术性能指标包括自重、最大起升高度、门架倾斜角度以及（ ）。
A. 爬坡能力 B. 额定起重量 C. 最小转弯半径
D. 叉齿提升速度 E. 行驶速度

9. 以下属于水平搬运设备的有（ ）。
A. 叉车 B. 手推车 C. 输送机
D. 搬运车 E. 载货电梯

三、判断题

1. 选择仓库设备时，必须注重其适应性、经济性及先进性。 （ ）

2. 仓库根据货物保管和仓储作业的需要也会配备抽风机、各式电扇、防爆式电灯等设备。
（　）
3. 仓库的高度、梁柱的位置等因素不会影响仓库设备的选择。（　）
4. 按货架的封闭程度可将其分为可调式货架、半封闭式货架和封闭式货架。（　）
5. 通用平托盘只能单面使用。（　）
6. 通用平托盘按进叉方向分为正向叉入型和反向叉入型。（　）
7. 笼车是底板安装轮子的集装单元化工具，其优点是存取货物方便、移动灵活。（　）
8. 托盘规格尺寸标准化是托盘加快流通的前提。（　）
9. 由于电瓶叉车的耐寒性优于内燃机叉车，所以常用于室外搬运作业。（　）

四、思考题

1. 简述叉车的技术性能。
2. 简述托盘运输的特点及局限性。
3. 简述货架的作用及功能。

第 9 章

现场管理

XIANCHANG GUANLI

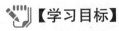【学习目标】

知识目标	技能目标
(1) 了解 5S 的概念、作用及其推行步骤 (2) 掌握目视管理、颜色管理的概念和实施方法 (3) 掌握物品质量变化的类型以及物品养护的技术和方法	(1) 熟练掌握仓储与配送中心现场管理的内容、基本管理工具和所需的技能 (2) 熟练掌握仓储与配送中心盘点的方法、程序以及盘点结果的处理

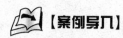【案例导入】

影响仓储商品质量变化的因素很多,其中一个重要的因素是空气的温度。有的商品怕热,如油毡、复写纸、各种橡胶制品及蜡等,如果储存温度超过要求(30~35℃)就会发粘、溶化或变质;有的商品怕冻,如医药针剂、口服液、墨水、乳胶、水果等,则会因库存温度过低出现冻结、沉淀或失效。然而,苹果储藏在1℃比在4~5℃储藏时寿命要延长1倍,但储藏温度过低可引起果实冻结或生理失调,也会缩短储藏寿命。

影响储存商品质量变化的另外一个重要因素是空气湿度。由于商品本身含有一定的水分,如果空气相对湿度超过75%,吸湿性的商品就会从空气中吸收大量的水分而使含水量增加,这样就会影响到商品的质量,如食盐、麦乳精、洗衣粉等出现潮解、结块,服装、药材、糕点等生霉、变质,金属氧化生锈。而空气相对湿度过小(低于30%),也会使一些商品的水分蒸发,从而影响商品质量,如皮革、香皂、木器家具、竹制品等的开裂,甚至失去使用价值。

思考

应该采取什么措施防止各种储存商品发生质量变化呢?

9.1 管理工具

仓库即使配备先进的设备和优秀的员工,如果没有进行有效的管理,那么工作场地也会一片混乱,产品和工具乱堆乱放,通道被占用,影响作业,其结果只能是生产效率低下,员工越干越没劲,问题和麻烦越来越多。为避免这种情况的发生,一般在仓储与配送中心管理中对仓储与配送中心现场采用5S管理、目视管理和颜色管理。

9.1.1 5S 管理

企业内员工的理想莫过于有良好的工作环境,和谐融洽的管理气氛。5S管理就是为了造就安全、舒适、明亮的工作环境,提升员工真、善、美的品质,从而塑造企业良好的形象,实现共同的梦想。

1. 5S 管理的概念

5S管理起源于日本,即整理(Seiri)、整顿(Seiton)、清扫(Seiso)、清洁(Setketsu)、素

养(Shitsuke)5个项目，简称"5S管理"。5S管理通过规范现场、现物，营造一目了然的工作环境，培养员工良好的工作习惯，其最终目的是提升人的品质，使其养成良好的工作习惯：认认真真地对待工作中的每一件"小事"；遵守规定；自觉维护工作环境整洁明了；文明礼貌。

1）1S——整理

（1）定义。

① 将工作场所任何东西区分为必要的与不必要的。

② 把必要的东西与不必要的东西明确地、严格地区分开来。

③ 不必要的东西要尽快处理掉。

（2）目的。

① 腾出空间，空间活用。

② 防止误用、误送。

③ 营造清爽的工作场所。

注意：要有决心，不必要的物品应断然地加以处置。

（3）实施要领。

① 自己的工作场所（范围）全面检查，包括看得到和看不到的。

② 制定"要"和"不要"的判别基准。

③ 将不要的物品清除出工作场所。

④ 对需要的物品调查使用频度，决定日常用量及放置位置。

⑤ 制定废弃物处理方法。

⑥ 每日自我检查。

2）2S——整顿

（1）定义。

① 对整理之后留在现场的必要的物品分门别类放置，排列整齐。

② 明确数量，有效标识。

（2）目的。

① 工作场所一目了然。

② 整整齐齐的工作环境。

③ 消除找寻物品的时间。

④ 消除过多的积压物品。

注意：这是提高效率的基础。

（3）实施要领。

① 前一步骤整理的工作要落实。

② 需要的物品明确放置场所。

③ 摆放整齐、有条不紊。

④ 地板画线定位。

⑤ 场所、物品标识。

⑥ 制定废弃物处理办法。

(4) 整顿的"三要素"。

① 放置场所——物品的放置场所原则上要 100％设定。物品的保管要定点、定容、定量；工作场所附近只能放真正需要的物品。

② 放置方法——易取。不超出所规定的范围；在放置方法上多下工夫。

③ 标识方法——放置场所和物品原则上一对一标识。现物的标识和放置场所的标识；某些标识方法全公司要统一；在标识方法上多下工夫。

(5) 整顿的"三定"原则。

① 定点：放在哪里合适。

② 定容：用什么容器、颜色。

③ 定量：规定合适的数量。

(6) 重点。

① 整顿的结果要达到任何人都能立即取出所需要的东西的状态。

② 要站在新人和其他人的立场来看，什么东西该放在什么地方更为明确。

③ 要想办法使物品能立即取出使用。

④ 使用后要易恢复到原位，没有恢复或误放时能马上知道。

3) 3S——清扫

(1) 定义。

① 将工作场所清扫干净。

② 保持工作场所干净、亮丽。

(2) 目的。

① 消除脏污，保持工作场所内干净、明亮。

② 稳定品质。

③ 减少事故。

注意：责任化，制度化。

(3) 实施要领。

① 建立清扫责任区(室内、外)。

② 执行例行扫除，清理脏污。

③ 调查污染源并予以杜绝或隔离。

④ 建立清扫基准并作为规范。

⑤ 开始一次全公司的大清扫，每个地方清洗干净。

⑥ 清扫就是为了进入工作场所没有垃圾、没有脏污。

虽然已经整理、整顿过，要的东西马上就能取得，但是被取出的东西要达到能被正常使用的状态才行。而达到这种状态就是清扫的第一目的，尤其目前强调产品的高品质、高附加价值，更不容许有垃圾或灰尘的污染，造成品质不良。

4) 4S——清洁

(1) 定义。

将上面的 3S 实施的做法制度化、规范化。

(2) 目的。

维持上面 3S 的成果。

注意：制度化，定期检查。

（3）实施要领。

① 落实前3S工作。

② 制定5S实施办法。

③ 制定考评、检查方法。

④ 制定奖惩制度，加强执行。

⑤ 高层主管经常带头巡查，带动全员重视5S活动。

5）5S——素养

（1）定义。通过晨会等手段，提高员工文明礼貌水准，增强团队意识，养成按规定行事的良好工作习惯。

（2）目的。提升人的品质，使员工对任何工作都讲求认真。

注意：长期坚持才能养成良好的习惯。

（3）实施要领。

① 制定服装、臂章、工作帽等识别标准。

② 制定公司有关规则、规定。

③ 制定礼仪守则。

④ 教育培训（新进人员强化5S教育、实践）。

⑤ 推动各种精神提升活动（晨会、例行打招呼、礼貌运动等）。

⑥ 推动各种激励活动，遵守规章制度。

2．5S管理的原则

1）自我管理的原则

良好的工作环境不能单靠添置设备实现，也不能指望别人来创造。应当充分依靠仓储与配送中心现场人员，由现场的当事人员自己动手为自己创造一个整齐、清洁、方便、安全的工作环境，使他们在改造客观世界的同时，也改造自己的主观世界，产生"美"的意识，养成现代化大生产所要求的遵章守纪、严格要求的风气和习惯。因为是自己动手创造的成果，所以也就容易保持和坚持下去。

2）勤俭的原则

开展5S活动要从工作现场清理出很多无用之物。其中有的只是在现场无用，但可用于其他地方；有的虽然是废物，但应本着废物利用、变废为宝的精神，该利用的应千方百计地利用，需要报废的也应按报废手续办理并收回其"残值"，千万不可只图一时处理"痛快"，不分青红皂白地当做垃圾一扔了之。对于那种大手大脚、置企业财产于不顾的"败家子"作风，应及时制止、批评、教育，情节严重的要给予适当处分。

3）持之以恒原则

5S活动开展起来比较容易，可以搞得轰轰烈烈，在短时间内取得明显的效果。但是要坚持下去，持之以恒，不断优化就不太容易了。不少企业出现过一紧、二松、三垮台、四重来的现象。因此，开展5S活动贵在坚持。为将这项活动坚持下去，企业应做到以下几个方面：

（1）应将5S活动纳入岗位责任制，使每一部门、每一人员都有明确的岗位责任和工作标准。

(2) 要严格、认真地搞好检查、评比和考核工作，将考核结果同各部门和每一人员的经济利益挂钩。

(3) 要坚持 PDCA 循环，不断提高现场的 5S 水平，即要通过检查不断发现问题，不断解决问题。因此，在检查考核后还必须针对问题提出改进的措施和计划，使 5S 活动坚持不断地开展下去。

3. 5S 管理的步骤

明确了为什么要推行 5S，推行 5S 的意义，也就明确了推行 5S 的必要性。推行 5S 概括说来有以下几个步骤。

1）成立组织

成立 5S 推行小组，负责设定 5S 推行的目标，制订 5S 推行的日程计划和工作方法，并负责 5S 推行过程中的培训工作及以后的考核和检查工作。

2）进行规划

成立组织后要制定各种 5S 的规范及激励措施。根据企业的实际情况制定发展目标，组织基层管理人员进行调查和讨论活动，建立合理的规范及激励措施。

3）组织宣传

很多人不了解 5S 的意义，只是把工作重点放在品质上而忽略了 5S 的作用。因此，要做好宣传，使员工明确为什么要推行 5S，推行 5S 有什么功效，与公司及个人有什么样的关系等。将 5S 推行目标、竞赛办法分期在宣传栏中刊出，将宣传口号制成标语，在各部门显著位置张贴。通过宣传首先从思想上改变员工"5S 管理就是大规模、长时间的大扫除"之类的错误想法，为接下来的培训做好舆论宣传。

4）进行培训

培训的对象是全体干部和员工，主要内容为 5S 基本知识、各种 5S 规范，培训可以采取逐级培训的方式。

5）组织实施

由最高管理层做总动员，全公司正式执行 5S 各项规范，各办公室、车间、仓储与配送中心等对照适用于本场所的 5S 规范严格执行。各部门人员都要清楚了解 5S 规范，并按照规范严格要求自身行为。

此阶段为推行 5S 活动的实质性阶段，每个人的不良习惯能否得以改变、能否建立一个良好的 5S 工作习惯在这个阶段可以体现出来。其实施的具体办法有 3 种：一是样板单位示范办法，选择一个部门做示范部门，然后逐步推广；二是分联合体或分片实施，按时间分段或按位置分片区的办法；三是 5S 区域责任和个人责任制的办法。

6）监督检查与考核

监督检查要和考核很好地结合，不能流于形式，要采取定期和不定期检查、红色标签战略，采用检查表、处罚与教育辅导相结合的方法，以从根本上改变工作中的不良做法和习惯，防止 5S 规范制定不完整，执行过程中仅做一些形式上的应付等情况的出现。

具体来说，红色标签战略是指制作一批红色标签，红色标签上有整理不合格、整顿不合格、清洁不合格等不合格项，配合检查表一起使用，对 5S 实施不合格的物品贴上红色标签，限期改正，并且公司内按部门、部门内按个人分别绘制"红色标签比例图"，时刻起警示作用。

根据不同的场所制定不同的检查表，即不同的 5S 操作规范，如《仓库检查表》《配送中心检查表》《办公室检查表》《宿舍检查表》等。通过检查表进行定期或不定期的检查，发现问题及时采取纠正措施。

7）竞赛

在 5S 的实行过程中，要通过多举办一些内容形式丰富的活动（如设计一些 5S 方面有教育意义的与实践相结合的小品、相声、5S 知识问答比赛、各部门的 5S 实施竞赛等）提高员工 5S 管理的意识，充分重视、关心 5S 管理，使 5S 成为一种良好的习惯并予以贯彻实施，从而真正提高员工及企业的工作效率和工作业绩。

4. 5S 管理的作用

1）提升公司形象

整洁的工作环境、饱满的工作热情、有效的管理方法会使顾客对公司有充分的信心，易吸引顾客。5S 做得好，原有的顾客会不断地进行宣传，进而会吸引更多的新顾客。在顾客、同行及员工的亲友中相传可以产生更大的吸引力，吸引更多的优秀人才加入公司行列。

2）营造团队精神

5S 活动能创造良好的企业文化，增强员工的归属感，带动员工上进的思想。有了良好的效果，员工对自己的工作也就有了一定的成就感。员工们养成了良好的习惯，其整体素质得到提高，也就容易塑造良好的企业文化了。

3）减少资源浪费

经常习惯性的整理整顿就不需要专职的整理人员，减少人力；物品进行规划分区，分类摆放，可以减少场所的浪费；物品分区分类摆放，标志清楚，就可以节约找寻物品的时间。减少人力、节约场地和时间本身就是降低成本。

4）保证工作质量

养成认真的工作习惯，做任何事情都认认真真、一丝不苟，工作质量自然有保障。

5）调节员工情绪

清洁、整齐、优美的环境带来美好的心情，员工工作会更认真。上下级及同事之间彬彬有礼，给人一种被尊重的感觉，在这种融洽的氛围中工作心情舒畅，情绪调节得好，工作效率自然也就提高了。

6）保障员工安全

工作场所宽敞明亮，通道畅通，地上没有随意摆放、丢弃的物品，墙上没有悬挂的危险品，这样员工的人身安全、企业的财产安全就能得到相应的保障。

7）提高工作效率

把这一切做好了，创造了优美的工作环境、融洽的工作氛围，工作自然也就能得心应手，工作效率也会因此大大提高。

9.1.2 目视管理

在日常活动中，一般是通过"五感"（视觉、嗅觉、听觉、触觉、味觉）来感知事物的，其中，最常用的是"视觉"。而且，科学统计，人的行动 60% 是从视觉的感知开始的。因此，在企业管理中强调各种管理状态、管理方法清楚明了，达到"一目了然"，从而容易明白、易于遵守，让员工自主性地完全理解、接受、执行各项工作，这将会给管理带来极大的好处。

1. 目视管理的概念

目视管理是利用形象直观而又色彩适宜的各种视觉感知信息来组织现场活动，达到提高劳动生产率的一种管理手段，也是一种利用视觉来进行管理的科学方法。其目的在于把潜在的大多数异常显示化，变成谁都能一看就明白的事实。

2. 目视管理的特点

（1）以视觉信号显示为基本手段，大家都能够看得见。

（2）要以公开化、透明化为基本原则，尽可能地将管理者的要求和意图让大家看得见，借以推动自主管理或自主控制。

（3）现场的作业人员可以通过目视的方式将自己的建议成果、感想展示出来，与领导、同事以及工友们进行相互交流。

3. 目视管理的作用

目视管理的目的是以视觉信号为基本手段，以公开化为基本原则，尽可能地将管理者的要求和意图让大家都看得见，借以推动看得见的管理、自主管理、自我控制。其作用如下：

（1）迅速快捷地传递信息。目视管理的作用用很简单的一句话表示就是"迅速快捷地传递信息"。

（2）形象直观地将潜在的问题和浪费现象都显现出来。目视管理依据人类的生理特征，充分利用信号灯、标志牌、符号颜色等方式来发出视觉信号，鲜明准确地刺激人的神经末梢，快速地传递信息，形象直观地将潜在的问题和浪费现象都显现出来。不管是新进的员工还是新的操作手，都可以与其他员工一样，一看就知道问题在哪里。它是一个在管理上具有独特作用的好办法。

（3）特别强调的是客观、公正、透明化。这样可以提高士气，让全体员工上下一心去完成工作。

（4）促进企业文化的建立和形成。目视管理通过对员工的合理化建议的展示、对优秀事迹和先进的表彰、公开讨论栏、关怀温情专栏、企业宗旨方向、远景规划等各种健康向上的内容，能使所有员工形成一种非常强烈的凝聚力和向心力，这些都是建立优秀企业文化的一种良好开端。

4. 目视管理的内容

1）目视管理的对象

工作现场的全部要素都是其管理对象，如服务、产品、半成品、原材料、零配件、设备、工夹具、模具、计量具、搬运工具、货架、通道、场所、方法、票据、标准、公告物、人、心情等。

2）目视管理常用的工具

在目视管理中，常用的工具一般有警示灯、显示灯、图表、管理板、样本、热压标贴、标示牌、各种颜色纸/带/油漆等。

（1）目视管理的物品管理。日常工作中，需要对工夹具、计量仪器、设备的备用零件、消耗品、材料、在制品、完成品等各种各样的物品进行管理。通常对这些物品的管理有 4 种基本形式：

① 随身携带。

② 伸手可及之处。

③ 较近的货架、抽屉内。

④ 存放于储物室、货架中。

此时，"什么物品、在哪里、有多少"及"必要的时候、必要的物品、无论何时都能快速取出放入"成为物品管理目标。

目视管理的物品管理有以下 3 个要点：

① 明确物品的名称及用途。

方法：分类标识及用颜色区分。

② 决定物品的放置场所，容易判断。

方法：采用有颜色的区域线及标识加以区分。

③ 物品的放置方法能保证顺利地进行先进先出。

方法：采用贯通式货架系统。

（2）目视管理的作业管理。作业现场中的工作是通过各种各样的工序及人组合而成的。各工序的作业是否是按计划进行，是否是按计划的那样正确地实施呢？在作业管理中，能很容易地明白各作业及各工序的进行状况及是否有异常情况的发生是非常重要的。

目视管理的作业管理有以下 3 个要点：

① 明确作业计划及事前需准备的内容，且很容易核查实际进度与计划是否一致。

方法：使用保养用日历、生产管理板、各类看板。

② 作业能按要求的那样正确地实施，以及能够清楚地判定是否在正确地实施。

方法：使用欠缺品和误用品警报灯。

③ 在能早期发现异常上下工夫。

方法：安装异常警报灯。

综上所述，目视管理的作业管理就是检查以下 4 点：

① 是否按要求的那样正确地实施着。

② 是否按计划在进行着。

③ 是否有异常发生。

④ 如果有异常发生，应如何对应简单明了地表示出来。

（3）目视管理的设备管理。近几年来，随着作业机械化、自动化的进行，仅靠一些设备维护人员已很难保持设备的正常运作，现场的设备操作人员也被要求加入到设备的日常维护当中。因此，操作者的工作不仅仅是操作设备，还要进行简单的清扫、点检、加油、紧固等日常保养工作。

目视管理的设备管理的目标是能够正确地、高效率地实施清扫、点检、加油、紧固等日常保养工作，以期达成设备的"零"故障目标。

目视管理的设备管理有以下 6 个要点：

① 清楚明了地表示应该进行维护保养的机能部位。

方法：管道、阀门的颜色分别管理。

② 能迅速发现发热异常。

方法：在马达、泵上使用温度感应标贴或温度感应油漆。

③ 是否正常供给、运转清楚明了。

方法：旁置玻璃、小飘带、小风车。

④ 在各类盖板的极小化、透明化上下工夫。

方法：特别是驱动部分，下工夫使其容易"看见"。

⑤ 标识出计量仪器类的正常范围、异常范围、管理限界。

方法：用颜色表示出范围（如绿色表示正常范围，红色表示异常范围）。

⑥ 设备是否按要求的性能、速度在运转。

方法：揭示应有的周期、速度。

（4）目视管理的品质管理。目视管理能有效防止许多"人的失误"的产生，从而减少品质问题的发生。

目视管理的品质管理有以下3个要点：

① 防止因"人的失误"导致的品质问题。

方法：合格品与不合格品分开放置，用颜色加以区分，类似品采用颜色区分。

② 设备异常的"显露化"。

方法：重要部位粘贴"品质要点"标贴，明确点检线路，防止点检遗漏。

③ 能正确地实施点检。

方法：计量仪器按点检表逐项实施定期点检。

（5）目视管理的安全管理。目视管理的安全管理是要将危险的事物予以"显露化"，刺激人的"视觉"，唤醒人们的安全意识，防止事故、灾难的发生。

目视管理的安全管理有以下4个要点：

① 注意有高低、突起之处。

方法：使用油漆或荧光色，刺激视觉。

② 设备的紧急停止按钮设置。

方法：设置在容易触及的地方，且有醒目标识。

③ 注意仓库内的交叉之处。

方法：设置凸面镜或"临时停止脚印"图案。

④ 危险物的保管、使用严格按照法律规定实施。

方法：法律的有关规定醒目地标示出来。

5. 目视管理注意事项

1）对事不对人

当出现问题时要协助当事人来共同查找原因并进行改善，千万不要说如下伤害感情的话：

"你是怎么搞的？你还想不想干了？"

"我从来没见过像你这么笨的人。"

"我告诉你这样做，你却偏要那样做，又出毛病了吧，你自己看着办吧。"

这些话都是比较伤人感情的话。要特别注意，进行目视管理的目的是使这个企业、团队都能更好。所以当有人犯了错，要针对事情去解决问题，千万注意要对事而不是对人，因为语言稍微不慎就很有可能在企业内部造成不良影响。尤其是有的同事平常有各种嫌隙的，在推进或者审核过程中就应该更加注意。应该只是判定事情对或不对，而不是根据这个人来判定他做的事情对或错。

2）要标准化、制度化

问题出现了，很多主管都会习惯地这么说："我都跟他们说过了，他们也会注意的，时间一长或人员一旦发生变动，老问题就又出现了。"这是没有标准化、制度化的结果，所以对问题要揪住不放，追查到底。这个问题说明了任何一个员工，新到这个部门的也好，或新上岗的也好，都需要有标准书。这个设备怎么用，什么时间整理、整顿、清扫，这些都是要有标准的。

3）布告、通告栏方面的注意事项

通告、海报都是目视管理常用的宣传方法。宣传方法中，布告通告栏涉及面很广，能引起很多人的注意，所以要特别重视。

（1）要在指定场所张贴，不要随便地到处张贴。

（2）要清楚地区分适用范围，并标明是紧急或对外或职员通信等各种内容的字样。

（3）指明有效的期限或随时更新，海报必须符合一定的规格，并配合适当的尺寸、文字以及图画。

（4）事先应该确定它的距离、悬挂的位置，不要让这些海报阻碍通行。

（5）如果海报贴在墙壁上，必须牢固地固定，以免打开窗户或者行人走过时被风刮到地上。

（6）通告的内容可以手写，但必须整洁易读，最好使用计算机打印文字或图画。放置此类物品的高度和地点都必须仔细考虑，以便人们能看到这些标示牌上的全部内容。

9.1.3 颜色管理

一般来说，制度是死的，只要设计得当，企业的运作应该不成问题。然而，制度虽然是死的，却是由"人"来运作。只要是人，难免会受到生理、心理及情绪等因素干扰，而多少会给企业在制度运作上带来一些不便。

那么，有没有什么样的方法能让我们达到既能减少这种防不胜防的人为干扰，又能不必投入太多的成本呢？"颜色管理"就是一项非常不错的辅助工具。

颜色管理就是把颜色附着在管理上，也称色彩管理、色别管理，包括地面、墙壁、管线、设备等的管理，让有关人员能通过颜色易于辨识，而且很容易就知道管理的重心所在，该如何遵循及如何避免出错。它反映出企业的管理水平，还能促进企业提高管理水平，具有明显的低成本效应。

1. 颜色管理的内容

1）和企业内部管理活动相结合

通常可以看到企业为了管理的需要会拟订出一些竞赛办法来，而为了让大家能了解各单位的成绩，又会把成绩公告出来。可是，这种公告似乎效果并不怎么理想，为什么呢？因为，传统上是用数字来比高低，差错率0.3%当然是要比0.4%、0.5%好，这是一般人都不难了解的，可是它们之间的差异又有多少呢？这恐怕就不是那么容易了解的了。

但是有了颜色来帮忙后，这个问题就好解决了。可以告诉员工有关差错率对企业的影响定为"非常好""好""不好""非常不好"4级。凡是差错率在0.3%以下的属于"非常好"这一级，以绿色来表示；差错率为0.3%的，在容忍范围内，属于"好"这一级，以蓝色来表示；差错率在0.3%到0.4%之间的，视为"不好"这一级，以黄色来表示；而差错率在0.4%以上，则用红色来表示，代表"非常不好"。相信有了这样的辅佐说明后，会让管理事半功倍。

2）和要管理的实体物相结合

颜色管理和要管理的实体物相结合，是指将颜色直接附着在所要管理的东西上面。例如，召开一场千人大会，开完大会后，每个与会的人员还要参加分散于不同楼层、不同场次的研讨会。如何让大家能以最快的速度就位呢？颜色管理就可以帮上忙了。

在大会场里，我们可以用颜色来分区。为了让与会人员知道自己是该坐在哪一颜色区，可以分发不同颜色的出席证来辨识。研讨会的会场也挂上不同颜色的板，同时分发给每一位与会人员一份说明，这说明书内除了标志研讨会场的位置及会场的颜色外，也告诉与会者几点钟到哪一间研讨会场（用颜色加以标明）开某某会。有了这种识别方式后，整个会议的运作就会比较有秩序。

又如，为了区分模具客户的分类，也可以借用颜色来帮忙。把甲客户的模具漆上红色，乙客户的模具漆上绿色，丙客户的模具则漆上黄漆。如此一来，很容易通过颜色的差异性分辨出模具的归属了。

2. 颜色管理注意事项

1）千万别为颜色管理而颜色管理

不要人云亦云，不要看到别的企业运用这种管理就要有样学样。因为，管理制度的设计一定要考虑到"本土化"，就是要量身而设，找到或是修正成最适合本身需要的制度，这才有意义。

2）颜色的统一性

颜色的统一性强调的是不要标新立异，因为是要借用颜色来做管理，而不是比个性。颜色的统一性有以下两个原则：

（1）有法规或是习惯性的，依法规及习惯性为之。

（2）没有涉及法规或习惯性时，由公司自行规定，但涉及多部门时则要统一规定。

颜色通用法则如下：

（1）红色——代表消防、停止、禁止、危险的基本颜色，如消防栓、灭火器、火警警报设备、紧急停止按钮、停止讯号旗帜等。

（2）黑色——专供作安全标志板。

（3）绿色——代表安全、卫生、急救、通行的基本颜色，如安全门的标识、急救箱等。

（4）白色——代表信道、指示方向的基本颜色，如行进方向指针、通道地区隔线等。

（5）黄色——代表注意、走道边线、警告的基本颜色，如注意警戒标识、堆高机等的挡杆、地面上的凸出物、悬吊施工梁、电线的防护具、道路上的防栅、有害物质的分装容器或使用场所。

（6）橙色——代表危险的基本颜色，如机器安全覆盖的里面、刻度板的危险范围、油管等。

（7）蓝色——代表注意的基本颜色，如电器开关箱的外面等。

（8）紫红色——代表放射性物品及设备的基本颜色。

3）加上一个说明看板

说明看板的目的是使所用的这项管理更能为大家所了解、所重视。

4）删除不必要的颜色管理

这里强调的是管理要考虑到实用性。当某个手法已经失去原有的功用时，千万别舍不得放弃它，否则将会劳民伤财。

5）记得要补漆

当油漆脱落时要记得立即补上，否则时间一久将会造成大家的困惑。

【典型案例】

下面是某公司对仓库进行颜色管理的方案。

仓库先进先出的颜色管理方案

1.	目的				
	规范仓存物料与半成品的目视管理，确保仓存物品的先进先出。				
2.	适用范围				
	本规定适用于本公司仓存物品的标示作业。				
3.	内容				
3.1	标识的含义				
	3.1.1	标签为长 4cm×2cm 的椭圆不干胶，中间印刷为"＿＿年＿＿月"。			
	3.1.2	颜色含义释意			
		季度颜色：			
		第一季度→春季→树木的颜色 →	绿色	1—3月
		第二季度→夏季→深蓝天空的颜色 →	蓝色	4—6月
		第三季度→秋季→丰收的颜色 →	黄色	7—9月
		第四季度→冬季→寒冷的颜色 →	紫色	10—12月
3.2	标识的填写				
	为区分入库年份月份，可在标识的季度色区域填写阿拉伯数字表示的年份与日期，年份与月份填写于对应的空白处。				
	绿色标签上填写为"2012年3月"表示2012年3月份生产产品。				

		续表
3.3		标识的使用
	3.3.1	标识的使用时机为合格产品入库时，仓管员须在每一独立包装上粘贴颜色识别标识。
	3.3.2	在摆放（堆垛）时，须保持该颜色标识朝人员易发现之方位（在产品标识面的右上角）。
	3.3.3	对于储存超过期限进行过重验的物品，重验合格时，在原标识旁加贴新标识，以便于日常作业时识别。如 2011 年 1 月 3 日入库物品，库存期限半年，在 2012 年 7 月 3 日重验合格，其标示状况为：原季节标签不动，在旧标签旁贴上黄色"2012 年 7 月"季节标识，以示区分。
	3.3.4	生产线退料零头无须标示，发料时须优先出库，整包装需按原出库时的标识标示之。
	3.3.5	仓管员在日常管理中，应检查标识的完好性，遇有丢失应及时确认后，补贴之。
	3.3.6	仓管员在进行物品出库时，须搜索颜色与年月标识，贯彻先进先出原则。
3.4		本规定自发行之日起生效，修订亦同。

9.2 保管养护

物品储存在仓储与配送中心内，表面上看是静止不变的，但实际上它每时每刻都在发生着变化。在一段时间内，物品发生的轻微变化凭人的感官是觉察不到的，只有当其发展到一定的程度后才被发现。保管保养的任务就是在认识和掌握各种库存物品变化规律的基础上，采取相应的组织管理和技术管理措施，有效地抑制外界因素的影响，创造适宜的环境，提供良好的条件，最大限度地缓解和控制物品的变化，以保持物品的使用价值。

9.2.1 物品质量变化的形式

物品在储存过程中的变化形式归纳起来有物理机械变化、化学变化、生化变化及其他生物活动引起的变化等。

1. 物理机械变化

物理变化是指只改变物质本身的外表形态，不改变其本质，没有新物质的生成，并且有可能反复进行的质量变化现象。物品的机械变化是指物品在外力的作用下发生形态变化。物理机械变化的结果不是数量损失就是质量降低，甚至使物品失去使用价值。物品常发生的物理机械变化主要有挥发、溶化、熔化、渗漏、串味、冻结、沉淀、破碎、变形等形式。

2. 化学变化

物品的化学变化与物理变化有本质的区别，它是构成物品的物质发生了变化。化学变化后，不仅改变了物品的外表形态，也改变了物品的本质，并且有新物质生成，不能恢复原状。物品化学变化过程即物品质变过程,严重时会使物品失去使用价值。物品的化学变化形式主要有氧化、分解、水解、化合、聚合、裂解、老化、风化、锈蚀等。

3. 生化变化及其他生物活动引起的变化

生化变化是指有生命活动的有机体物品在生长发育过程中为了维持它的生命本身所进行的一系列生理变化。如粮食、水果、蔬菜、鲜鱼、鲜肉、鲜蛋等有机体物品,在储存过程中受到外界条件的影响和其他生物作用往往会发生这样或那样的变化,这些变化主要有呼吸作用、发芽、胚胎发育、后熟、霉腐、虫蛀等。

【知识链接】

库存茶叶的保管措施

(1) 茶叶必须储存在干燥、阴凉、通风良好,无日光照射,具备防潮、避光、隔热、防尘、防污染等防护措施的库房内,并要求进行密封。

(2) 茶叶应专库储存,不得与其他物品混存,尤其严禁与药品、化妆品等有异味、有毒、有粉尘和含水量大的物品混存。库房周围也要求无异味。

(3) 一般库房温度应保持在 15℃ 以下,相对湿度不超过 65%。

9.2.2 物品养护的技术和方法

1. 物品养护的概念

物品的养护是指根据物品的性能和存储场所的具体保管条件,对物品采取有效的科学的品质控制措施,以保持物品原有使用价值的一系列仓库作业技术活动。自然界任何物品无不在运动中改变自己的状态,储存物品也不例外,有的直接表现为数量的减少,如酒精、汽油等液体材料的挥发;有的则为性质或状态的变化,如钢铁材料的锈蚀,水泥遇水受潮结块硬化等。研究仓储与配送中心保养、维护规律的目的就在于抑制和延缓这种变化,尽量保全物品原有的使用价值,力求数量完整、品质完好,使库存物品经常处于待发状态,及时满足用户对物品的需求。

2. 物品品质变化的预防措施

防止物品品质发生变化应抓好物品的维护保养工作,坚持"以防为主,以治为辅,防治结合"的方针,具体应做好以下几方面工作。

1) 严格验收入库物品

要防止物品在储存期间发生各种不应有的变化,首先在物品入库时要严格验收,弄清物品及其包装的品质状况。对吸湿性物品要检测其含水量是否超过安全水分,对其他有异常情况的物品要查清原因,针对具体情况进行处理和采取补救措施,做到防微杜渐。

2) 适当安排储存场所

由于不同物品性能不同,对保管条件的要求也不同。如怕潮湿和易霉变、易生锈的物品应存放在较干燥的库房里,怕热易熔化、发黏、挥发、变质或易发生燃烧、爆炸的物品应存放在温度较低的阴凉场所。此外,性能相互抵触或易串味的物品不能在同一库房混存,以免相互发生不良影响。尤其是对于化学危险物品，要严格按照有关部门的规定分区分类安排储存地点。

3）妥善进行苫垫

地面潮气对物品品质影响很大，要切实做好货垛下垫隔潮工作，如利用石墩、枕木、垫板、苇席、油毡或采用其他防潮措施。货区四周要有排水沟，以防积水流入垛下。货垛周围要遮盖严密，以防雨淋日晒。

4）控制好仓储与配送中心温湿度

不同物品对环境湿度（相对湿度）要求有很大差别，部分物品的温湿度要求见表9-1。霉菌、微生物和蛀虫在适宜的温度和相对湿度高于60％时繁殖迅速，可在短时期内使棉毛丝制品、木材、皮革、食品等霉变、腐朽。部分霉菌生长的湿度要求见表9-2。具有吸湿性的物品在湿度较大的环境中会结块。绝大多数金属制品、电线、仪表等在相对湿度达到或超过80％时锈蚀速度加剧。但是某些物品的储存环境却要求保持一定的潮湿度，如木器、竹器及藤制品等，在相对湿度低于50％的环境中会因失水而变形开裂，但是当相对湿度大于80％时又容易霉变。部分物品的库存相对湿度范围参考见表9-3。纯净的潮湿空气对物品的影响不大，尤其是对金属材料及制品，但如果空气中含有有害气体时，即使相对湿度刚达到60％，金属材料及制品也会迅速锈蚀。

表9-1 部分物品的温湿度要求

种　类	温度/℃	相对湿度	种　类	温度/℃	相对湿度
金属及其制品	5～30	≤75％	重质油、润滑油	5～35	≤75％
碎末合金	0～30	≤75％	轮胎	5～35	45％～65％
塑料制品	5～30	50％～70％	布电线	0～30	45％～60％
压层纤维塑料	0～35	45％～75％	工具	10～25	50％～60％
树脂、油漆	0～30	≤75％	仪表、电器	10～30	70％
汽油、煤油、轻油	30	≤75％	轴承、钢珠、滚针	5～35	60％

表9-2 部分霉菌生长的湿度要求

项　目	物品含水量	相对湿度
部分曲霉	13％	70％～80％
青霉	14％～18％	80％以上
毛霉、根霉、大部分曲霉	14％～18％	90％以上

表9-3 部分物品的库存相对湿度范围参考

物品名称	库存相对湿度	物品名称	库存相对湿度
棉花	85％以下	纸张、书籍	50％～80％
棉布	50％～80％	草制品、竹制品	60％～75％
毛织品	50％～80％	鲜鸡蛋	80％～90％
皮鞋、皮箱	60％～75％	茶叶	65％以下
烟叶	50％～80％	冻肉	90％～95％

5) 认真进行物品在库检查

做好物品在库检查对维护物品安全具有重要作用。当库存物品品质发生变化,如不能及时发现并采取措施进行救治就会造成或扩大损失。因此,对库存物品的品质情况应进行定期或不定期的检查。

6) 搞好仓储与配送中心清洁卫生

储存环境不清洁易引起微生物、虫类孳生繁殖,危害物品。因此,对仓储与配送中心内外环境应经常清扫,彻底铲除仓储与配送中心周围的杂草、垃圾等物,必要时使用药剂杀灭微生物和潜伏害虫。

对容易遭受虫蛀、鼠咬的物品,要根据物品性能和虫、鼠生活习性及危害途径及时采取有效的防治措施。

【知识链接】

库存啤酒的保管措施

(1) 啤酒入库验收时外包装要求完好无损、封口严密,商标清晰;啤酒的色泽清亮,不能有沉淀物;内瓶壁无附着物;抽样检查具有正常的酒花香气,无酸、霉等异味。

(2) 鲜啤酒适宜储存温度为0~15℃,熟啤酒适宜储存温度为5~25℃,高级啤酒适宜储存温度为10~25℃,库房相对湿度要求在80%以下。

(3) 瓶装酒堆码高度为5~7层,不同出厂日期的啤酒不能混合堆码,严禁倒置。

(4) 严禁阳光曝晒,冬季还应采取相应的防冻措施。

3. 物品霉腐的防治

物品霉腐指物品在储存期间由于受到某些微生物的作用所引起的生霉、腐烂、腐败和腐臭等品质变化的现象。在高温高湿环境中,大多数物品都有可能出现这种现象,如纺织品、食品、皮革、纸张、竹、木、塑料、橡胶等。

1) 物品霉腐的预防

(1) 常规防霉腐。常规防霉腐就是采取常用的方法消除适于微生物生长发育的条件以达到防霉腐的目的,常用的方法如下:

① 加强入库验收。

② 加强仓储与配送中心温、湿度管理。

③ 选择合理的储存场所。

④ 合理堆码,下垫隔潮,堆垛不应靠墙靠柱。

⑤ 物品进行密封。

⑥ 做好日常的清洁卫生。

(2) 药物防霉腐。常用的防腐剂有五氯酚钠、水杨酰苯胺、多菌灵、多聚甲醛、环氧乙烷等。由于防霉药具有一定的选择性,所以一种防霉药不可能对所有菌类都有效。另外,长久使用后,还可能产生免疫力,使一向有效的突然失效,此时就需要及时更换药剂。

(3) 气调储藏防霉腐。这是一种调整环境气体成分的储藏方法,通常由减少环境中的氧气含量、增加二氧化碳含量及降低环境温度3方面综合而成。对于大多数水果蔬菜来说,适宜储藏的气体条件是:氧气3%左右,二氧化碳0%~5%。

常用的气调储藏方法有真空充氮气调法和二氧化碳气调法。

2）霉腐物品的救治

仓储物品一经发现霉腐就应立即采取有效措施，防止其继续发展，造成更大损失。救，是指翻垛挑选，将霉腐物品与正常物品进行隔离，以免损失蔓延；治，就是将已霉腐物品根据其霉腐程度、物品的性质、设备条件，因地制宜地采取适当方法进行处理。霉腐物品的救治方法主要有熏蒸、晾晒、烘烤、加热消毒和紫外线灭菌等。

4. 物品老化的防治

老化是指塑料、橡胶、化学纤维、涂料、油漆等人工合成高分子物品，在加工、储存和使用过程中，由于受种种因素的影响，性能降低、品质变化，以致使用价值丧失的现象。天然高分子化合物，如棉、麻、丝、皮革、天然橡胶等也有这种现象，但老化速度缓慢，一般不会造成损失。

1）物品老化的基本特征

（1）外观变化。物品表面出现失光、变色、粉化、起泡、剥落、银纹、斑点、拉丝、起毛以及材料发生发黏、变软、变硬变脆、龟裂、变形等。

（2）力学性能的变化。物品的拉伸强度、伸长率、抗冲击强度、抗弯强度、抗疲劳强度以及硬度、弹性、附着力、耐磨性能等都会发生变化。

（3）物理性能的变化。主要是材料的耐热、耐寒、透气、透水性等的改变。

（4）电性能的变化。材料的绝缘性能、介电常数、介电损耗、击穿电压等电性能发生了变化。

（5）分子结构的变化。构成物品材料的分子结构发生了变化，如分子量、分子量分布的变化。在物品的老化过程中，由于其材料种类及环境条件的不同，所表现出的老化特征是不尽一致的。

2）物品老化的预防

（1）包装应完整，使物品在储运过程中保持整洁、完整和减少外界因素对物品的影响。

（2）库房应清洁、干燥、凉爽，避免阳光直射，同库不能存放油类、潮解性、腐蚀性、含水量大的易燃物品。

（3）物品堆码要符合隔潮、安全、方便、多储原则。

（4）控制库房温湿度，避免库温过高和相对湿度太高，及时采取通风、吸潮、密封等措施调节到物品适宜储存的温、湿度。

（5）按时检查，发现物品有潮、热、霉、虫以及变形、发黏、发硬、龟裂等老化现象要及时采取措施进行处理。

（6）贯彻先进先出、易坏先出的原则。

5. 金属物品锈蚀的防治

物品锈蚀是指金属物品表面在环境介质的作用下发生化学与电化学作用而遭受破坏的现象。

1）金属制品的防锈

金属制品的防锈主要是针对影响金属锈蚀的外界因素进行的。

(1) 控制和改善储存条件,包括以下几个方面:
① 选择适宜的保管场所。
② 保持库房干燥。
③ 保持物品及其储存场所清洁。
④ 妥善存放码垛和苫盖。
⑤ 保持材料防护层或包装完整。
⑥ 坚持定期品质检查,并做好品质检查记录。

(2) 涂油防锈。在金属制品表面涂(或浸或喷)一层防锈油脂薄膜。防锈油分为软膜防锈油和硬膜防锈油两种,软膜防锈油防锈能力稍差,但容易用有机溶剂清除;硬膜防锈油防锈能力强,但油膜不易清除。软膜防锈的使用有按垛油封、按包油封、个体油封3种。硬膜防锈多用于露天存放的钢材,方法以喷涂为佳。防锈油都具有易燃成分和一定的毒性。

(3) 气相防锈。气相防锈是利用一些具有挥发性的化学药品在常温下迅速挥发并使空间饱和,它挥发出来的气体物质吸附或沉积到金属制品的表面并阻碍金属的腐蚀。

气相防锈剂多作长期封存用,用法较多,主要有以下几种:
① 粉末(片、丸等)法。把气相防锈粉末撒在产品表面,或用器皿盛装后置于包装物内,或用纱布包好悬挂于产品四周,或把丸、片等放在适当的部位,即可起到防锈作用。
② 浸涂纸(布)法。这种方法也称作载体法。即将气相缓蚀剂溶解于蒸馏水中或有机溶剂中成为溶液,然后浸涂或刷涂在防锈纸或布上,干燥后即成为气相防锈纸或布,含量一般为 $5\sim30 g/m^2$。使用时直接用它包装金属材料即可,然后在它外面加石蜡纸、塑料袋包装等。
③ 溶液法。用上述方法把防锈剂制成溶液喷涂在金属表面,然后再用石蜡纸或塑料袋包装。

与其他防锈方法相比,仓储与配送中心中采用气相防锈有许多特点:效果好、防锈期长、无污染、操作安全、启封快、使用方便、包装作业简单、提高了工效。气相防锈的缺点是作业要求严格,要求包装严密,否则会降低防锈效果。

(4) 可剥性塑料防锈。可剥性塑料是以塑料为基体的一种防锈包装材料。一般配方中加有矿物油、防锈剂、增型剂、稳定剂及防霉剂等。可剥性塑料涂覆于金属表面上成膜后并不直接黏附于金属表面,而是被一层析出的油膜与金属隔开,故启封时不需借助溶剂而能用手轻易剥除。可剥性塑料保护层透明,耐候性(经受恶劣气候的性能)好,在 $-40\sim60$ ℃都可以不破坏,防锈期长,适用于钢、铁、铜、铝等金属,且膜的柔韧性好,能抵御一般轻度的摩擦与撞击,故可保护精加工面不受损坏。使用这类材料时可以简化内包装,但费用昂贵,施工时须加热或用可燃性溶剂挥发,所以目前尚未大量使用。

(5) 涂漆防锈。在金属材料表面均匀地涂上一层油漆是应用极为广泛的一种防锈方法。其优点是施工简单,适用面广;缺点是漆膜容易开裂、脱落,而且可从漆层空隙间透过湿气,往往在漆层底下发生金属锈蚀。

(6) 防锈水防锈。防锈水防锈也是应用比较广泛的防锈方法,但因防锈期限短,故多见于工序间防锈。如果金属材料的库存周期很短,也可采用此方法。

2) 金属制品的除锈
(1) 手工除锈。主要是进行擦、刷、磨以除去锈迹。
(2) 机械除锈。常见的有滚筒式除锈、抛光机除锈等。

（3）化学除锈。化学除锈是利用能够溶解锈蚀物的化学品除去金属制品表面上锈迹的方法。化学除锈液一般由两部分组成：一部分是溶解锈蚀物，大多是采用无机酸，其中以磷酸使用得最多，因为它的腐蚀性较小；另一部分是对金属表面起钝化（保护）作用的铬酸等，金属制品的化学除锈主要是在各种酸液中进行，所以又叫"酸洗"。

9.3 盘点作业

商品在库房中因不断地搬动和进出库，容易出现其库存账面数量与实际数量产生不符的现象。有些物品因存放时间过久、储存措施不恰当而变质、丢失等，造成损失。为了有效地掌握货品在库数量，需对在库货品的数量进行检查清点，即盘点作业。商品盘点是保证储存物品达到账、货、卡完全相符的重要措施之一。库存的盘点能够确保货品在库数量的真实性及各种货品的完整性。

9.3.1 盘点的目的和内容

1. 盘点作业的目的

1）确认现存量

清点库存货物的实际数量，并与账簿、卡核对，做到账、卡、物三物相符。

2）确认企业损益

企业的损益与总库存金额有极为密切的关系，而库存金额与货物数量及单价成正比。查清库存货物盈亏数量，分析盈亏原因，有利于准确地计算出企业实际损益。

3）确认库存管理成效

查明超过保管期限、长期积压货物的品种、规格与数量及处理情况。存货周转率、货物的养护修复均可借盘点来发现问题，以寻找改善措施。

2. 盘点作业的内容

1）查数量

通过盘点查明库存商品的实际数量，核对库存账面数量与实际库存数量是否一致，这是盘点的主要内容。

2）查质量

检查库存商品的质量是盘点的另一项主要内容。主要是检查在库商品的包装是否完好及是否超过有效期和保质期，是否有长期积压等现象，必要时要对商品进行技术检验。

3）查保管条件

检查保管条件是否与商品要求的保存条件相符合，这是保证在库商品使用价值的一个基本条件。如堆码是否合理、稳固，库内温、湿度是否符合要求，各类计量器具是否准确等。

4）查安全

检查各种安全措施和消防设备、器材是否符合安全要求，建筑物和设备是否处于安全状态。

9.3.2 盘点的流程和方法

1. 盘点作业的流程

盘点作业的流程如图 9.1 所示。

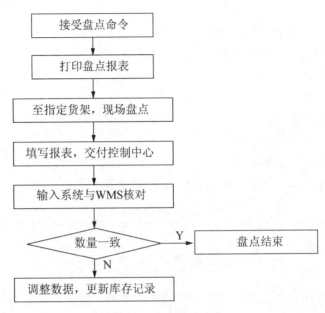

图 9.1 盘点作业流程

2. 盘点作业的方法

1) 账面盘点

账面盘点是把每天入库、出库的货物的数量及单价记录在存货账面上，而后不断地累计加总算出账面上的库存量及库存金额。这种方法适合于少量且单价高的货物。

2) 现货盘点

现货盘点又称为实地盘点，其时间频率的不同又可分为期末盘点和循环盘点。

（1）期末盘点是对储存保管的全部在库货物，不论是否有出入动态，全部进行盘点清查。通常用于清仓查库或年终盘点。这种方法的工作量大、检查的内容多，有时还须闭库以防止和减少盘点中的混乱与疏漏。

（2）循环盘点法是每天或每周盘点部分货物，通常是对价值高或重要的货物进行盘点。因此，货物应按其重要程度科学地分类，对重要的货物进行重要管理，加强盘点，防止出现差错。这种方法在一个循环周期内将每种货物至少清点一次，有利于节约人力，经济方便。

9.3.3 盘点作业的准备与组织

盘点前的准备工作是否充分，关系到盘点作业能否顺利进行，事先对可能出现的问题、对盘点工作中易出现的差错进行周密的研究和准备是相当重要的。

1. 人员准备与组织

盘点前需建立由保管机构牵头进行,包括技术、财务、装卸搬运等管理机构在内的临时组织,并明确各自的责任和分工,使清点工作有步骤、协调地进行。

2. 现场准备

(1) 对尚未办理入库手续的货物予以标明不在盘点之列。
(2) 对于已办理出库手续的货物要全部运出或做好标记,也不在盘点之列。
(3) 整理货物堆垛、货架以及其间的货物,使之整齐有序,以便计算。
(4) 检查计量器具,使其误差在允许范围内。

3. 技术准备

对货物名称、品种、规格等的分类要统一口径,以账目记载为准,避免因技术概念不准确导致盘点结果发生错误,有必要制定盘点报告表(见表9-4)。

表9-4 货物盘点报告表　　　　　年　月　日

货物编号	名称	规格	单位	数量				金额	
				账存	实存	盘盈	盘亏	单价	总价
盈亏原因:				处理意见:					

9.3.4 盘点作业结果的处理

通过盘点落实货物出入库及保管情况,从而了解问题的所在,解决导致在库存中出现盈亏的问题。

1. 盘点出现盈亏的原因

(1) 货物入库登记账卡时看错数字。
(2) 运转途中发生的损耗在入库检查中未被发现。
(3) 盘点时计算有误,或计算方法不符。
(4) 由货物本身的情况而产生的自然损益。
(5) 因气候或温湿度影响而发生腐蚀、硬化、变质、生锈、发霉等导致货物失去原有使用价值而发生数量短缺。
(6) 液体货物容器破损而损益。
(7) 包装或分割出库时发生错误使数量短缺。
(8) 衡器、量具不准或使用方法不当引起数量错误。

2. 盘点后出现问题的处理

1) 盘点后出现盈亏的处理

发生盈亏的原因查清之后，要研究处理办法，并及时办理调整货物账卡的手续，使其实物、账、卡三物相符。货物盘点盈亏调整表见表9-5。

表9-5 货物盘点盈亏调整表　　　　年　月　日

货物编号	商品名称	单位	账面数量	实存数量	单价	盘亏		盘盈		备注
						数量	金额	数量	金额	

2) 积压货物与废旧货物的处理

积压货物是指企业不需要或不对路的货物，或已过时被淘汰的货物；废旧货物是指已完全失去使用价值的货物。对于保管期过长、长期呆滞的积压货物，可采取降价出售或联系与其他企业调剂等，对于废旧货物，在报经批准后，尽早报废处理，因为积压货物与废旧货物的处理对于改善流动资金结构和加速其周转期具有重要意义。

 拓展阅读

5S管理实施三步曲

某生产企业制定了三步实施方案来落实5S管理。一是确定现场管理实施的范围，包括整个生产车间，如设备的内部，衣柜的顶部、底部，桌子底部等部位。二是根据现场实际情况在每段区域划分责任人和监督人，并张贴在区域的明显处，使员工更加明确自己所负责的区域，使工作量化；同时，推行层层负责制、层层监督制，每个区域的责任人都要100%完成自己的工作任务，达到要求后才能下班，各个区域的监督人每天至少两次对区域进行监督检查，如果发现工作不到位，立即要求区域责任人返工并进行教育。三是进行看板管理，检查部将每次监督落实的结果用看板公布出来，指出哪里做得好，哪里还存在不足，提出改进期限。

该企业推行5S管理后，不仅使生产环境得到了显著改善，而且提升了企业形象，提高了产品质量和安全生产水平，更重要的是构筑起了企业品质文化，进一步提升了企业的核心竞争力。

【本章实训】

库存盘点训练

一、实训要求

（1）制定盘点的基本作业流程。

(2) 教师带学生到实训基地库房实地盘点产品。

二、操作步骤

(1) 确定盘点的方法。

(2) 进行盘点作业。

(3) 盘点后差异原因查找。

(4) 教师对学生盘点结果报告及盘点过程中的表现进行总结。

一、单项选择题

1. 物品常发生的物理机械变化不包括(　　)。

　A. 挥发　　　　B. 溶化　　　　C. 熔化　　　　D. 水解

2. 物品的化学变化形式不包括(　　)。

　A. 氧化　　　　B. 熔化　　　　C. 分解　　　　D. 水解

3. 物品的生化变化及其他生物引起的变化不包括(　　)。

　A. 呼吸　　　　B. 发芽　　　　C. 串味　　　　D. 虫蛀

4. 物品霉腐的常规预防不包括(　　)。

　A. 加强入库验收　　　　　　　B. 加强仓库温湿度管理

　C. 物品进行密封　　　　　　　D. 药物防霉腐

5. 盘点后出现问题的处理除了盘点后出现盈亏的处理之外，还有(　　)。

　A. 积压货物与废旧货物的处理　B. 先进先出管理

　C. 加强仓库温、湿度管理　　　D. 加强入库验收

二、多项选择题

1. 5S管理就是(　　)。

　A. 整理　　　　B. 整顿　　　　C. 清扫

　D. 清洁　　　　E. 素养

2. 开展 5S 活动的原则有（　　）。
   A. 自我管理的原则　　　　B. 互相监督提醒原则　　　C. 勤俭的原则
   D. 定期检查原则　　　　　E. 持之以恒原则
3. 在目视管理中，作为常用的工具一般有（　　）。
   A. 警示灯　　　　　　　　B. 看板　　　　　　　　　C. 图表
   D. 管理板　　　　　　　　E. 样本
4. 物品在仓储过程中的变化形式归纳起来有（　　）。
   A. 物理机械变化　　　　　B. 化学变化　　　　　　　C. 生化变化
   D. 颜色变化　　　　　　　E. 某些生物活动引起的变化
5. 物品常发生的物理机械变化主要有（　　）。
   A. 分解　　　　　　　　　B. 溶化　　　　　　　　　C. 熔化
   D. 串味　　　　　　　　　E. 沉淀

三、判断题

1. 5S 管理起源于美国。（　　）
2. 目视管理的对象不包括服务、心情等不可见的事物。（　　）
3. 颜色管理就是把颜色附着在管理上，也称色彩管理、色别管理。（　　）
4. 风化是指含结晶水的物品在一定温度和干燥空气中失去结晶水而使晶体崩解，变成非结晶状态的无水物质的现象，是一种物理机械变化。（　　）
5. 商品盘点是保证储存物品达到账、货、卡完全相符的重要措施之一。（　　）
6. 仓库虫害与霉变的防治只能通过药物防治的方式进行。（　　）
7. 药物防治是使用各种化学杀虫剂，通过胃毒、触杀或熏蒸的作用杀灭害虫，是当前防治仓库害虫的主要措施。（　　）
8. 为了落实各项养护措施防止货物受损，在仓库管理中建立相应养护组织是必要的。（　　）
9. 在金属制品的储存中，一般采用涂油、密封来防锈，用化学药剂进行除锈。（　　）

四、思考题

1. 简述 5S 的含义。
2. 简述目视管理的类别。
3. 什么是颜色管理？
4. 简述物品养护的技术和方法。
5. 盘点作业的内容有哪些？

五、计算题

1. 某仓库为某存货人储存一批皮革及其制品，请你帮助该库进行货物储存安排，并回答下列问题：
   （1）这种商品在储存中会发生怎样的变化？
   （2）这种商品应如何进行储存保管？

2. A 连锁超市集团租用了 B 公司的库房放方便面、饼干等纸箱装干货，货物存储现状描述如下：货物外包装箱上有灰尘；温度控制表记录的温度最高为 45℃，最低为 −7℃；湿度计显示记录为 75% 左右；仓库日常检查中发现一些小虫子，并发现老鼠痕迹；仓库的窗户很多，阳光能够直接照射到存储的货物上面。根据这些材料回答下列问题：

(1) 该仓库中影响存储货物质量的因素有哪些？

(2) 针对这些现象提出解决方法。

第 10 章

库存控制

KUCUN KONGZHI

【学习目标】

知识目标	技能目标
（1）了解库存的基本含义与作用、类别与成本构成	（1）能运用 ABC 管理方法对仓库物品进行管理
（2）掌握传统库存控制方法	（2）能运用经济订货批量法进行仓库物品采购批量
（3）掌握现代库存控制方法	（3）能够操作 ERP 软件中的 MRP 模块

【案例导入】

安科公司按销售额的大小,将其经营的26种产品排序,划分为A、B、C三类。排序在前3位的产品占到总销售额的97%。因此,把它们归为A类产品;第4、5、6、7位的产品每种产品的销售额在0.1%~0.5%,把它们归为B类;其余的21种产品(共占销售额的1%),将其归为C类。

安科公司在对产品进行ABC分类以后,该公司又对其客户按照购买量进行了分类。发现在69个客户中,前5位的客户购买量占全部购买量的75%,将这5个客户定为A类客户;到第25位客户时,其购买量已达到95%。因此,把第6到第25的客户归为B类,其他的第26至第69位客户归为C类。对于A类客户,实行供应商管理库存,一直保持与他们密切的联系,随时掌握他们的库存状况;对于B类客户,基本上可以用历史购买记录,以需求预测作为订货的依据;而对于C类客户,有的是新客户,有的一年也只购买一次。因此,只在每次订货数量上多加一些,或者用安全库存进行调节。

进行ABC分类以后,安科公司的库存管理效果主要体现在以下方面:
(1)降低了库存管理成本,减少了库存占用资金,提高了主要产品的库存周转率。
(2)避免了缺货损失、过度超储等情况。
(3)提高了服务水平,增强了客户的满意程度。
(4)树立了良好的企业形象,增强了企业的竞争力。

思考

安科公司是如何进行库存管理的?

10.1 认知库存

10.1.1 库存的概念

库存是指暂时闲置的用于满足将来需要的资源,它通常摆放在仓库中。在企业生产中,有许多未来的需求变化是人们无法预测或难以全部预测到的,人们不得不采用一些必要的方法和手段应对外界变化,库存就是出于种种经济目的考虑而设立和存在的。设置库存的目的是为了防止短缺,所以企业一般都具有一定的库存。

库存无论对制造业还是服务业都十分重要。制造业中的库存是指生产制造企业为实现产成品生产所需要的原材料、备件、低值易耗品及在制品、产成品等资源；服务业中的库存一般指用于销售的有形商品及用于管理服务的耗用品。

10.1.2 库存的分类

1. 按生产过程分类

从生产过程的角度，库存可分为原材料库存、在制品库存、维修库存、成品库存。
（1）原材料库存。指企业在生产的过程中所需要的各种原料、材料，这些原料和材料必须符合企业生产所规定的要求。有时也将外购件库存作为原材料库存。
（2）在制品的库存。指仍处于生产过程中已部分完工的半成品。
（3）维修库存。包括用于维修与维护的经常性消耗品或者备件，如润滑油、机器零件等。维修库存不包括产成品的维护所需要的物品或备件。
（4）成品库存。指可以出售、分配、能提供给消费者购买的最终产品。

2. 按经营过程分类

从经营过程的角度，库存可将库存分为经常库存、安全库存、生产加工库存、季节性库存、积压库存、投资库存。
（1）经常库存。指企业在正常经营环境下为满足日常需要而建立的库存。
（2）安全库存（或缓冲库存）。指为防止不确定因素的影响而准备的缓冲库存，如大量突然发货、交货期突然延期等。一般认为，安全库存几乎占到零售业库存的 1/3 左右。
（3）生产加工库存。指处于加工状态以及为了生产的需要暂时处于储存状态的零部件、半成品或成品。
（4）季节性库存。指为了满足特定季节中出现的特定需要而建立的库存，或指对季节性生产的原材料在生产的季节大量收购所建立的库存。
（5）积压库存。指因物品品质变坏不再有效用的库存，或没有市场销路而卖不出去的商品库存。
（6）投资库存。持有投资库存不是为了满足目前的需求，而是出于其他原因，如由于价格上涨、物料短缺或是为了预防罢工等囤积的库存。

3. 按库存的作用和功能分类

从库存的作用和功能角度，库存可分为基本库存（安全库存）、中转库存。
（1）基本库存。指补给生产过程中产生的库存。由于生产过程对原材料的需求是源源不断的，所以就必须有一定数量的库存以便提供生产供应，保障生产所需。
（2）中转库存。指正在转移或者等待转移的、已经装载在运输工具上的货物。中转库存是实现补给订货所必需的库存，在今天越来越受到企业的关注。在企业生产经营中，中转库存一般是小批量、高频率的运输与传递，在存货中的比例逐渐增大。

4. 按库存的预测性分类

从库存的预测性角度，库存可分为独立需求库存和相关需求库存。

（1）独立需求库存。指需求的数量和时间与其他变量的相互关系不确定，主要受消费市场需求影响的库存。一般来自客户的对企业产品和服务的需求为独立需求。

（2）相关需求库存。指其需求的数量和时间与其他变量存在一定的相互关系，可以通过一定的数学关系推断出来的库存。一般生产制造企业内部物料转化各环节之间发生的需求为相关需求。客户对企业产品的需求一旦确定，与该产品有关的零部件、原材料的需求也就随之确定，对这些零部件、原材料的需求就是相关需求。

10.1.3 库存管理的目标和方法

库存管理也称库存控制，是指对生产、经营全过程的各种物品、产成品及其他资源进行预测、计划、执行、控制和监督，使其储备保持在经济合理的水平上的行为。现代企业认为，零库存是最好的库存管理，因为库存多，占用资金也多，利息负担便加重。但如果过分追求低库存也会加大存货短缺成本，造成货源短缺，失去市场甚至失去客户。因此，在库存管理过程中应把握好衡量的尺度，处理好服务成本、短缺成本、订货成本、库存持有成本等各成本之间的关系，以求达到企业的库存管理目标。

1. 库存管理的基本目标

为了保证企业正常的生产经营活动，库存是必要的，但因为库存又占用了大量资金，成为企业生产经营成本的一部分，所以库存管理关键的问题就是要求既能保证经营活动的顺利进行，又能使资金占用达到最小。库存管理的目标就是要防止超储和缺货，在企业资源约束下，以最合理的成本为客户服务。具体而言，库存管理目标就是要实现库存成本最低的目标、库存保证程度最高的目标、限定资金的目标、快捷的目标等。

通过库存管理，以满足客户服务需求为前提，对企业的库存水平进行控制管理，尽可能降低库存水平，提高物流系统的效率，以强化企业的竞争力。

2. 库存管理的方法

库存管理的方法包括传统库存管理方法和现代库存管理方法两大类。

（1）传统库存管理所要求的是既保证供应而又使储备量最小，做到不缺货。传统库存管理的方法一般包括 ABC 分类法、经济订货批量法、定量订货法、定期订货法等数学方法。

（2）随着企业生产目标、组织结构、生产方式的变化，传统库存管理方法受到挑战，出现了新的现代库存管理方法。这类方法主要是通过适量的库存来达到合理的供应，实现总成本最低的目标。此库存管理的方法较传统库存管理方法有了一定的突破性，在于放弃了保证供应，允许缺货，利用总成本最低来进行决策控制，主要包括物料需求计划、制造资源计划、企业资源计划和准时制等方法。

10.2 ABC 分类法

10.2.1 ABC 分类法的基本原理

经济学家帕累托在研究财富的社会分配时得出一个重要结论：80%的财富掌握在20%的

人手中,即关键的少数和次要的多数规律。后来人们发现这一规律普遍存在于社会的各个领域,称为帕累托现象。帕累托现象也出现在企业经营管理中,表现为企业多数的利润由少数品种的产品贡献。因此,对这些少数产品管理的好坏就成为企业经营成败的关键,有必要在实施库存管理时对各类产品分出主次,并根据不同情况分别对待,突出重点。

一般来说,企业的存货品种较多,有些企业的存货甚至达到数万种,其需求量和单价各不相同,年占用金额也各不相同。有些存货在整个库存存货中的品种数量所占比重较大,但其价值在全部存货中所占比重较小,而有些存货则相反。在进行存货管理时,若都采用平均的控制力度,既不科学又不经济。对那些年占用金额大的库存品,由于其占压企业的资金较大,对企业经营的影响也较大,所以需要进行特别的重视和管理;而对占压企业资金不大的存货,可做一般控制,ABC 分类法就是在此基础上产生的。

ABC 分类法(如图 10.1 所示)是根据库存品的年占用金额的大小,把库存品划分为 A、B、C 三类,分别实行重点控制、一般控制、简单控制的存货管理方法。其中,A 类存货的年占用金额占总库存金额的 70%左右,其品种数却只占总库存品种数的 10%左右;B 类存货的年占用金额占总库存金额的 20%左右,其品种数占总库存品种数的 20%左右;C 类存货的年占用金额占总库存金额的 10%左右,其品种数却占总库存品种数的 70%左右。

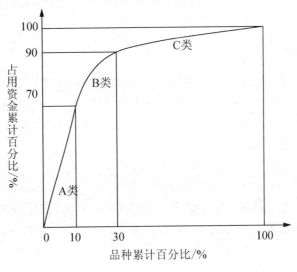

图 10.1　ABC 分类法

10.2.2　确定 ABC 分类的国际惯例

ABC 三类存货的划分主要有两个标准:金额标准、品种数量标准。金额标准是最基本的分类法,而品种数量标准可以作为参考。

进行 ABC 分类的一般步骤如下:

第一步,列出企业全部存货的明细表,计算各种库存品的年占用金额。

第二步,将库存品按年占用金额从大到小进行排列。

第三步,计算各种库存品年占用金额与全部库存金额的比例,并进行累计。

第四步,按照 ABC 分类的基本原理进行分类,确定 A、B、C 三类存货。当金额百分比累计到 70%左右时,以上存货划为 A 类;百分比介于 70%~90%时划为 B 类;其余划为 C 类。

第五步，绘制 ABC 分类图。以库存品种数百分比为横坐标，以累计占用金额百分比为纵坐标，在坐标图上取点，并连接各点，绘成 ABC 曲线。

【知识链接】

ABC 分类法的由来

1879 年，意大利经济学家帕累托在研究个人收入的分布状态时，发现少数人的收入占全部人收入的大部分，而多数人的收入却只占一小部分，他将这一关系用图表示出来，这就是著名的帕累托法。该分析方法的核心思想是在决定一个事物的众多因素中分清主次，识别出少数的但对事物起决定作用的关键因素和多数的但对事物影响较少的次要因素。

后来，帕累托法被不断应用于管理的各个方面。1951 年，管理学家戴克将其应用于库存管理，命名为 ABC 法。1951—1956 年，约瑟夫·朱兰将 ABC 法引入质量管理，用于质量问题的分析，被称为排列图。1963 年，彼得·德鲁克将这一方法推广到全部社会现象，使 ABC 法成为企业提高效益的普遍应用的管理方法。

10.2.3　ABC 三类存货库存的控制

ABC 分类明确了重点，可以对不同类别的存货按不同要求进行管理和控制，具体方法阐述如下。

1. A 类库存品控制

这类库存品品种虽然较少，但其占用的金额较大，是日常控制的重点，需要最严格的管理。必须对这类库存品保持完整的库存记录，建立完善的库存盘存制度，掌握该类存货的收、发、结存情况，严格按各种科学的方法计算确定每个品种的经济订货量、保险储备量，严格控制库存水平，防止缺货。

2. B 类库存品控制

这类库存品属于一般的品种，对它的管理介于 A 类和 C 类之间。原则上也要求计算经济批量和保险储备量，但不必像 A 类存货那样严格，通常的做法是将若干物品合并一起订购。

3. C 类库存品控制

这类库存品的种类数虽多，但占用的金额较少，管理办法较简单，不必专门计算存货量，视企业情况规定存货量的上下限，也可适当增加每次订货量，实行简单控制。如对这类库存品通常订购 6 个月或 1 年的需求量，期间不需要保持完整的库存记录。

【案例解析】

某小型企业有 10 项库存品，各种库存品的年需要量、单价见表 10-1。为了加强库存品的管理，该企业计划采用 ABC 库存管理法。假如该企业决定按 20% 的 A 类物品，30% 的 B 类物品，50% 的 C 类物品来建立 ABC 库存分析系统，则应如何进行分类？

先根据表 10-1 列出各种存货品的金额，并进行大小排列；再计算各种库存品的金额百分比和数量百分比，然后进行分类，见表 10-2；最后根据 ABC 分类法，进一步编制 ABC 分类表，见表 10-3。

通过对企业的库存进行分类，有利于该企业对不同类别的存货按不同的要求进行控制和管理。

表 10-1 该企业库存需求情况表

库存品名称	年需求量/kg	单价/(元/千克)	金额/元
a	9000	8	72 000
b	95 000	8	760 000
c	4000	4	16 000
d	50 000	4	200 000
e	1000	10	10 000
f	125 000	5	625 000
g	20 000	5	100 000
h	20 000	8	160 000
i	5000	5	25 000
j	2500	7	17 500
合 计	—	—	1 985 500

表 10-2 计算表

库存品名称	金额/元	累计金额/元	累计百分比/%	类别
b	760 000	760 000	38.3	A
f	625 000	1 385 000	69.7	A
d	200 000	1 585 000	79.8	B
h	160 000	1 745 000	87.9	B
g	100 000	1 845 000	92.9	B
a	72 000	1 917 000	96.5	C
i	25 000	1 942 000	97.8	C
j	17 500	1 959 500	98.7	C
c	16 000	1 975 500	99.5	C
e	10 000	1 985 000	100	C

表 10-3 ABC 分类表

类别	品种数	该类库存品占据全部库存品种的百分比	每一类的金额/元	该类库存品金额占据全部库存金额的百分比
A	2	20%	1 385 000	69.7%
B	3	30%	460 000	23.2%
C	5	50%	140 500	7.1%
合 计	10	100%	1 985 000	100%

10.3 经济订货批量法

10.3.1 经济订货批量法的基本原理

经济订货批量(Economic Order Quantity, EOQ)是指通过费用分析求得在库存总费用最小时的每次订购批量,用以解决独立需求物品的库存控制问题。企业的合理存货量标准是既能满足生产经营活动的正常进行,又使存货耗费的总成本最低,这个合理的存货量取决于经济订购批量的确定,于是 EOQ 在实际中得到了广泛的应用。

在企业年消耗量固定的情况下,一次订货量越大,订货次数就越少,每年花费的总订货成本就越低。因此,从订货费用的角度看,订货批量越大越好。但是,订货批量的加大必然使库存保管费用增加,所以从保管费的角度看,订货批量越小越好。订货费与保管费呈现此消彼长的关系,由于库存的每次订购数量直接影响到库存总成本,所以经济订货批量是使年度总成本为最小时的订货批量。

经济订货批量模型中的年度总成本主要包括以下 4 种费用。

1. 订货成本(订货费)

订货成本是指订货过程中发生的与订货有关的全部费用,包括办公费、差旅费、订货手续费、通信费、招待费以及订货人员的工资等。

订货成本可分为固定性订货成本和变动性订货成本两部分。固定性订货成本是指与采购次数和数量没有直接联系的,用于维持采购部门正常活动所需要的有关费用,如采购机构的管理费、采购人员的工资等。变动性订货成本是指与订货数量没有直接关系,但随订货次数的变动而变动的费用,如差旅费、运输费等。订货成本与订货量的多少无关,而与订货次数有关。要降低订货成本,就需减少订货次数。

2. 存储成本(库存保管费)

存储成本又称持有成本,是指存货在储存过程中发生的费用。存储成本包括货物占用资金应付的利息、货物损坏变质的支出、仓库折旧费、维修费、仓储费、保险费、仓库保管人员工资等费用。

存储成本按照其与存货的数量和时间关系,分为固定性存储成本和变动性存储成本两部分。固定性存储成本是指在一定时期内总额相对稳定,与存货数量和时间无关的存储费用,如仓库折旧费、仓库人员工资等。变动性存储成本是指总额随着存货数量和时间的变动而变动的有关费用,如仓储费、占用资金的利息等。

3. 进货与购买成本(采购成本)

进货与购买成本是指在采购过程中所发生的费用,包括所购物资的买价和采购费用。该成本取决于进货的数量和进货的单位成本。在没有数量折扣的条件下,进货与购买成本是企业无法控制的成本。

4. 缺货成本(缺货费)

缺货成本是指当存储供不应求时引起的损失，如失去销售机会的损失、停工待料的损失、临时采购造成的额外费用以及延期交货不能履行合同而缴纳的罚款等。从缺货损失的角度考虑，存储量越大，缺货的可能性就越小，缺货成本也就越低。

各种成本与年度总成本的关系如图10.2所示。

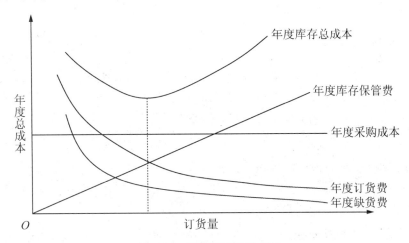

图 10.2　经济订货批量模型

EOQ 是用于解决独立需求库存控制问题的一种模型，基本公式为

年度库存总成本＝年度采购成本＋年度库存保管费＋年度订货费＋年度缺货费

即
$$TC = D \cdot P + \frac{D \cdot C}{Q} + \frac{Q \cdot K}{2} + \frac{V \cdot H}{2}$$

式中，TC——年度库存总成本；

D——年需求量；

Q——每次订货批量；

C——每次订货费；

P——产品价格；

F——单位产品年度保管费率(单位产品年保管费占单位产品采购价格的百分比)；

K——单位产品年度保管费；

V——年度缺货量；

H——缺少单位产品的年度损失。

10.3.2　经济订货批量的确定

由于假设条件不同，经济订货批量的具体形式也有区别，下面主要介绍经济订货批量的3种形式。

1. 不允许缺货的经济批量

为了确定经济订货批量，先做一些假设：需求均衡、稳定，年需求量为固定常数；存储成本和单价固定不变；订货提前期不变；每次订货批量一定；每次订货费用为常数；不存在缺货方面的问题；库存补充过程瞬间完成。

由于 $TC = D \cdot P + \dfrac{D \cdot C}{Q} + \dfrac{Q \cdot K}{2}$，所以 $\dfrac{dTC}{dQ} = -\dfrac{D \cdot C}{Q^2} + \dfrac{K}{2}$。

令 $\dfrac{dTC}{dQ} = 0$，则 $-\dfrac{D \cdot C}{Q^2} + \dfrac{K}{2} = 0$，得 $Q^* = \sqrt{\dfrac{2D \cdot C}{K}} = \sqrt{\dfrac{2D \cdot C}{P \cdot F}}$。

得年度订货次数 $N = \dfrac{D}{Q}$，订货周期 $T = \dfrac{360}{N}$。

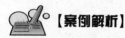【案例解析】

某仓库一产品年需求量为3600箱，每箱900元，单位产品年度保管费为8元，每次订货成本为400元，求该产品的经济批量、经济订货次数及订货周期。

解 经济订购批量 $= \sqrt{\dfrac{2C \cdot D}{K}} = \sqrt{\dfrac{2 \times 3600 \times 400}{8}} = 600$（箱）

经济订货次数 $= \dfrac{D}{Q} = 3600 \div 600 = 6$（次）

订货周期 $T = \dfrac{360}{N} = 360 \div 6 = 60$（天）

年度总成本 $TC = 900 \times 3600 + 400 \times 3600 \div 600 + 8 \times 600 \div 2 = 3\ 244\ 800$（元）

2. 允许缺货的经济批量

实际工作中，企业的生产活动都是不均衡的，往往会由于生产或其他原因而临时增大用量。同时，企业从订货到货物到达有一个时间间隔，供货单位有时会因为各种原因而延期发货，从而不可避免地发生缺货。这时批量是指使年度采购成本、年度库存保管费、年度订货费、年度缺货费四者之和的总成本最小的批量。其计算公式为

$$\text{经济订货批量} = \sqrt{\dfrac{2C \cdot D}{K}} \cdot \sqrt{\dfrac{H+K}{H}}$$

【案例解析】

承前述案例，若假设该产品单位年度缺货成本为4元，若其他条件不变，求允许缺货的经济订货量。

解 经济订购批量 $= \sqrt{\dfrac{2C \cdot D}{K}} \cdot \sqrt{\dfrac{K+H}{H}}$

$= \sqrt{\dfrac{2 \times 3600 \times 400}{8}} \cdot \sqrt{\dfrac{8+4}{4}} \approx 1040$（箱）

3. 有数量折扣的经济批量

前面两种形式是在物品采购单价不变的情况下进行的，但现实中为了鼓励购买者大批量采购通常采用数量折扣的办法，即购买者买进商品达到一定数量时可享受一定程度的价格优惠，一次订购量越多，折扣就越大。数量折扣对购买者的影响是：增加采购量，减少了采购

成本，并由于采购量增大而减少了采购次数，从而降低了订货成本；但大量购买必然增加储备，增加储存成本。

因此，在有数量折扣的情况下，经济订购量应是采购成本、库存保管费、订货费之和达到最低水平的订货量。

由于订货批量达到折扣后，价格折扣点形成了成本函数的间断点，使总成本曲线不连续，不能像无价格折扣时那样用一阶导数来求出最低成本点。较简单的方法是采用"相关成本比较法"，通过计算对比不同单价下的相关成本选出相关成本最低的订货量作为经济订货批量。

【案例解析】

承前述案例，该产品市场价格为每箱 900 元。当一次订货量达到 1000 箱时可获 2% 的折扣，一次订货量达到 1500 箱时，可获 3% 的折扣，求该产品的经济订货批量。

解 经济订货批量 $=\sqrt{\dfrac{2D \cdot C}{K}}=\sqrt{\dfrac{2\times 3600\times 400}{8}}=600$（箱）

（1）按经济订货批量计算的总成本。

$$TC=D \cdot P+\dfrac{D \cdot C}{Q}+\dfrac{Q \cdot K}{2}$$
$$=900\times 3600+400\times 3600\div 600+8\times 600\div 2=3\ 244\ 800(元)$$

（2）考虑一次订货 1000 箱时数量折扣的总成本。

$$TC=D \cdot P+\dfrac{D \cdot C}{Q}+\dfrac{Q \cdot K}{2}$$
$$=882\times 3600+3600\times 400\div 1000+8\times 1000\div 2=3\ 180\ 640(元)$$

（3）一次订货 1500 箱时数量折扣的总成本。

$$TC=D \cdot P+\dfrac{D \cdot C}{Q}+\dfrac{Q \cdot K}{2}$$
$$=873\times 3600+3600\times 400\div 1500+8\times 1500\div 2=3\ 149\ 760(元)$$

通过以上计算可知，在数量折扣为 3%，即订货量确定为 1500 箱时，年度总库存成本最小。因此，该产品的经济订货批量为 1500 箱。

 10.4 订货方法

10.4.1 定量订货法

定量订货法是指当库存量下降到预定的最低库存数量（订货点 R）时，按规定数量（一般以经济批量 EOQ 为标准）进行订货补充的一种库存控制方法。如图 10.3 所示，当库存量下降到订货点 R 时，企业马上按预先确定的订货量（Q）发出货物订单，经过提前期（LT），收到订货，库存水平上升。

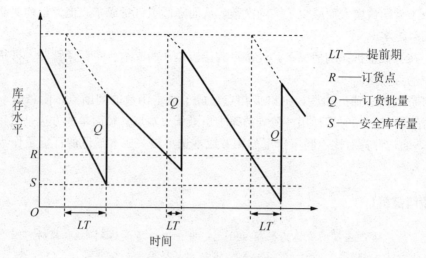

图 10.3 定量订货法模型

1. 订货点和订货量

定量订货法主要靠控制订货点和订货批量两个参数来控制订货进货,因此采用定量订货方式必须预先确定订货点和订货批量。

1) 确定订货点

根据影响订货点的 3 个因素,即订货提前期、平均需求量、安全库存来确定订货点,具体方法如下:

(1) 在需求和订货提前期确定的情况下。

在这种情况下,企业不需要设立安全库存,订货点由下式确定

$$订货点 = \frac{订货提前期 \times 全年需求量}{365}$$

(2) 在需求和订货提前期都不确定的情况下。

$$订货点 = 平均需求量 \times 最大订货提前期 + 安全库存$$

2) 确定订货批量

在定量订货法中,对于每一品种的商品每次订货批量都是相同的,所以每个品种都要制定一个订货批量,通常取经济订货批量为订货批量。其计算公式为

$$EOQ = \sqrt{\frac{2D \cdot C}{K}}$$

2. 定量订货法的作业程序

图 10.4 所示是定量订货法的一般作业程序。

3. 定量订货法的优、缺点

(1) 定量订货法的优点。由于每次订货之前都要详细检查和盘点库存(看是否降低到订货点),所以能及时了解和掌握库存的动态;由于每次订货数量固定,且是预先确定好了的经济订货批量,所以该方法运用起来十分简便。

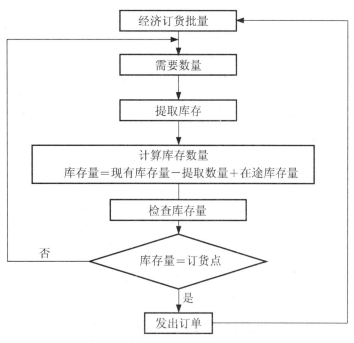

图 10.4 定量订货法的作业程序

（2）定量订货法的缺点。经常对库存进行详细检查和盘点，工作量大且需花费大量时间，从而增加了库存保管维持成本；该方式要求对每个品种单独进行订货作业，这样会增加订货成本和运输成本。

4. 定量订货法的适用范围

基于上述的优点和缺点，定量订货法有一定的适用范围。通常在以下几种情况采用定量订货方式比较合适：

（1）所储存的物资具备进行连续检查的条件。

（2）价值虽低但需求数量大的物资以及不便于少量采购的物资。

（3）易于采购的物资。

（4）价格昂贵物资。

10.4.2 定期订货法

定期订货法是指按预先确定的订货间隔期进行订货补充库存的一种库存控制方式。企业根据过去的经验或经营目标预先确定一个订货间隔期，每经过一个订货间隔期就进行订货，每次订货数量都不同。定期订货法的原理是：预先确定一个订货周期和最高库存量，周期性检查库存，根据最高库存量、实际库存、在途订货量和待出库商品数量计算出每次订货批量，发出订货指令，组织订货，如图 10.5 所示。

1. 订货周期、最高库存量及订货量

定期订货法是基于时间的订货控制方法。它通过设定订货周期和最高库存量从而达到库存控制的目的。因此，定期订货法需要确定订货周期、最高库存量以及订货量。

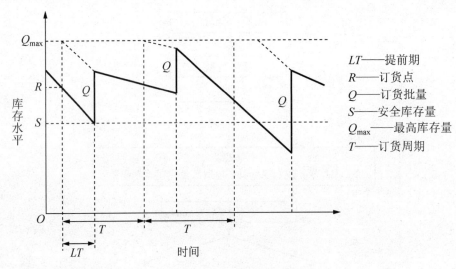

图 10.5 定期订货法模型

1) 订货周期的确定

定期订货法中,订货周期决定着订货的时机,相当于定量订货法的订货点。订货周期表现为订货间隔期。定量订货法的订货间隔期可能不等,而定期订货法的订货间隔期总是相等的。

订货间隔的长短直接决定着最高库存量的大小,即库存水平的高低,因而决定了库存成本的多少。订货周期不能过长,否则就会使库存水平过高;订货周期也不能过短,否则订货批次太多会增加订货费用。

严格来说,定期订货法订货周期的制定应该使得在采用该订货周期订货过程中发生的年度总成本用最低。一般情况下,用经济订货周期公式来计算订货周期 T。具体计算公式为

$$T=\sqrt{\frac{2C}{D\cdot K}}$$

式中,T——经济订货周期,单位为年;

其他变量意思同前。

在实际操作中,经常结合供货商的生产周期或供应周期来调整经济订货期,从而确定一个合理的可行的订货周期。当然也可以结合人们比较习惯的时间单位,如周、旬、月、季、年来确定经济订货周期,从而与企业大生产计划、工作计划相吻合。

2) 最高库存量的确定

定期订货法的最高库存量计算公式为

$$Q_{\max}=\bar{d}(T+LT)+S$$

式中,$Q_{\max}$——最高库存量;

$\bar{d}$——$(T+LT)$ 期间的库存需求量平均值;

LT——平均订货提前期;

S——安全库存。

3) 订货量的确定

定期订货法每次的订货数量是不固定的,订货批量的多少都是由当时实际库存量的大小

决定的。每次订货量的计算公式为
$$Q_i = Q_{\max} - Q_{ni} - Q_{ki} + Q_{mi}$$
式中，Q_i——第 i 次订货的订货量；

$Q_{\max}$——最高库存量；

Q_{ni}——第 i 次订货点的在途到货量；

Q_{ki}——第 i 次订货点的实际库存量；

Q_{mi}——第 i 次订货点的待出库货物数量。

2. 定期订货法的作业程序

图 10.6 所示是定期订货法的一般作业程序。

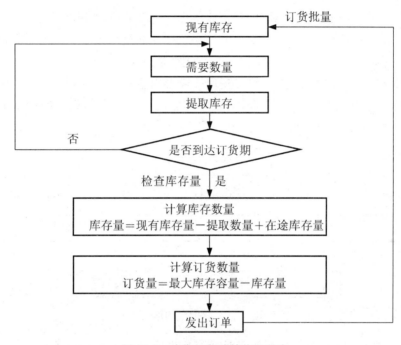

图 10.6　定期订货法的作业程序

3. 定期订货法的优、缺点

（1）定期订货法的优点。由于订货间隔期间确定，所以多种货物可同时进行采购，这样不仅可以降低订单处理成本，而且可降低运输成本；这种方式不需要经常检查和盘点库存，可节省这方面的费用。

（2）定期订货法的缺点。为了应对需求的突然变动，需要较大的库存。

4. 定期订货法的适用范围

定期订货法的订货时间固定，每次订货量不固定。根据这种特点，定期订货法适合在以下几种情况下采用：

（1）需要定期盘点、采购或生产的物资。

（2）具有相同供应来源的物资。

(3) 多种商品一起采购可以节省运输费用的物品。

(4) 供货渠道较少或外包给物流企业供应的物资。

10.5　MRP 库存控制法

10.5.1　MRP 库存控制法的基本原理

物料需求计划(Material Requirement Planning，MRP)是一种以计算机为基础的生产计划和库存控制系统，它能保证在需要时供应所需的物料，并同时使库存保持在最低水平。作为一种库存计划方法的改进，MRP 是企业依据市场需求预测顾客订单、编制生产计划，然后基于这个计划组成产品的物料结构表和库存状况，通过计算机计算出所需物料的数量和时间，从而确保物料加工进度和订货日程的一种管理技术。

MRP 的目标是基于组织制造资源，实现按需准时生产。对于庞大而复杂的生产系统，MRP 计划的制订与执行具有很高的难度，必须有强有力的计算机软、硬件系统实行集中控制才能达到预想的效果。MRP 的逻辑原理如图 10.7 所示。

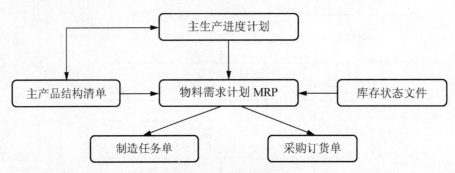

图 10.7　MRP 逻辑原理

由 MRP 逻辑原理图可见，物料需求计划产生新产品投产计划和采购计划，生成制造任务单和采购订货单，再据此组织产品的生产和物资的采购。

MRP 库存控制法具有以下特点：

(1) 需求的相关性。在流通企业中各种需求往往是独立的，而在生产系统中，需求具有相关性。例如，根据订单确定了所需产品的数量之后，由主产品结构文件物料清单(Bill of Material，BOM)即可推算出各种零部件和原材料的数量，这种根据逻辑关系推算出来的物料数量称为相关需求。不但品种数量有相关性，而且需求时间与生产工艺过程也是相关的。

(2) 需求的确定性。MRP 的需求都是根据主生产进度计划、产品结构文件和库存文件精确计算出来的，品种、数量和需求时间都有严格要求，不可改变。

(3) 计划的复杂性。MRP 计划要根据主产品的生产计划、产品结构文件、库存文件、生产时间和采购时间，把主产品的所有零部件需要的数量、时间、先后关系等需要准确地计算出来。当产品的结构复杂、零部件数量特别多时，必须依靠计算机。

(4) MRP 的优越性。由于各个工序对所需要的物资都按精密的计划适时地足量供应，一般不会产生超量库存,对于在制品还可以实现零库存,从而可以节约库存费用。同时,采用 MRP 技术有利于提高企业的管理水平。

10.5.2 MRP 库存控制法的应用

MRP 技术在库存管理时的应用主要是通过 MRP 处理生成采购任务清单来实现控制库存的目的。

1. MRP 的输入

MRP 的输入包括主生产进度计划、主产品结构文件和产品库存状态文件 3 个文件。

(1) 主生产进度计划(Master Production Schedule,MPS)。主生产进度计划是 MRP 系统最主要的输入信息,也是 MRP 系统的主要依据。该计划来自于企业的年度计划,在 MRP 中用 52 周来表示。其基本原则:主生产进度计划覆盖的时间长度要不少于其组成零部件中具有的最长的生产周期,否则,这样的主产品进度计划不能进行 MRP 系统的运行。例如,产品 A 生产计划见表 10-4。

表 10-4 产品 A 生产计划进度表

时期/周	1	2	3	4	5	6	7	8
产量/(件/周)	30	20	25		60		20	

(2) 主产品结构文件(BOM)。主产品结构一般用树型结构表示,最上层是 0 级,即主产品级,然后是 1 级,对应主产品的一级零部件,如此逐级往下分解,最后一级为 n 级,一般是最初级的原材料或者外购零配件。每一层有 3 个参数:零部件名称、组成零部件的数值、相应的提前期(包括生产提前期和订货提前期)。例如,产品 A 的树型结构如图 10.8 所示。

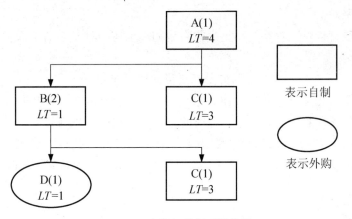

图 10.8 产品 A 的树型结构图

产品 A 由 2 个部件 B 和 1 个零件 C 装配组成,而部件 B 又由 1 个外购件 D 和 1 个零件 C 装配组成。产品 A、B、C、D 的提前期分别为 1 周、1 周、3 周、1 周,即装配 1 个产品 A 要 1 周时间(装配任务需提前 1 周下达),装配一个 B 要提前 1 周下达任务单,生产 C 要提前 3 周下达任务单,而采购 D 产品要提前 1 周发出订货单。

（3）产品库存状态文件。该文件包含有各个品种在系统运行提前期库存量的静态资料，但它主要提供并记录 MRP 运行过程中的实际库存量的动态变化过程，其主要参数如下：

① 总需求量。是指主产品及其零配件在每一周的需要量。其中主产品的总需求量与主生产进度计划一致，而主产品的零部件的总需求量可以根据主产品生产进度计划和主产品结构文件推算得出。

② 计划到货量。是指根据正在执行中的采购订单或生产订单在未来某一时段将要入库或将要完成的数量，它不包括本次 MRP 运行生成的生产任务单和采购任务单中的产品。

③ 库存量。是指各周周末库存物品的数量。其计算公式为

$$本周末库存量＝上周末库存量＋本周到货量－本周需求量$$

上述 3 个文件即为 MRP 的主要输入文件。除此之外，为运行 MRP 还需要一些基础性的输入，其中包括物料编码、提前期、安全库存量。

2. MRP 的输出

MRP 的输出包括净需求量、计划接受订货量和计划发出订货量 3 个文件。

（1）净需求量。净需求量是指系统需要外界在给定的时间提供的给定的物料数量，即生产系统需要什么物品、需要多少、什么时候需要。不是所有零部件每一周都有净需求的，只有发生缺货周才发生净需求量，某个品种某个时间的净需求量就是这个品种在这一时间的缺货量。所谓"缺货"，就是上一周的期末库存加上本期的计划到货量小于本期总需求量。本周净需求量的计算公式为

$$本周净需求量＝本周总需求量－本周计划到货量－本周初库存量$$

MRP 在实际运行中，不是所有的负库存量都有净需求量。净需求量的计算可以这样确定：在现有库存量一栏中第一个出现的负库存量的周，其净需求量就等于其负库存量的绝对值。在其后连续出现的负库存量各周中，各周的净需求量等于其本周的负库存量减去上周的负库存量的差的绝对值。

（2）计划接受订货量。它是为满足净需求量的需求应该计划从外界接受订货的数量和时间。其计算公式为

$$计划接受订货量＝净需求量$$

（3）计划发出订货量。它是指发出采购订货单或发出生产任务单进行生产的数量和时间。它在数量上等于计划接受订货量，在时间上比计划接受订货量提前一个提前期。

由于 MRP 输出的参数是直接由 MRP 输入的库存文件参数计算出来的，所以为直观起见，常常把 MRP 输出与 MRP 输入的库存文件连接在一起，边计算边输出结果。

【案例解析】

零件 A 的生产计划见表 10-4，A 现有数量为 42 件，在第 4 周的计划到货量为 20 件；零件 B 现有数量为 20 件，在第 2 周的预计到达量为 10 件；零件 C 现有数量为 20 件，在第 2 周的预计到达量为 10 件；零件 D 现有数量为 20 件。用 MRP 系统计算表确定 A、B、C、D 发出订单的时间和数量，结果见表 10-5、表 10-6、表 10-7 和表 10-8。

表 10-5 零件 A 的订货量及时间

时间/周		1	2	3	4	5	6	7	8
本周总需求量/件		0	17	0	14	2	28	9	18
本周计划到货量/件					20				
本周末库存量/件	42	42	25	25	31	29	1	−8	−26
净需求量/件								8	18
计划接受订货量/件								8	18
计划发出订货量/件				8	18				

表 10-6 零件 B 的订货量及时间

时间/周		1	2	3	4	5	6	7	8
本周总需求量/件				16	36				
本周计划到货量/件			10						
本周末库存量/件	20	20	30	14	−22	−22	−22	−22	−22
净需求量/件					22				
计划接受订货量/件					22				
计划发出订货量/件				22					

表 10-7 零件 C 的订货量及时间

时间/周		1	2	3	4	5	6	7	8
本周总需求量/件				30	18				
本周计划到货量/件			10						
本周末库存量/件	20	20	30	0	−18	−18	−18	−18	−18
净需求量/件					18				
计划接受订货量/件					18				
计划发出订货量/件		18							

表 10-8 零件 D 的订货量及时间

时间/周		1	2	3	4	5	6	7	8
本周总需求量/件				22					
本周计划到货量/件									
本周末库存量/件	20	20	20	−2	−2	−2	−2	−2	−2
净需求量/件				2					
计划接受订货量/件				2					
计划发出订货量/件			2						

> 拓展阅读

一汽大众的"零库存"

一汽大众的产品中目前仅捷达车就有七十多个品种、十多种颜色，而每种汽车都有两千多种零部件需要外购。但是，一汽大众有一整套较为完善的物流控制系统，实现零部件"零库存"。下面介绍它的进货的"零库存"处理流程，其进货方式主要有3种：

第一种形式是电子看板。即公司每月把生产信息用扫描的方式通过电脑网络传递到各个供货商，对方根据这一信息安排自己的生产，然后公司按照生产情况发出供货信息，对方则马上用自备车辆将零部件送到公司各个车间的入口处，再由入口处分配到车间的工位上。

第二种形式成为"准时化"（Just In Time，JIT）。即公司按整车顺序把配货单传达到供货厂，对方也按顺序装车并直接把零部件送到工位上，从而取消了中间的仓库环节。

第三种形式是批量进货。供货厂将那些不影响大局又没有变化的小零件每月分批量的送货一两次。

譬如说，当时库里堆放着大量的零部件，货架之间只有仅供叉车往来的过道，大货车根本开不进来，不仅每天上架、下架、维护、倒运需要消耗大量的人力、物力、财力，而且储存、运送过程中总要造成一定的货损货差。现在每天平均两个小时要一次货，零部件放在这里的时间一般不超过1天。订货、生产零件、运装、组合等全过程都处于小批量、多批次的有序流动中。一汽大众原先有一个车队专门往来各个车间送货，现在车队已经解散了。

【本章实训】

ABC 分类库存控制训练

一、实训要求

（1）到仓库搜集库存物品的资料。
（2）制作 ABC 分析表。
（3）针对各类物品制定相应管理措施。

二、操作步骤

（1）组织学生到某企业的仓库进行参观，搜集仓库各种商品的品名、数量、单价等。

（2）根据搜集的资料（品名、数量、单价）制作 ABC 分析表。

（3）根据 ABC 分析表的结果，找出重要物资、一般物资、次要物资。

（4）针对以上项目，让学生做出调研报告。

【课后练习】

一、单项选择题

1. 库存在企业中的作用之一是可以平衡（　　）。
   A. 价格和订货周期的波动　　　　B. 订货量和订货点的波动
   C. 采购和运输的波动　　　　　　D. 供应与需求的波动

2. 在定量订货法中，库存控制的关键因素是（　　）。
   A. 订货点和订货批量　　　　　　B. 补货期间的库存水平
   C. 两次订货之间的时间间隔　　　D. 订货提前期和安全库存量

3. 企业在途库存的多少取决于（　　）。
   A. 运输时间和该时间内的平均需求　B. 订货周期和该时间内的总需求
   C. 订货提前期和运输规模　　　　D. 运输时间和运输规模

4. 独立需求最明显的特征是（　　）。
   A. 需求的对象和数量都是确定的，且数量是整数
   B. 需求的对象确定，但数量要通过预测方法估算
   C. 需求的对象和数量不确定，只能通过预测方法估计
   D. 需求的对象和数量是已知和确定的，并与订货批量无关

5. 在以下关于库存管理目标的描述中，错误的描述是（　　）。
   A. 指定一个标准的库存水平，使库存占用的资金带来的收益比投入其他领域的更高
   B. 决定一个合适的库存水平，使库存占用的资金带来的收益比投入其他领域的更高
   C. 在达到顾客期望的服务水平的前提下，尽量将库存成本减少到可以接受的水平
   D. 在企业现有资源的约束下，以最合理的成本为用户提供所期望水平的服务

6. 定量订货法比较适合于（　　）。
   A. 市场上供应变化大的物资的管理
   B. 高价值、供货渠道窄的物资的管理
   C. 市场上随时可能采购到的物资的管理
   D. 低价值、需求量小，但需求稳定的物资的管理

7. MRP 系统的输入部分中不包括（　　）。
   A. 库存文件　　　　　　　　　　B. 原材料需求计划
   C. 主生产计划　　　　　　　　　D. 产品结构文件

8. 按照控制对象价值的不同或重要程度的不同进行分类，A 类存货的（　　）。
   A. 品种种类占总品种数的比例约为 10%，价值占存货总价值的比例约为 70%

B. 品种种类占总品种数的比例约为20%，价值占存货总价值的比例约为20%
C. 品种种类占总品种数的比例约为70%，价值占存货总价值的比例约为10%
D. 品种种类占总品种数的比例约为70%，价值占存货总价值的比例约为70%

9. ABC 分类法包括下述步骤，它们正确的顺序是(   )。
(1) 将物品按年耗用金额从大到小进行排序
(2) 计算各种物品占用资金额占全部库存占用资金额的百分比进行累计
(3) 按照分类标准进行分类，确定 ABC 三类物品
  A. (2)→(3)→(1)   B. (1)→(3)→(2)   C. (3)→(1)→(2)   D. (1)→(2)→(3)

10. 某企业每年需要耗用某种物资 100 000 件，现已知该物资的单价为 20 元，同时已知每次的订货成本为 5 元，每件物资的年度存储费率为 20%，年度订货总成本是(   )万元。
  A. 500   B. 1000   C. 1500   D. 2000

11. 在 ABC 分类的库存策略中，A 类存货的库存控制策略是(   )。
  A. 严密控制，每月检查一次   B. 一般控制，每3个月检查一次
  C. 自由处理   D. 严密控制，随时检查

12. 下列(   )不是 MRP 系统的输出报告。
  A. 优先权的计划   B. 主生产计划
  C. 互转件计划   D. 工艺准备需求计划

13. MRP 系统具有的优点是(   )。
  A. 在最大限度上降低在制品库存   B. 计划与实际不会产生偏差
  C. 鼓励作业提前完成   D. 前置时间不随作业的优先顺序而变化

二、计算题

某企业每年需要耗用物资 14 400 件，该物资的单价为 0.40 元，存储费率为 25%，每次的订货成本为 20 元，本题中一年工作时间按 350 天计算，订货提前期为 7 天。求：
(1) 经济订货批量是多少？
(2) 一年应订几次货？
(3) 订货点的库存储备量为多少？

三、思考题

1. ABC 分类法的标准是什么？
2. 经济订货批量的成本构成有哪些？
3. 定量订货法和定期订货法的区别有哪些？
4. MRP 是如何运行的？

第 11 章

运营分析

YUNYING FENXI

【学习目标】

知识目标	技能目标
（1）掌握仓储和配送成本的构成内容	（1）能计算仓储和配送的成本
（2）掌握仓储和配送绩效评价的关键指标	（2）能分析仓储和配送运营的绩效

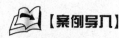
【案例导入】

家乐福在经营中,每个月都要和 Cotia Penske 配送中心在一起分析评估本月的经营业绩,其业绩衡量标准如下:

(1) 质量检查。对基本设备和家用电器,检查所有产品并确定 99.99% 合格后才运往商店,对纺织品、玩具、快运食品,检查 20% 的产品并确定 99.99% 合格后运输。

(2) 生产力。以每人每小时计算。

(3) 配送时间间隔。以每天实际发车量计算。

(4) 规定时间内完成运输任务的能力。实际统计以 24h、48h 或更长时间计量。

(5) 将家乐福企业资源管理系统和 Cotia Penske 仓库管理系统的数据比较,差错率不高于 0.05%。

(6) 平均每车装载量,以车辆最大容量计。

(7) 货车预计接发货物数量及实际接发货物数量。

(8) 从供应商处得到的货物数量及需求的货物数量。

(9) 运至商店的货物数量及商店的需求量。

(10) 货车装载时间,分货车及货物类型计。

(11) 由供应商提供的单一商品和混合商品的数量和比率。

(12) 运至商店的货物为单一商品和混合商品的数量和比率。

(13) 家乐福或 Cotia Penske 拒绝受理商店订单的比率。

通过绩效评测,Cotia Penske 实现了拥有少量库存,但却增加了服务的满意度,而且到目前为止,配送中心库存作业准确率非常高。由于采用条码技术,库存管理准确率达 99.97%,外向物流订单处理准确率达 99.89%。此外,尽管配送中心对商品库存量和商品积压值不能提供确切数字,但库存量和商品积压确实很少。其中最重要的是,由于产品现货供应能力、客户服务水平以及库存管理可见度的提高,商品销售量持续增加。

思考

配送中心绩效评估的作用及要求是什么?

11.1 仓储成本管理

11.1.1 仓储成本的构成

仓储成本包括发生在货物储存期间的各项费用支出,其中一部分用于仓储设施、设备投入和维护，另一部分用于仓储作业所消耗的材料费用和人工费用，还有一部分是货物自身产生的资金成本和风险成本以及自然损耗。由于仓库的服务范围和运作模式不同，仓储成本的内容和构成也不尽相同。一般来说，仓储成本主要包括仓储运作成本和仓储存货成本两部分。仓储运作成本发生在仓储部门，并且由仓储部门控制；仓储存货成本发生在存货控制部门，并由存货控制部门控制。除此之外，一些企业还核算由于货物缺货和在途造成的机会成本。

1. 仓储运作成本

1）仓储运作成本的构成

（1）固定成本。主要包括房屋折旧（或房屋租金）、设备折旧、库房固定人工工资等。

（2）变动成本。主要包括水费、电费、取暖费用（集中供热）、设备维修费用、工人加班费用、货损费用等。

2）仓储运作成本的计算

（1）固定成本的计算。仓储固定成本在每月的成本计算时相对固定，一般情况下与库存数量没有直接关系，资料可以从财务部门直接得到。部分资料要经过整理和分割以分清仓储部门的费用情况，如固定资产中只有仓储部门的固定资产折旧才可以计入仓储运作成本。

（2）变动成本的计算。变动成本的计算是根据实际发生的运作费用计算的，如各月的水费、电费、取暖费用（集中供热）、设备维修费等，加班费和货损费用也可以按实际发生计算。

2. 仓储存货成本

仓储存货成本是由于存货而发生的除运作成本以外的各种成本，包括订货成本、资金占用成本和存货风险成本。

1）订货成本

订货成本是指企业为了实现一次订货而发生的各种费用的总和，包括相关差旅费支出和办公费等支出等。订货成本中有一部分与订货次数无关，如常设机构的基本开支等，称为订货的固定成本；另一部分与订货的次数有关，如差旅费、通信费等，称为订货的变动成本。具体来讲，订货成本包括与下列活动相关的费用：

（1）检查存货费用。

（2）编制并提出订货申请费用。

（3）对多个供应商进行调查比较，选择合适的供应商的费用。

（4）填写并发出订单费用。

（5）填写并核对收货单费用。

（6）验收货物费用。

（7）筹集资金和付款过程中产生的各种费用。

2）资金占用成本

资金占用成本是为购买货品和保证存货而发生的资金成本。资金成本可以用公司投资的机会成本或投资期望值来衡量，也可以用实际发生的资金成本来计算。为了谨慎和方便，一般企业资金成本用银行贷款利息来计算。

3）存货风险成本

存货风险成本是发生在货品持有期间的，由于市场变化、价格变化、货品质量变化所造成的企业无法控制的商品贬值、损坏、丢失和变质等成本。

3. 缺货成本

缺货成本是指由于库存供应中断而造成的损失，包括原材料供应中断造成的停工损失、产成品库存缺货造成的延迟发货损失以及丧失销售机会造成的损失，甚至还应包括商誉损失。缺货成本不是仓库存货实际发生的成本支出，而是进行库存决策的一种比较方法。例如，生产企业以紧急采购代用材料来解决库存材料的中断之急，那么缺货成本就表现为紧急采购成本与正常采购成本之差。当企业某种产品缺货时，客户可能会购买该企业竞争对手的产品，这就会对该企业产生直接利润损失。如果因此失去客户，还可能为企业造成间接或长期损失。原材料、半成品或零配件的缺货还可能意味着机器空闲甚至停产，某些产品缺货可能引起企业市场占有率的降低和竞争能力的改变，因此，对于缺货的管理已成为仓储成本管理的重要内容。

缺货成本是由于外部或内部中断供应所产生的。当企业的客户得不到全部订货时，叫做外部缺货；当企业内部某个部门得不到全部订货时，叫做内部缺货。

如果发生外部缺货，将导致以下3种情况的发生。

1）延期交货

延期交货有两种形式，一种是缺货商品可以在下次订货时得到补充，另一种是利用快递延期交货。如果客户愿意等到下次订货，那么企业实际上没有什么直接损失，但商品延期交货会产生特殊订单处理费用。延期交货的特殊订单处理费用要比普通处理费用高。由于延期交货经常是小规模装运，而且延期交货商品可能需要利用速度快、收费较高的运输方式运送，所以延期交货成本可根据额外订单处理费用和额外运费来计算。

2）失销

缺货可能造成一些用户转向其他供应商，也就是说，许多公司都有生产替代产品的供应商，当一个供应商没有客户所需的商品时，客户就会从其他供应商那里订货，在这种情况下，企业的直接损失就是这种商品的毛利。除此之外，失销还包括当初负责相关销售业务的销售人员所付出努力的损失。需要指出的是，有时很难确定失销的总损失，如许多客户习惯用电话订货，客户只是询问是否有货，而未指明要订货多少，如果这种产品没货，企业很难准确地知道损失的总量，而且很难估计一次缺货对未来销售的影响。

3）失去客户

企业可能因缺货而失去客户，也就是说，客户永远转向其他供应商。失去客户意味着企业也就失去了未来的一系列收入，这种缺货造成的损失很难准确估计。失去客户除了利润损失，还有商誉损失。如果企业失去的是主要客户或者大部分客户，那么企业可能就失去了存在的意义。

4. 在途存货成本

如果企业以目的地交货价销售商品，就意味着企业要负责将商品运达客户，当客户收到订货商品时，商品的所有权才转移。从财务的角度来看，在途商品仍是企业的库存，因为这种在途商品在交给客户之前仍然属于企业所有。在途库存的资金占用成本一般等于仓库中库存的资金占用成本。

在途库存一般与仓库运作成本不相关，但要考虑在途货物的保险费用。选择快速运输方式时，一般货物过时或变质的风险要小一些，因此仓储风险成本较小，否则仓储风险成本就较大。一般来说，在途存货成本要比仓库中的存货成本小，如果企业库存量以及在途时间和风险比较小，这部分成本可以忽略不计。

11.1.2 仓储成本的计算

仓储成本是物流成本的重要组成部分，其高低直接影响利润水平，因此，合理控制仓储成本是企业物流管理的一项重要内容。

1. 仓储成本计算的一般方法

在计算仓储成本之前，需要明确仓储成本的计算范围。计算范围取决于成本计算的目的，如果要对所有的仓储活动进行管理就需要计算出所有的仓储成本。同样是仓储成本，由于所包括的范围不同，计算结果也不一样。如果只考虑库房本身的费用，不考虑仓储其他领域的费用，也不能全面反映仓储成本的全貌。每个企业在统计仓储费用时的口径不一致，往往缺乏可比性。因此，在讨论仓储成本的时候，首先应该明确成本计算所包括的范围。

在计算仓储成本时，原始数据主要来自财务部门提供的数据。因此，应该把握按支付形态分类的成本。在这种情况下，对外支付的保管费可以直接作为仓储成本全额统计，但对于企业内发生的仓储费用常常与其他部门发生的费用混合在一起的，需要从中剥离出来，如材料费、人工费、物业管理费、管理费、营业外费用等。

(1) 材料费。与仓储有关的包装材料、消耗工具、器具备品、燃料等费用，可以根据材料的出入库记录，将此期间与仓储有关的消耗量计算出来，再分别乘以单价便可得出仓储材料费。

(2) 人工费。人工费可以从仓储人员的工资、奖金、补贴等报酬的实际支付金额得到，以及由企业统一负担部分按仓储岗位人数分配后得到的金额计算出来。

(3) 物业管理费。物业管理费包括水、电、气等费用，可以根据设施上所记录的用量来获取相关数据，也可以根据建筑设施的比例和仓储人员的比例简单推算。

(4) 管理费。管理费无法从财务会计方面直接得到相关的数据，可以按人头比例简单推算。

(5) 营业外费用。营业外费用包括折旧、利息等。计算折旧首先要选择合适的折旧方法，然后根据设施设备的折旧年限和残值或残值率计算折旧，利息可以根据物流相关资产的贷款利率计算。

2. 仓储成本计算的其他方法

为了合理计算仓储成本，有效监控仓储过程中发生的费用来源，可以按支付形式、按运作项目或按适用对象等不同方法计算仓储成本。

1) 按支付形式计算仓储成本

把仓储成本分别按仓储搬运费、仓储保管费、材料消耗费、人工费、仓储管理费、仓储占用资金利息等支付形态分类,就可以计算出仓储成本的总额。这样可以了解花费最多的项目,从而确定仓储成本管理的重点。

这种计算方法是从月度损益表中"管理费用、财务费用、营业费用"等各个项目中取出一定数值乘以一定的比率(仓储部门比率分别按人数平均、台数平均、面积平均、时间平均等计算出来)算出仓储部门的费用。再将仓储成本总额与上一年度的数值作比较,弄清楚增减的原因并制定整改方案。

【案例解析】

某物流公司 2013 年 12 月份按支付形态划分的仓储成本核算见表 11-1。

表 11-1 某物流公司 2013 年 12 月份的仓储成本核算表

项目	管理等费用/元	仓储成本/元	计算基础/%	备注
1. 仓库租赁费	50 040	50 040	100	金额
2. 材料消耗费	15 092	15 092	100	金额
3. 工资津贴费	315 668	94 700	30	人数比率
4. 燃料动力费	6322	3288	52	面积比率
5. 保险费	5124	2664.48	52	面积比率
6. 修缮维护费	9798	5094.96	52	面积比率
7. 仓储搬运费	14 057	7309.64	52	面积比率
8. 仓储保管费	19 902	10 349.04	52	面积比率
9. 仓储管理费	9638	4047.96	42	仓储费比率
10. 易耗品费	10 658	4476.36	42	仓储费比率
11. 资金占用利息	11 930	5010.60	42	仓储费比率
12. 税金等	16 553	6952.26	42	仓储费比率
仓储成本合计	434 742	199 981.32	46	仓储费占费用总额比率

核算基准的计算如下:

人数比率=(物流工作人员数÷全公司人数)×100%=(21÷70)×100%=30%

面积比率=(物流设施面积÷全公司面积)×100%=(1600÷3077)×100%=52%

仓储费用比率=(1~8 项的仓储费之和/1~8 项的管理等费用之和)×100%=(50 040+15 092+94 700+3288+2664.48+5094.96+7309.64+10 349.04)/(50 040+15 092+315 668+6322+5124+9798+14 057+19 902)×100%=42%

2) 按运作项目计算仓储成本

按仓储活动项目计算仓储成本是将仓库中的各个运作环节发生的成本分别统计,如入库费用、出库费用、分拣费用、检查费用、盘点费用等。在仓库众多的情况下,采用按活动项目计算仓储成本的方法可以较容易地进行相互之间的比较,从而达到有效管理的目的。

3) 按适用对象计算仓储成本

仓储成本的计算也可以按照仓库商品所适用的对象,按产品、地区的不同分别计算仓储成本，这就是一般所说的按适用对象计算仓储成本。按照不同地点计算仓储发生成本，并计算仓储成本占销售金额或毛收入所占比例，及时发现仓储过程存在的问题并加以解决。

11.1.3 仓储成本的控制

仓储成本具有经济上的合理性，因为仓储成本能平衡运输和生产采购成本。也就是说，储备一定数量的库存，企业常常可以调整经济生产批量和生产批次来降低生产运营成本。同时，储备库存也可以通过更大、更经济的运输批量来降低运输成本，保证营运总成本的节约。因此，企业在进行仓储成本控制时应权衡利弊，合理确定控制的策略和措施。由于仓储成本与物流成本其他要素之间存在二律背反的现象，所以降低仓储成本要在保证物流总成本最低和不降低企业总体服务质量水平的前提下进行。

1. 优化仓储布局，做到适度集中库存

库存集中是指利用储存规模优势，以适度集中储存来代替分散的小规模储存，以实现仓储成本的优化。目前，许多企业通过建立大规模的物流中心，把过去零星库存集中起来进行管理，并对一定范围内的用户进行直接配送，从而显著降低了仓储成本。因此，进行适度库存集中可以提高对单个用户的保证能力，有利于采取机械化、自动化方式，有利于形成一定批量的干线运输，并有利于形成支线运输的始发点。

2. 合理选择适当的订货方式控制仓储成本

不同的企业可以根据自身的特点，通过采用订货点控制法和经济订货批量控制法来安排货物的采购，以降低仓储成本。

3. 优化库存，降低存货成本

（1）排除无用的库存。定期核查仓库中的货品，将长期不用、过期、过时的货品及时上报清理。无用的库存既占用空间，又浪费库房运作费用，要建立制度对无用库存货品进行及时处理。

（2）减少库存量。仓储费用的发生与库存数量成正比例的关系，在满足存货保证功能的前提下，将存货数量减到最低无疑是减少仓储成本的最直接办法。

（3）对一些生产周期短、运输方便的货品实行JIT管理，减少库存成本。

4. 利用ABC分类法控制存货成本

利用ABC分类法对不同等级的货物分别进行管理与控制，详见第10章相关介绍。

5. 采用"先进先出"方式，减少仓储物的保管风险

"先进先出"是储存管理的准则之一，它能保证每个被储存物的储存期不至过长，减少仓储物的保管风险。

6. 提高储存密度，提高仓容利用率

（1）采取高垛的方法，增加储存的高度。具体方法如采用高层货架仓库、集装箱等都可比一般堆存方法大大增加储存高度。

（2）缩小库内通道宽度以增加有效储存面积。具体方法有采用窄巷道式通道，配以轨道式装卸车辆，以减少车辆运行宽度要求；采用侧移式叉车、推拉式叉车，以减少叉车转弯所需的宽度。

（3）减少库内通道数量以增加有效储存面积。具体方法有采用密集型货架；采用不依靠通道可进车的可卸式货架；采用各种贯通式货架；采用不依靠通道的桥式起重机装卸技术等。

除此之外，利用计算机系统提高仓储作业效率，及时准确地反馈仓储信息，加强管理也是极有必要的。

11.2 配送成本管理

11.2.1 配送成本的构成

配送是与市场经济相适应的一种先进物流方式，是物流企业按用户订单或配送协议进行配货，经过科学统筹规划，在用户指定的时间将货物送达用户指定地点的一种供应方式。从整个物流系统来讲，配送几乎包括了所有的物流功能要素，是物流活动的一个缩影或在某小范围中物流全部活动的体现，是配送企业重要的作业环节。配送成本就是完成配送活动需要付出的代价，是配送过程中所支付的费用总和。

根据配送流程及配送环节，配送成本实际上包含配送运输费用、拣选费用、配装费用和流通加工费用等。

1. 配送运输费用

1）车辆费用

车辆费用指从事配送运输生产而发生的各项费用，具体包括驾驶员及助手的工资及福利费、燃料、轮胎、修理费、折旧费、养路费、车船使用税等项目。

2）营运间接费用

营运间接费用是指营运过程中发生的不能直接计入各成本计算对象的站、队经费，具体包括站、队人员的工资及福利费、办公费、水电费、折旧费等内容，但不包括管理费用。

2. 拣选费用

1）拣选人工费用

拣选人工费用是指从事拣选工作的作业人员及有关人员工资、奖金、补贴等费用的总和。

2）拣选设备费用

拣选设备费用是指拣选机械设备的折旧费用及修理费用。

3. 配装费用

1）配装材料费用

常见的配装材料有木材、纸、自然纤维和合成纤维、塑料等，这些包装材料功能不同，成本相差很大。

2）配装辅助费用

除上述费用外，还有一些辅助性费用，如包装标记的印刷、拴挂物费用等的支出。

3）配装人工费用

配装人工费用是指从事配装工作的工人及有关人员的工资、奖金、补贴等费用总和。

4. 流通加工费用

1）流通加工设备费用

流通加工设备因流通加工形式不同而不同，购置这些设备所支出的费用以流通加工费用的形式转移到被加工产品中去。

2）流通加工材料费用

流通加工材料费用是指在流通加工过程中，投入到加工过程中的一些材料消耗所需要的费用，即流通加工材料费用。

3）流通加工人工费用

在流通加工过程中从事加工活动的管理人员、工人及有关人员工资、奖金等费用的总和。

在实际应用中，应该根据配送的具体流程归集成本，不同的配送模式其成本构成差异较大。在相同的配送模式下，由于配送物品的性质不同，所以其成本构成差异也很大。

【知识链接】

配送成本的特点

（1）配送成本的隐蔽性。多数配送成本通常混杂在运输成本、销售成本和一般经营费用当中，会计对这些成本和费用进行核算时，难于将配送成本单独计算，提供完整的配送成本信息。

（2）配送成本消减具有乘数效应。假设某配送企业销售 10 000 元的货物，其配送成本为 1000 元。如果配送成本降低 10%，就可以得到 100 元利润；但如果该配送企业的销售利润率为 5%，则创造 100 元利润需增加 2000 元的销售额，即降低 10%的配送成本所起的作用相当于销售额增加 20%。

（3）配送成本的效益背反。配送成本是由若干项构成的，如包装成本、装卸搬运成本、拣选成本等，如要减少包装成本，需简化包装，则增加了装卸搬运的难度和货物损坏，导致总的成本增加。

11.2.2 配送成本的计算

配送成本费用的计算涉及多环节的成本计算，首先应对每个环节计算成本，再汇总计算总成本。配送总成本是指成本计算期内成本计算对象的成本总额，即各个成本项目金额之和，其计算公式为

配送总成本＝配送运输成本＋拣选成本＋配装成本＋流通加工成本

11.2.3 配送成本的控制

1. 加强配送的计划性

在配送活动中，临时配送、紧急配送或无计划的随时配送都会大幅度增加配送成本。为了加强配送的计划性，需要制定配送申报制度。所谓配送申报制度，就是零售商店订货申请制度。解决这个问题的基本原则：在尽量减少零售店存货、尽量减少缺货损失的前提下相对集中各零售店的订货。

应针对商品的特性制定相应的配送申报制度，阐述如下：

（1）对鲜活商品应实行定时定量申报、定时定量配送。为保证商品的鲜活，零售店一般一天申报一次，商品的量应以当天全部销售完为度。实行定时定量申报的商品，在商品量确定以后，分店除特殊情况外不必再进行申报。由配送中心根据零售店的定量每天送货。

（2）对普通商品应实行定期申报、定期配送。定期申报是指零售店定期向配送中心订货，订货量为两次订货之间的预计需求量，如每 7 天订一次，每 7 天送一次货。问题的关键是如何确定合理的时间间隔。时间太长，每次的发货量必定很多，这无疑将配送中心的存货分散到零售店储备；时间太短，每次发的货太零星，既增加了配送难度，又增加了配送次数。一个合理的时间间隔应该在保持较少的库存而又不缺货的前提下，集中零售店的订货，在实际操作中应通过数据来分析和经验来确定。

2. 确定合理的配送路线

配送路线合理与否对配送速度、成本、效益影响很大，因此，采用科学方法确定合理的配送路线是配送的一项重要工作。确定配送路线可以采用各种数学方法和在数学方法基础上发展和演变出来的经验方法。无论采用何种方法都必须满足一定的约束条件，阐述如下：

（1）满足所有零售店对商品品种、规格和数量的要求。
（2）满足零售店对货物到达时间范围的要求。
（3）在交通管理部门允许通行的时间内进行配送。
（4）各配送路线的商品量不超过车辆容积及载重量的限制。
（5）要在配送中心现有的运力允许的范围之内配送。

3. 进行合理的车辆配载

各零售店的销售情况不同，订货的品种也往往不一致，这就使一次配送的货物可能有多个品种。这些货物不仅包装形态、运输性能不一，而且密度差别较大，有的甚至相差甚远。密度大的商品往往达到了车辆的载重量，但体积空余很大；密度小的商品达到车辆的最大体积时，达不到载重量；单装实重或轻泡商品都会造成浪费。如果实行轻重商品配装，既会使车辆达到满载，又充分利用车辆的体积，大大降低运输费用。

11.2.4 降低配送成本的策略

1. 混合策略

混合策略是指配送业务一部分由企业自身完成，其他的业务则由第三方物流完成。这种策略的基本思想：采用纯策略的配送方式超出一定程度不仅不能取得规模效益，反而还会造成规模不经济；而采用混合策略，合理安排企业自身完成的配送和外包给第三方物流完成的配送，能使配送成本最低。

2. 差异化策略

差异化策略的指导思想是当企业拥有多种产品线时，不能对所有产品都按同一标准的顾客服务水平来配送，而应按产品的特点、销售水平来设置不同的库存、不同的运输方式以及不同的储存地点。忽视产品的差异性会增加不必要的配送成本。

例如，一家生产化学品添加剂的公司，为降低成本，按各种产品的销售量比重进行分类：A类产品的销售量占总销售量的70%以上，B类产品占20%左右，C类产品则为10%左右。对A类产品，公司在各销售网点都备有库存；对B类产品，只在地区分销中心备有库存而在各销售网点不备有库存；对C类产品，连地区分销中心都不设库存，仅在工厂的仓库才有存货。经过一段时间的运行，事实证明这种方法是成功的，企业总的配送成本下降了20%。

3. 合并策略

1）配送方法上的合并

企业在安排车辆完成配送任务时，充分利用车辆的容积和载重量，做到满载满装，是降低成本的重要途径。由于产品品种繁多，所以不仅包装形态、储运性能不一，而且在容重方面也往往相差甚远。如果只装容重大的货物，往往是达到了载重量，但容积空余很多；只装容重小的货物则相反，看起来车装得满，实际上并未达到车辆载重量。这两种情况实际上都造成了浪费。实行合理的轻重配装、容积大小不同的货物搭配装车，就可以不但在载重方面达到满载，而且也充分利用车辆的有效容积，取得最优效果，最好是借助计算机计算货物配车的最优解。

2）共同配送

共同配送是一种产权层次上的共享，也称集中协作配送。它是几个企业联合，集小量为大量，共同利用同一配送设施的配送方式。其标准运作形式是在中心机构的统一指挥和调度下，各配送主体以经营活动（或以资产为纽带）联合行动，在较大的地域内协调运作，共同对某一个或某几个客户提供系列化的配送服务。这种配送有两种情况：第一种是中小生产、零售企业之间分工合作实行共同配送，即同一行业或在同一地区的中小型生产、零售企业单独进行配送的运输量少、效率低的情况下进行联合配送，不仅可减少企业的配送费用、配送能力得到互补，而且有利于缓和城市交通拥挤，提高配送车辆的利用率；第二种是几个中小型配送中心之间的联合，针对某一地区的用户，由于各配送中心所配物资数量少、车辆利用率低等原因，几个配送中心将用户所需物资集中起来，共同配送。

4. 延迟策略

传统的配送计划安排中，大多数的库存是按照对未来市场需求的预测量设置的，这样就存在着预测风险，当预测量与实际需求量不符时，就出现库存过多或过少的情况，从而增加配送成本。延迟策略的基本思想就是对产品的外观、形状及其生产、组装、配送应尽可能推迟到接到顾客订单后再确定，一旦接到订单就要快速反应，因此采用延迟策略的一个基本前提是信息传递要非常快。

一般说来，实施延迟策略的企业应具备以下几个基本条件：

(1) 产品特征。模块化程度高，产品价值密度大，有特定的外形，产品特征易于表述，定制后可改变产品的容积或重量。

(2) 生产技术特征。模块化产品设计、设备智能化程度高、定制工艺与基本工艺差别不大。

(3) 市场特征。产品生命周期短、销售波动性大、价格竞争激烈、市场变化大、产品的提前期短。

实施延迟策略常采用两种方式：生产延迟（或称形成延迟）和物流延迟（或称时间延迟）。而配送中往往存在着加工活动，所以实施配送延迟策略既可采用形成延迟方式，也可采用时间延迟方式。具体操作时，常常发生在诸如贴标签（形成延迟）、包装（形成延迟）、装配（形成延迟）和发送（时间延迟）等领域。

5. 标准化策略

标准化策略就是尽量减少因品种多变而产生的附加配送成本，尽可能多地采用标准零部件、模块化产品，如服装制造商按统一规格生产服装，直到顾客购买时才按顾客的身材调整尺寸大小。采用标准化策略要求厂家从产品设计开始就要站在消费者的立场去考虑怎样节省配送成本，而不要等到产品定型生产出来了才考虑采用什么技巧降低配送成本。

11.3 绩效评价

不论在企业物流系统中还是在社会物流系统中，仓储或配送企业都担负着货主企业生产经营所需的各种物品的收发、储存、保管保养、控制、监督和保证及时供应货主企业生产和销售经营需要等多种职能，这些活动对于货主企业是否能够按计划完成生产经营目标、控制仓储配送成本和物流总成本至关重要。因此，仓储或配送企业有必要建立起系统科学的仓储和配送生产绩效考核指标体系。

11.3.1 仓储与配送绩效评价的标准

在一定的经营期间内，仓储或配送企业运用指标对其经营业绩及服务水平进行考核，以提高仓储和配送管理的业务及技术水平。

仓储与配送绩效评价的标准是对评价对象进行分析评价的标尺，是评价工作的准绳和前提。

(1) 计划（预算）标准。这是仓储与配送绩效评价的基本标准，是指以事先制订的计划、预算和预期目标为评价标准，将仓储与配送绩效实际达到的水平与其进行对比。该标准反映了仓储与配送绩效计划的完成情况，并在一定程度上代表了现代企业经营管理水平。

(2) 历史标准。这是以历史同期水平或历史最高水平为衡量标准，将仓储与配送绩效实际达到的水平与其自身历史水平进行纵向比较。

(3) 客观标准。这是以国际或国内同行业绩效状况作为评价本企业仓储与配送绩效的标准,采用这一评价标准,评价结果较为真实且具有横向可比性,便于了解企业本身在行业中所处的位置,有助于企业制定仓储与配送发展战略。

(4) 客户标准。这是以客户评价来衡量企业的仓储与配送绩效,以客户的满意程度作为评价仓储或配送企业运作服务水平的关键因素,以及企业改进和提高仓储与配送水平的重要依据。

11.3.2 仓储与配送绩效评价指标体系

仓库与配送中心担负着生产经营所需各种货物的收发、储存、保管保养等多项业务职能,而这些活动与生产经营及其经济效益密切相关。仓储与配送活动的各项考核指标是仓储与配送管理成果的集中反映,是衡量仓储与配送管理水平高低的尺度,也是考核、评估各方面工作和各作业环节工作成绩的重要手段。因此,指标考核对加强仓储与配送管理工作、提高管理的业务和技术水平是十分必要的。

仓储管理与配送部门经济技术指标可分为货物的效益、货物的质量、货物的效率和货物的经济性指标。

1. 货物的效益指标

货物的效益指标是反映配送中心容量、能力及货物储存数量的指标。核算这一指标的作用在于掌握仓储与配送管理水平、衡量仓储与配送能力、挖掘保管人员潜力、提高仓储与配送效能。

1) 期间货物吞吐量

期间货物吞吐量是反映仓库与配送中心工作数量的指标,也是计算其他指标的基础和依据。其计算公式为

$$期间货物吞吐量 = 期间货物总进库量 + 期间货物总出库量 + 期间货物直拨量$$

货物吞吐量也叫货物总周转量,一般以"吨"或"箱"等为计量单位;期间货物吞吐量指标常常以"年"为计算周期。

2) 单位面积储存量

单位面积储存量是反映仓库与配送中心面积利用效率的指标。它一方面与仓库与配送中心规划和周转量有关,另一方面与货物的储位规划和堆放方式有关。其计算公式为

$$单位面积储存量 = \frac{日平均储存量}{库房或货场使用面积}$$

2. 货物的质量指标

货物的质量指标可以反映仓储与配送工作的质量和效率,也可以反映货品耗损情况以及仓库与配送中心设备的安全性和可靠性。

1) 账物差异率

账物差异率是指在货物盘点时,仓库与配送中心货物保管账面上的货物储存数量与相应库存实有数量的相互符合程度。其计算公式为

$$账物差异率 = \frac{账物差异笔数(件数、重量)}{储存货物总笔数(件数、重量)} \times 100\%$$

2) 配送差错率

配送差错率反映配送的准确程度和服务质量。其计算公式为

$$配送差错率 = \frac{配送差错累计笔数}{配送累计总笔数} \times 100\%$$

或

$$配送差错率 = \frac{配送差错件数（重量）}{期内配送总件数（重量）} \times 100\%$$

3) 货物的损耗率

货物损耗率反映货物保管（配送）的实际情况，尤其是那些易挥发、失重或破碎的货物，应制定相应标准。其计算公式为

$$货物损耗率 = \frac{货物损耗额}{货物保管（配送）总额} \times 100\%$$

或

$$货物损耗率 = \frac{货物损耗量}{期内货物储存（配送）总量} \times 100\%$$

4) 平均保管（配送）损失

保管（配送）损失的计算范围包括因保管（配送）不善造成的霉变残损、丢失短少、超定额损耗及不按规定验收、错收、错付而发生的损失等。通过核算保管（配送）损失可以进一步追查损失的事故原因，核实经济责任，使损失降低到最小。其计算公式为

$$平均保管（配送）损失 = \frac{保管（配送）损失金额}{平均储存量}$$

5) 平均拣选时间

平均拣选时间反映仓储与配送服务质量和配送效率。其计算公式为

$$平均拣选时间 = \frac{拣选时间总和}{拣选总笔数}$$

6) 货物及时验收（配送）率

其计算公式为

$$货物及时验收（配送）率 = \frac{期内及时验收（配送）笔数}{期内收货（配送）总笔数} \times 100\%$$

7) 设备完好率

其计算公式为

$$设备完好率 = \frac{完好设备台日数}{设备总台日数} \times 100\%$$

8) 配送门店满足率

其计算公式为

$$配送门店满足率 = \frac{门店订单满足数}{门店订单总数} \times 100\%$$

3. 货物的效率指标

1) 仓储与配送中心利用率

仓储与配送中心面积和容积利用率是衡量和考核仓库与配送中心利用程度的指标，表明仓库与配送中心的利用效率，是反映仓储与配送中心管理水平的主要指标之一。考核这项指

标可以反映仓储与配送中心的使用是否合理，也可以挖潜多储，进一步提高仓库与配送中心的利用效率。其计算公式为

$$仓库（配送中心）面积利用率 = \frac{仓库（配送中心）的有效堆放面积}{仓库（配送中心）总面积} \times 100\%$$

或

$$仓库（配送中心）容积利用率 = \frac{报告期平均库存量}{仓库总容量} \times 100\%$$

2) 仓库与配送中心生产效率

仓库（配送中心）生产效率指标可以反映仓库（配送中心）的劳动生产率。其计算公式为

$$仓库（配送中心）生产效率 = \frac{全年货物出入库总量}{仓库（配送中心）全员年工日总数}$$

3) 资金使用效率

资金使用效率指标主要用于考核仓库与配送中心的资金使用情况，反映资金的利用水平及使用效果。其计算公式为

$$单位货物固定资产平均占用量 = \frac{报告期固定资产平均占用量}{报告期平均货物储存量}$$

$$单位货物流动资金平均占用量 = \frac{报告期流动资产平均占用量}{报告期平均货物储存量}$$

$$流动资金周转次数 = \frac{年仓储业务总收入}{全年流动资金平均占用额}$$

$$流动资金周转天数 = \frac{360}{流动资金周转次数}$$

或

$$流动资金周转天数 = \frac{全年流动资金平均占用额 \times 360}{年仓储业务总收入}$$

4) 货物周转速度

货物周转速度反映仓储与配送效率。在保证货物供应的前提下应尽量降低储存量，从而加快货物的周转速度，提高仓储与配送的效率。其计算公式为

$$货物年周转次数 = \frac{全年货物消耗总量}{全年货物平均储存量}$$

$$货物周转天数 = \frac{360}{货物年周转次数}$$

或

$$货物周转天数 = \frac{全年货物平均储存量 \times 360}{全年货物消耗总量}$$

或

$$货物周转次数 = \frac{全年货物平均储存量}{货物平均日消耗量}$$

4. 货物的经济性指标

1) 平均储存（配送）费用

平均储存（配送）费用可以综合反映仓储与配送的经济性。其计算公式为

$$平均储存(配送)费用 = \frac{每月储存(配送)费用总额}{月平均储存(配送)量}$$

2)利润总额

利润总额是反映仓库与配送中心管理水平的主要指标之一,是反映企业经济效益的综合指标。其计算公式为

$$利润总额 = 报告期仓库总收入额 - 同期仓库(配送中心)总支出额$$

或

$$利润总额 = 仓库(配送中心)营业收入 - 储存成本和费用 - 税金 + \\ 其他业务利润 \pm 营业外收支净额$$

3)资金利润率

资金利润率可以反映仓库(配送中心)资金的利用效果。其计算公式为

$$资金利润率 = \frac{利润总额}{固定资产平均占用 + 流动资金平均占用} \times 100\%$$

4)收入利润率

其计算公式为

$$收入利润率 = \frac{利润总额}{仓库(配送中心)营业收入} \times 100\%$$

5)每吨货物利润

其计算公式为

$$每吨货物利润 = \frac{报告期利润总额}{报告期货物储存(配送)总量}$$

> **拓展阅读**

IBM 仓储管理解决方案

随着业务量的不断增长和客户需求的不断提升,仓储管理也面临着越来越大的挑战。如何降低存货投资,加强存货控制,降低物流和配送费用,提高空间、人员和设备的使用率,缩短订单流程和补库时间,成为了各个仓储部门共同关心的问题。面对新的需求,IBM 仓储管理解决方案应运而生,为仓储管理带来划时代的变革。

传统的仓储管理运作包括收货、上架、补货、拣货、包装、发货。在目前的竞争环境下,企业必须不断改进以适应供应链竞争的需要。现代仓储管理已经转变成履行中心,它的功能包括:传统的仓储管理、交转运/在途合并、增值服务流程(组合/装配、包装/贴标、一对一营销等)、退货、质量保证和动态客户服务。

WMS(Warehouse Management System,仓库管理系统)按照常规和用户自行确定的优先原则来优化仓库的空间利用和全部仓储作业。对上通过电子数据交换技术等电子媒介与企业的计算机主机联网,由主机下达收货和订单的原始数据;对下通过无线网络、手提终端、条码系统和射频数据通信等信息技术与仓库的员工联系;上下相互作用,传达指令、反馈信息并更新数据库,同时生成所需的条码标签和单据文件。

一个 WMS 的基本软件包支持仓储作业中从进货站台直到发货站台的全部功能。除此之外,WMS 还能提供更多的附加支持,包括存货补充、循环盘存、班组工作实时监管等。更先进的

WMS还能连接自动导向车、输送带、回转货架和高架自动储存系统等,而最近的新趋势则是与企业的其他管理系统相结合,如运输管理系统、订单管理系统和企业资源规划调度系统等,使之融入企业的整体管理系统之内。

使用WMS会给仓库带来下列几个方面切实的效果:

(1) 减少生产停机时间。
(2) 避免错误拣货而导致生产延迟。
(3) 降低拣货周期,实现对市场变化的快速响应。
(4) 仓库的存货调度的全面可见。
(5) 优化人员、设施和设备的成本。

这些效果无疑会带给仓库明显的效益:空间利用率能提高20%,物理盘点的执行成本能大幅度减少,发运准确度达到95%(托盘运输的公司可以超过99.9%的准确度),计费性退货减少80%,安全存货降低,劳动力成本节约最多可达40%。这些最终都为仓库带来巨大的经济效益。

设计仓储绩效考核表

某仓储企业的仓库管理存在一些问题:一边是数以万计的物料、成百上千的供应商,庞大的货架式立体仓库;一边是为数不多且素质平平的仓管员,制度和流程不健全。归根到底,仓库问题基本上都来自现场管理不到位。

一、实训要求

(1) 通过对背景资料的学习讨论,制定企业仓库管理制度、作业流程以及仓库员工绩效考核表。

(2) 制定企业仓库管理制度、作业流程以及仓库员工绩效考核表。

二、操作步骤

(1) 将学生分成6~8个小组,每组选一名组长,组长的职责是进行组内成员任务分配并督促小组成员完成各自任务。

(2) 针对实训背景资料制定相应的仓库管理制度、作业流程以及仓库员工绩效考核表。

(3) 各小组轮流进行汇报。

(4) 完成仓库管理制度、作业流程以及仓库员工绩效考核表实施后的情况跟踪调查并做好完善工作。

【课后练习】

一、单项选择题

1. 仓储设备的折旧属于（　　）。
   A. 固定成本　　　　　　　　　B. 变动成本
   C. 资金占用成本　　　　　　　D. 在途持有成本

2. 资金占用成本属于（　　）。
   A. 仓储运作成本　　　　　　　B. 仓储存货成本
   C. 缺货成本　　　　　　　　　D. 在途存货成本

3. 库存品种占库存品种总数的 5%～10%，而其占用资金金额占库存金额的 60%～70% 的物资是（　　）。
   A. A 类物资　　　B. B 类物资　　　C. C 类物资　　　D. D 类物资

4. （　　）是货物储存的效益指标。
   A. 期间货物吞吐量　　　　　　B. 账物差异率
   C. 平均保管损失　　　　　　　D. 设备完好率

5. 设备维修费是（　　）。
   A. 固定成本　　　　　　　　　B. 变动成本
   C. 资金占用成本　　　　　　　D. 在途持有成本

二、多项选择题

1. 个别认定法又称（　　）。
   A. 个别计价法　　　　　　　　B. 分批认定法
   C. 具体辨认法　　　　　　　　D. 先进先出法

2. 仓储成本包括（　　）。
   A. 仓储运作成本　　　　　　　B. 仓储存货成本
   C. 缺货成本　　　　　　　　　D. 在途存货成本

3. （　　）属于仓储成本。
   A. 材料费　　　　　　B. 人工费　　　　　　C. 物业管理费
   D. 管理费　　　　　　E. 营业外费用

4. 仓储成本按入库费用、出库费用、分拣费用、检查费用、盘点费用分类不属于（　　）。
   A. 按仓储活动项目计算仓储成本
   B. 按支付形式计算仓储成本
   C. 按适用对象计算仓储成本
   D. 按配送活动项目计算仓储成本

5. 确认销售商品收入的条件有（　　）。

A. 企业已将商品所有权上的主要风险和报酬转移给买方
B. 与交易相关的经济利益能够流入企业
C. 相关的收入和成本能够被可靠地计量
D. 签订销售合同

三、判断题

1. 缺货一定会有损失。 ( )
2. 资金占用成本可能是实际发生的成本，也可能是一种机会成本。 ( )
3. 订货成本和存货成本此增彼减。 ( )
4. 先进先出法可以降低企业货物存储风险，应普遍采用。 ( )
5. 在途存货成本可以忽略不计。 ( )
6. 加强配送成本控制应加强配送的计划性。 ( )

四、思考题

1. 仓储成本的构成包含哪些内容？
2. 仓储成本控制的重要性有哪些表现？
3. 仓储成本控制有哪些原则？
4. 仓储成本控制有哪些方法？
5. 降低配送成本的策略有哪些？
6. 实施延迟策略的企业应具备哪些基本条件？

第 12 章

安全管理

ANQUAN GUANLI

【学习目标】

知识目标	技能目标
（1）掌握仓储与配送中心安全管理的各项要求 （2）掌握火灾的种类及灭火的方法 （3）了解仓储与配送中心安全管理的内容	（1）能够使用常用的灭火器 （2）能够使用常用的防盗和防火报警器

【案例导入】

2013年5月31日13时15分左右，大庆市林甸县花园镇境内的中储粮黑龙江林甸直属库发生火灾。事故共有80个粮囤、揽堆过火，社会影响恶劣，直接经济损失307.9万元。

思考

粮仓火灾会产生哪些危害？

12.1 消防管理

12.1.1 火灾知识

1. 火灾的危害

火灾是仓库与配送中心的灾难性事故。仓库与配送中心集中储存着大量的商品，从仓库与配送中心不安全的因素及危害程度来看，火灾造成的损失最大，它可以在很短的时间内使整个仓库与配送中心变成一片废墟，不仅造成仓储和配送货物的损害，还损毁仓库与配送中心设施，而且产生的有毒气体直接危及生命安全。因此，仓库与配送中心安全工作的重中之重是防火灭火。

【知识链接】

燃烧的基本原理

燃烧是指可燃物分解或挥发出的可燃气体与空气中的氧剧烈化合，同时发出光热的反应过程。在这种化学反应中，通常要发出光和火焰，并放出大量的热。

燃烧必须同时具备三要素：可燃物、助燃物和着火源。只有它们相互作用时，燃烧才能发生。

（1）可燃物是指在常温条件下能燃烧的物质，包括一般植物性物料、油脂、煤炭、蜡、大多数的有机合成物等。

（2）助燃物是指支持燃烧的物质，包括空气中的氧气、释放氧离子的氧化剂。

（3）着火源则是物质燃烧的热能源，实质上就是引起易燃物燃烧的热能。

2. 仓库与配送中心火灾的火源

1) 明火与明火星
明火与明火星包括生产、生活活动中所使用的灯火、炉火，气焊气割的乙炔火，打火机、火柴火焰，未熄灭的烟头，火柴梗的火星，内燃机械、车辆的排烟管火星以及飘落的未熄灭的爆竹等。

2) 自燃
自燃是指物品自身的温度升高，达到自燃点时，即使没有外界火源也能发生燃烧的现象。容易发生自燃的物质有粮食、煤炭、化纤、棉花、部分化肥、油污的棉纱等。

3) 雷电与静电
雷电是指带有不同电荷的云团接近时瞬间发生的放电现象而形成的电弧，电弧的高能量能造成易燃物的燃烧。静电则是指因为感应、摩擦使物体表面集结大量电子，向外以电弧的方式传导的现象，同样也能使易燃物燃烧。液体容器、传输液体的管道、工作中的电器、高压电气、运转的输送带、强无线电波等都会发生静电现象。

4) 电火
由于用电超负荷，电线短路、漏电引起的电路电火花，电气设备的电火花、升温也会引起燃烧。

5) 化学火和爆炸性火灾
由于一些化学反应会释放较多的热，有时甚至直接燃烧，从而引起火灾，如活泼轻金属遇水的反应和燃烧、硫化亚铁氧化燃烧、高锰酸钾与甘油混合燃烧等引起的火灾。另外，具有爆炸性的物品在遇到冲击、撞击发生爆炸而引起的火灾，一定浓度的易燃气体、易燃物的粉尘遇到火源也有可能引发爆炸。

6) 聚光
太阳光的直接照射会使物体表面温度升高，如果将太阳光聚合，形成强烈的光束会导致温度升高而引起易燃物燃烧。镜面的反射、玻璃的折射光都可能造成聚光现象。

7) 撞击和摩擦
金属或者其他坚硬的非金属在撞击时会引发火花，引起附近的易燃物品的燃烧。物体长时间摩擦也可能升温导致燃烧。

8) 人为破坏
人为恶意将火源引入仓库与配送中心而引起火灾。人为故意引火是一种犯罪行为，纵火人要受到刑事处罚。

3. 仓库与配送中心火灾的种类

对火灾进行分类是为了有效地防止火灾发生和有针对性地灭火。

1) 普通火灾
普通火灾是指普通可燃固体所发生的火灾，如木料、化纤、棉花、煤炭等。普通火灾虽然燃烧扩散较慢，但会深入燃烧物内部，灭火后重燃的可能性极高。普通火灾应使用水进行灭火。

2) 电气火灾
电气火灾是指电器、供电系统漏电所引起的火灾，以及有供电的仓库与配送中心发生的火灾。电气火灾的特征是在火场中还有供电存在，可能有使员工触电的危险。由于供电系统的传导，还会在电路的其他地方产生电火源，所以在发生火灾时，要迅速地切断供电，采用其他安全方式照明。

3）油类火灾

油类火灾是指各种油类、油脂发生燃烧引起的火灾。油类属于易燃品，且具有流动性，快着火的油的流动会迅速扩大着火范围。油类轻于水，会漂浮在水面随水流动，因此不能用水灭火，只能采用干粉、泡沫等灭火手段。

4）爆炸性火灾

爆炸性火灾是指具有爆炸性的货物发生的火灾，或者火场内有爆炸性物品，如易发生化学爆炸的危险品、会发生物理爆炸的密闭容器等都可造成爆炸性火灾。爆炸不仅会加剧火势、扩大燃烧范围，而且更危险的是直接造成人身安全的危害。面对这类火灾首要的工作是保证人身安全，迅速撤离人员。

12.1.2 防火工作

1. 防火工作

1）储存管理

（1）库房内物品储存要分类、分堆，堆垛与堆垛之间应当留出必要的通道，主要通道的宽度一般不应少于2m。

（2）能自燃的物品和化学易燃物品堆垛应当布置在温度较低、通风良好的场所，并应当有专人定时测温。

（3）遇水容易发生燃烧、爆炸的化学易燃物品不得存放在潮湿和容易积水的地点。

（4）受阳光照射容易燃烧、爆炸的化学易燃物品不得露天存放。

（5）易燃、可燃物品在入库前应当有专人负责检查，对可能带有火险隐患的物品应当存放到观察区，经检查确认无危险后，方准入库或归垛。

（6）储存易燃和可燃物品的库房、露天堆垛附近不准进行试验、分装、封焊、维修、动用明火等可能引起火灾的作业。

（7）库房内不准设办公室、休息室，不准住人，不准用可燃材料搭建阁层。

（8）库房内一般不应当安装采暖设备。

（9）库区和库房内要经常保持整洁。

2）装运管理

（1）装卸化学易燃物品必须轻拿轻放，严防震动、撞击、重压、摩擦和倒置。

（2）进入易燃、可燃物品库区的蒸汽机车和内燃机车必须装置防火罩。

（3）进入库区的汽车、拖拉机必须戴防火罩，并不准进入库房。

（4）对散落、渗漏在车辆上的化学易燃物品必须及时清除干净。

（5）各种机动车辆在装卸物品时，排气管的一侧不准靠近物品。

3）电源管理

（1）库房内一般不宜安装电器设备。

（2）储存化学易燃物品的库房应当根据物品的性质安装防爆、隔离或密封式的电器照明设备。

(3) 各类库房的电线主线都应当架设在库房外,引进库房的电线必须装置在金属或硬质塑料套管内,电器线路和灯头应当安装在库房通道的上方,与堆垛保持安全距离,严禁在库房屋顶架线。

(4) 库房内不准使用碘钨灯、日光灯、电熨斗、电炉、电烙铁、电钟、交流收音机和电视机等电器设备,不准用可燃材料做灯罩,不应当使用超过60W的灯泡。灯头与物品应当保持安全距离。

(5) 库房内不准架设临时电线。

(6) 库区的电源应当设总闸和分闸,每个库房应当单独安装开关箱。

(7) 在库区及库房内使用电器机具时,必须严格执行安全操作规程。

(8) 电器设备除经常检查外,每年至少应当进行两次绝缘检测,发现可能引起短路、发热和绝缘不良等情况时必须立即修理。

4) 火源管理

(1) 库区内严禁吸烟、用火,严禁放烟花、爆竹和信号弹。

(2) 金属火炉距可燃物不应小于1.5m。

(3) 金属烟囱距可燃墙壁、屋顶不应小于70cm,距可燃屋檐不应小于10cm,高出屋檐不应小于30cm。

(4) 不准用易燃液体引火。

5) 消防设施

(1) 仓库与配送中心区域内应当按照《防火规范》的规定,设置消防给水设施,保证消防供水。

(2) 消防器材设备应当有专人负责管理,定期检查维修,保持完整好用。

2. 防火方法

1) 控制可燃物

通过减少或者不使用可燃物、将可燃物质进行难燃处理来防止火灾,如仓库与配送中心建筑采用不燃材料建设、使用难燃电气材料,易燃货物使用难燃包装、用难燃材料覆盖可燃物等。通过通风的方式使可燃气体及时排除,通过洒水减少可燃物扬尘等措施来控制可燃物。

2) 隔绝助燃物

对于易燃品采取封闭、抽真空、充惰性气体、浸泡不燃液体等方式,或表面涂刷不燃漆、不燃涂料的方式使易燃物不与空气直接接触来防止燃烧。

3) 消除着火源

由于仓库与配送中心不可避免储存可燃物,隔绝空气的操作需要较高的成本,所以仓库与配送中心防火的核心就是防止出现着火源。消除着火源也是灭火的基本方法。

12.1.3 如何灭火

1. 灭火方法

火灾需要可燃物、助燃物和着火源三要素共同作用才能发生,如果缺少任何一个要素都不能形成火灾。防火和灭火工作就是使三者分离，不互相发生作用。灭火是可燃物已发生燃烧时采取终止燃烧的措施，常见的灭火方法有下列几种。

1) 冷却法

将燃烧物的温度降低到燃点以下，使其不能汽化，从而阻止燃烧。常用冷却法为用大量冷水、干冰等降温。

2) 窒息法

使火场附近的氧气含量减少，使燃烧不能继续。窒息法有封闭窒息法（如将燃烧间密闭）、充注不燃气体窒息法（如二氧化碳、水蒸气等）、不燃物遮盖窒息法（如用黄沙、惰性泡沫、湿棉被等覆盖着火物灭火）。

3) 隔绝法

将可燃物减少、隔离的方法。当发生燃烧时，将未着火的货物撤离，从而避免火势扩大。隔绝法是灭火的基本原则，一方面可减少受损货物，另一方面能起到控制火势的作用。当发生火灾时，先要尽量将火场附近的可燃物撤离或者用难燃材料将其隔离。

4) 化学抑制法

通过多种化学物质在燃烧物上的化学反应，产生降温、隔绝氧气等效果，消除燃烧。

5) 综合灭火法

当火灾的危害性极大，而且当火势迅猛基本无法控制时，要及时采取各种能够采用的灭火方式共同进行，提高灭火的能力，如采取封闭库房和库外喷水降温同时进行，货物搬离附近火场和释放灭火剂同时进行。

在共同使用多种灭火方式时，要注意避免所采用的手段互相干扰，降低灭火效果，如采用泡沫灭火时不能用水冲，除非有大量水源能够代替不足的泡沫；酸性灭火剂不能与碱性灭火剂共同使用；防止造成人员伤害，如释放惰性气体时必须把现场人员撤离。

【知识链接】

发生火灾立刻拨打"119"

《中华人民共和国消防法》第四十四条对报警作了明确规定："任何人发现火灾都应当立即报警。任何单位、个人都应当无偿为报警提供便利，不得阻拦报警。"仓库与配送中心应装有准确可靠的报警系统，一旦仓库与配送中心某处发生火情，报警装置能及时准确地报警，仓库与配送中心保卫部门就能迅速报告消防队和通知全体仓库与配送中心职工，以便及时组织扑救，避免火势的蔓延。

仓库与配送中心在起火之后的十几分钟内是一个关键时刻。把握住这个关键时刻有两条：一是利用现场灭火器材及时扑救，二是立即拨通"119"火警台报警，以便调集足够的力量尽早地控制和扑灭火灾。不管火势大小，只要发现失火就应立即报警。报警越早，损失越小。报警内容包括以下几个方面：

（1）发生火灾的详细地址。包括街道名称、门牌号码，高层建筑要讲明第几层楼等；农村发生火灾要讲明县名、乡（镇）名、村庄名称等。

（2）起火场所。如库房、油库、露天堆场等。库房着火应讲明为何建筑物，如砖木结构、钢筋水泥结构、高层货架仓库等。尤其应注意讲明起火物是何物，如液化石油气、汽油、化学试剂、棉花等，以便消防部门根据情况派出相应的灭火车辆。

（3）火势情况。如冒烟、有火光、火势猛烈，有多少房屋着火等。

（4）联系方式。报警人要报明自己的电话号码、姓名，以便联系。报警后应有人到路口接消防车到达火场。

2. 消防设施和设备及其使用

1）灭火器及其使用

灭火器是一些轻便的灭火容器，内装灭火剂，常用的有下列几种：

（1）干粉灭火器。内装干粉，如碳酸氢钠粉，碳酸氢钠粉是干燥、易流动、不燃、不结块的粉末，主要起着覆盖窒息的作用，还能阻止燃着的液体的流动。

干粉灭火器，有手提式和推车式两种。使用手提式灭火器灭火时，先拔去保险销，一只手握住喷嘴，对准火苗根部，另一只手提起提把，然后拉起拉环或压下压把即可喷射，灭火时人要保持直立，不可水平或颠倒使用；使用推车式灭火器灭火时，使用前首先要颠倒数次，使干粉松动，然后取出喷管，伸展软管，再用双手紧握喷管，用力压紧喷枪开关，随后拉出保险销，将手柄推到垂直位置或提起提环，对准火焰根部喷射推进。

（2）泡沫灭火器。内装泡沫，又分为空气泡沫和化学泡沫。由于泡沫较轻，在可燃物的表面覆盖起着阻隔空气的作用，使燃烧停止，所以主要用于油类火灾，也可以用于普通火灾的灭火。

泡沫灭火器有手提式和推车式两种。手提式的使用方法：一种是手提提环，距火源6~8m，将筒体颠倒，让射流对准燃烧物；另一种是拉出保险销，将喷嘴对准火源根部，按下压把，喷泡沫灭火。推车式的使用方法：先按逆时针方向转动手轮，将螺杆升到最高位置，使瓶盖完全开启，然后将筒体倾倒，使拉杆触地，对准火源，手持喷筒，扳开阀门，喷射灭火。

（3）二氧化碳灭火器（又称为干冰灭火器）。利用液态的二氧化碳在汽化时大量吸热造成降温冷却，同时二氧化碳本身具有窒息作用可以用来灭火。二氧化碳最适用于电气设备、气体燃烧引发的火灾，以及办公地点、封闭仓室发生火灾的灭火。二氧化碳灭火的优点是它可以及时气化、不留痕迹，不会损坏未燃烧的物品，但二氧化碳对人体同样具有窒息作用，在使用时要注意防止对人体造成的伤害。

二氧化碳灭火器有手提式和推车式两种，手提式在使用时用右手拔去保险销，并按下压把即可灭火；推车式在使用时先去掉铅封，按逆时针方向旋转手轮即可灭火。

（4）1211灭火器。内装"1211"，即二氟一氯一溴甲烷，是一种无色透明的不燃绝缘液体。1211灭火剂通过高压液化存储在高压钢瓶内。

使用1211灭火器灭火时，对着着火物释放，通过降温、隔绝空气、形成不燃覆盖层灭火。其灭火的效率比二氧化碳高3~4倍，适合于油类火灾、电气火灾的扑灭。

2）其他消防设施和设备

（1）消防水系统。水是仓库与配送中心消防的主要灭火剂，在灭火时有冷却和窒息作用。当水形成喷雾状时，能使某些燃烧物质的反应速度下降，还能降低某些爆炸物品的爆炸能力；当水形成柱状时，有一股冲击力能破坏燃烧结构，把火扑灭；水还有冷却易燃物质、防止火势蔓延的作用。因此，仓库与配送中心中应有足以保证消防用水的给水、蓄水、泵水的设备以及水塔、消防供水管道、消防车等。当库场中无自来水设备、距自然水源又远时，则必须修建水池以储备消防用水。有自来水设备的仓库与配送中心要按面积大小合理设置消火栓，应保证在每一个可能着火点上有不少于两个水龙头可进行灭火。

（2）砂土。砂土覆盖在燃烧物上可隔绝空气，能起窒息作用，从而使火熄灭。砂土可用以扑救电气设备及液体燃料的初起火灾，也可用于扑灭酸碱性物资的火灾和过氧化剂及遇水燃烧的液体和化学危险品的火灾。因此，仓库与配送中心中应备有沙箱。但必须注意的是，爆炸性物品（如硫酸铵等）不可用砂土灭火，而应用冷却法灭火，可用水浸湿的旧棉絮、旧麻袋覆盖在燃烧物上，防止火势蔓延。

不能用水对反应剧烈的化学危险品（如电石、金属钾、保险粉等）进行灭火，也不能用于比水轻、不溶于水的易燃液体（如汽油、苯类物品）的灭火。

（3）自动消防设备。常见的自动消防设备有离子烟感火灾探测报警器、光电烟感报警器、温感报警器、紫外火焰光感报警器、红外火焰光感报警器和自动喷洒灭火装置等。

此外，仓库与配送中心还可购置一些斧、钩等器材，统一设置在消防工具站，以防备用。

（4）消防水带。操作步骤：取出消防水带（一般为 20m）；展开消防水带，一个接头靠近消防栓，另一个接头尽量靠近火源；将靠近消防栓的接头接上消防栓，另一头接上喷枪；打开消防栓开关供水；紧握喷枪，对准火源喷射推进。注意，每次使用完后都要用清水洗净、晾干。

3. 灭火工作的组织指挥

火灾发生后，首先要了解火场有无被困人员及被困地点和抢救通道，以便进行安全疏散。组织指挥人员应保持镇静，通过警铃、电话、广播等方式向火灾现场内的人员发出警报，组织有序疏散。疏散时烟雾较浓，可采用低姿势行走，或匍匐穿过浓烟区的方法，因为地面烟雾相对比较稀薄。若有条件可用湿毛巾堵住嘴、鼻，或用短呼吸法，迅速撤出烟雾区。若自身着火，不能奔跑，应就地倒下打滚，把身上的火焰压灭，也可用湿麻袋、毯子灭火，或跳入池塘中将身上的火熄灭。

为了最大限度地减少损失，火场上的物资应有组织地疏散。首先应疏散那些可能扩大火势和有爆炸危险的物资，如火灾附近的汽油、柴油桶，充装有气体的钢瓶以及易燃、易爆和有毒物品等；其次疏散性质重要、价值昂贵的物资，如档案资料、珍贵文物、高级仪器等；然后及时疏散影响灭火的物资，如怕水物资（糖、电石）等。

4. 灭火的一些要求

1）电气设备初起火灾的扑救

（1）低压电器设备起火时应立即切断电源。

（2）使用 1211 灭火器、干粉灭火器、二氧化碳灭火器灭火，因这些灭火器都不会导电，在无法切断电源时也可以带电灭火，但不能使用具有导电性的水或酸碱灭火器或泡沫灭火器灭火。

（3）当闸刀开关的绝缘层遭到破坏时，最好利用绝缘杆或干燥竹竿拉开闸刀，进行断电作业。

（4）若是 250V 以下的电源，可穿上绝缘鞋或戴上绝缘手套，用断电剪将电线剪断，并在断裂处用绝缘胶布包好，防止发生短路。

2）有毒气体的防范

在火场上经常会遇到的有毒气体是因供氧不足而产生的一氧化碳以及氯化氢、二氧化硫、氧化物等燃烧产物，在一些特别场所还会散发出乙炔气、石油气、煤气、氨气、氯气等。火场的燃烧物和一些有毒气体对人身有很大危害，有的气体还有着火、爆炸的危险，必须采取防毒安全措施。

（1）应查清毒气的种类和扩散范围，以便采取对策。

（2）对已出现的各种有毒气体，可用喷雾水进行驱赶。

人应尽量站在上风方向，借助风的作用增强驱赶效果，又能有效防止人员中毒。有条件时，可使用各种呼吸保护器具或用湿毛巾、口罩等简便器材进行防护。若出现头昏、恶心、呼吸困难等症状时应及时进行救护。

3) 化学危险品火灾的扑救

化学危险品的防火灭火工作有其特别重要的意义。一般情况下，爆炸品引起的火灾主要用水扑救，氧化剂起火大多可用雾状水扑救，也可用二氧化碳灭火器、泡沫灭火器、沙土扑救。

易燃固体失火，一般可用水、砂土和泡沫灭火器等扑救。易燃液体失火，用泡沫灭火器最为有效，也可用干粉灭火器、砂土、二氧化碳灭火器扑救。由于绝大多数易燃液体都比水轻，且不溶于水，故不能用水扑救。

腐蚀性商品中，碱类和酸类的水溶液着火可用雾状水扑救，但遇水分解的多卤化合物、氯磺酸、发烟硫酸等不能用水扑救，只能用二氧化碳灭火器扑救，有时也可用砂土灭火。遇水燃烧的商品起火只能用干砂土和二氧化碳灭火器扑救，自燃性商品起火可用大量水和其他灭火器料，压缩气体起火可用砂土、二氧化碳灭火器、泡沫灭火器扑救，放射性物品着火可用大量水或其他灭火器扑救。

12.1.4 消防管理措施

（1）普及防火知识。坚持经常性的防火宣传教育，普及消防知识，不断提高全体仓库与配送中心职工防火的警惕性，让每个职工都学会基本的防火灭火方法。

（2）遵守《防火规范》。新建、改建的仓库与配送中心要严格遵照《防火规范》的规定，不得擅自搭建违章建筑，也不得随意改变建筑的使用性质。仓库与配送中心的防火间距内不得堆放可燃物品，不得破坏建筑物内已有的消防安全设施，消防通道、安全门、疏散楼梯、走道要经常保持畅通。

（3）易燃、易爆的危险品仓库与配送中心必须符合防火防爆要求。凡是储存易燃、易爆物品的危险品仓库与配送中心，进出的车辆和人员必须严禁烟火；储存危险品应专库专储，性能相抵触的商品必须严格分开储存和运输，作业时轻拿轻放，防止剧烈震动和撞击。易燃、易爆危险品仓库与配送中心内应选用不会产生电火花的电器开关，该类专库须由专人管理。

（4）电气设备应始终符合规范的要求。仓库与配送中心中的电气设备不仅安装时要符合规定要求，而且要经常检查，一旦发现绝缘损坏要及时更换，不应超负荷，不应使用不合规格的保险装置。电气设备附近不能堆放可燃物品，工作结束应及时切断电源。

（5）明火作业须经消防部门批准，方可动火。若需电焊、气割、烘烤取暖、炉灶、安装锅炉等，要有防火安全措施，并必须由有关的消防部门批准，才能动火工作。

（6）配备适量的消防设备和火灾报警装置。根据仓库与配送中心的规模、性质、特点，配备一定数量的防火灭火设备及火灾报警器，按防火灭火的要求分别布置在明显和便于使用的地点，并定期进行维护和保养，使之始终保持完好状态。

（7）遇火警或爆炸应立即报警。如遇仓库与配送中心发生火情或爆炸事故，必须立即向当地的公安消防部门报警。事故过后，应根据"三不放过"的原则，认真追查原因，严肃处理事故责任者，并以此教育广大职工。

"三不放过"原则即指：事故原因不清不放过；事故责任者和应受教育没有受到教育的不放过；没有采取防范措施的不放过。

12.2 防盗和安全作业

12.2.1 防盗工作

为了确保仓库与配送中心物资安全，除了防火以外，防盗工作也很重要。防盗工作是仓库与配送中心安全管理中必不可少的重要组成部分。现代仓库与配送中心的防盗工作主要是负责仓库与配送中心日常的警戒和保卫的工作，其主要任务：日夜轮流守卫，防止坏人盗窃和破坏；掌握进出库人员的情况，做好防盗和登记工作，阻止闲人入库；守护仓库与配送中心大门，严禁火种、易燃、易爆等危险品带入；核对出库凭证，检查出库商品与出库凭证是否相符；在发生各种灾难时，负责保卫、防盗工作。

仓库与配送中心的防盗人员应充分发挥护仓保库的重要作用，坚守岗位，认真做好以下工作，贯彻防盗文明岗的规范。

1. 分段负责值勤巡逻

仓库与配送中心分管安全的负责人可根据整个仓库与配送中心的地理位置、地形、地貌及分布情况，分区分段划定值勤岗哨和巡逻范围，分段负责，以确保整个仓库与配送中心的安全。在划定区域内，守护员和防盗人员要担负起仓库与配送中心该区域的安全。在非工作时间，尤其是在夜间，值班的警护人员要严格把守住仓库与配送中心的大门，未经仓库与配送中心负责人批准（如夜间加班作业等），一律不准擅自进入仓库与配送中心。

2. 严格遵守防盗制度

仓库与配送中心防盗人员必须严格遵守仓库与配送中心的警护卫制度，坚守仓库与配送中心阵地。专职仓库与配送中心防盗员应驻守仓库与配送中心，工作时间不得随意离开仓库与配送中心，即使有事外出也应请假，得到准许后方可外出，并且必须按时返库，以确保仓库与配送中心防盗岗位始终有专职防盗人员守护。为保证防盗人员的休息，可设立专供防盗人员休息的寝室，并可采用三班制轮休的方法。

3. 熟悉周边情况，做到心中有数

仓库与配送中心防盗人员不仅应对仓库与配送中心中人员及设备、商品储存情况了如指掌，而且还应与仓库与配送中心周边的单位、居委会及当地公安部门建立经常的联系制度，熟悉四周的人员情况及动态，以利于仓库与配送中心的保卫、防盗工作开展。

4. 加强学习，提高素质

仓库与配送中心的警护卫人员应努力进行业务学习，可以邀请当地的公安部门有关人员来库讲授防盗的专业知识和进行有关的军事训练。

此外，仓储和配送企业必须根据现场实际环境和安全防范要求，合理地选择和安装各种防盗报警设备，才能更好地达到安全防范的目的。

【知识链接】

储货区的安全管理

储货区是库区重地，应严格安全管理。储货区周围设置高度大于 2m 的围墙，上置钢丝网，高 1.7m 以上，并设置电网或其他屏障。储货区内道路、桥梁、隧道等通道应畅通、平整。

储货区出入口设置日夜值班的门卫，对进出人员和车辆进行检查和登记，严禁易燃易爆物品和火源带入。

储货区内严禁危及货物安全的活动（如吸烟、鸣枪、烧荒、爆破等），未经上级部门的批准，不准在技术区内进行参观、摄影、录像或测绘。

12.2.2 安全作业

安全作业是指在物资进出仓库与配送中心装卸、搬运、储存、保管过程中，为了防止和消除伤亡事故、保障职工安全和减轻繁重的体力劳动而采取的措施。作业安全涉及货物的安全、作业人员人身安全及仓库与配送中心设备、设施的安全。这些安全事项都是仓库与配送中心的责任范围，所造成的损失都是由仓库与配送中心承担，因此说安全作业管理是经济利益的组成部分。

1. 安全作业管理

安全作业管理从作业设备和场所、作业人员两方面进行管理，一方面消除安全隐患，减少不安全的系统风险；另一方面提高人员对安全的防范意识和责任心。

1）安全操作管理制度化

安全作业管理应成为仓库与配送中心日常管理的重要项目，通过制度化的管理保证管理的效果，制定科学合理的各种作业安全制度、操作规程和安全责任制度，并通过严格的监督确定员工能够有效并充分地执行安全操作管理制度。

2）加强劳动安全保护

劳动安全保护包括直接和间接对员工实行的人身保护措施。仓库与配送中心要遵守《中华人民共和国劳动法》的规定，保证每日 8h、每周不超过 44h 的工时制，依法安排加班，给员工以足够的休息时间，包括合适的工间休息；提供合适和足够的劳动防护用品，如高强度工作鞋、手套、安全帽、工作服等，并督促作业人员使用和穿戴。

3）重视作业人员资质管理和业务培训

仓库与配送中心应对员工进行仓库与配送中心安全作业教育和操作培训，保证上岗员工都掌握作业技术与规范。从事特种作业的员工必须经过专门培训并取得特种作业资格才能上岗作业，且只能按证书规定的项目进行操作，不能混岗作业。

安全作业宣传和教育是仓库与配送中心的长期性工作，作业安全检查是仓库与配送中心安全作业管理的日常性工作，通过严格的检查、不断的宣传，严厉地对违章和忽视安全行为的惩罚以强化作业人员的安全责任意识。

2. 安全作业的基本要求

1) 人力安全操作基本要求

（1）人力操作仅限制在轻负荷的作业。男工人力搬举货物每件不超过80kg，距离不大于60m；集体搬运时每个人负荷不超过40kg；女工不超过25kg。

（2）尽可能采用人力机械作业。人力机械承重也应在限定的范围，如人力绞车、滑车、拖车、手推车等不超过500kg。

（3）只在适合作业的安全环境进行作业。作业前应使作业人员清楚明白作业要求，让员工了解作业环境，指明危险因素和危险位置。

（4）作业人员按要求穿戴相应的安全防护用具，使用合适的作业工具进行作业。

（5）合理安排工间休息。每作业2h至少有10min休息时间，每4h有1h休息时间，并合理安排生理需要时间。

（6）必须有专人在现场指挥和安全指导，严格按照安全规范进行作业指挥。

2) 机械安全作业要求

（1）使用合适的机械、设备进行作业。尽可能采用专用设备作业，或者使用专用工具。使用通用设备必须满足作业需要，并进行必要的防护，如货物绑扎、限位等。

（2）所使用的设备具有良好的工况。设备不得带病作业，特别是设备的承重机件，更应无损坏，符合使用的要求。应在设备的许可负荷范围内进行作业，决不超负荷运行，危险品作业时负荷还需减少25%。

（3）设备作业要有专人进行指挥。采用规定的指挥信号，按作业规范进行作业指挥。

（4）汽车装卸时，注意保持安全间距。汽车与堆物距离不得小于2m，与滚动物品距离不得小于3m。多辆汽车同时进行装卸时，直线停放的前后车距不得小于2m，并排停放的两车侧板距离不得小于1.5m。汽车装载应固定妥当、捆扎牢固。

（5）载货移动设备上不得载人运行。叉车不得直接叉运压力容器和未包装货物。移动设备在载货时需控制行驶速度，不得高速行驶。货物不能超出车辆两侧0.2m，禁止两车共载一物。

（6）移动吊车必须在停放稳定后方可作业。除了连续运转设备如自动输送线外，其他设备需停止稳定后方可作业，不得在运行中作业。

3) 安全技术

（1）装卸搬运机械的作业安全。要经常定期地对职工进行安全技术教育，从思想认识上提高其对安全技术的认识；组织职工不断学习普及仓储和配送作业技术知识；各项安全操作规程是防止事故的有效方法。

（2）仓库与配送中心储备物资保管保养作业的安全。作业前要做好准备工作，检查所用工具是否完好；作业人员应根据危险特性的不同穿戴相应的防护服装；作业时要轻吊稳放，防止撞击、摩擦和震动,不得饮食和吸烟;工作完毕后要根据危险品的性质和工作情况,及时洗手、洗脸、漱口或淋浴。

(3) 仓库与配送中心电气设备的安全。电气设备在使用过程中应有可熔保险器和自动开关;电动工具必须有良好的绝缘装置,使用前必须使用保护性接地;高压线经过的地方必须有安全措施和警告标志;电工操作时,必须严格遵守安全操作规程;高大建筑物和危险品库房要有避雷装置。

(4) 仓库与配送中心建筑物和其他设施的安全。对于装有起重行车的大型库房、储备化工材料和危险物品的库房,都要经常检查维护,各种建筑物都要备有防火的安全设施,并按国家规定的建筑安全标准和防火间距严格执行。

4) 劳动保护制度

劳动保护是为了改善劳动条件、提高生产的安全性、保护劳动者的身心健康、减轻劳动强度所采取的相应措施和有关规定。劳动安全保护包括直接和间接施行于员工人身的保护措施,具体做法如下:

(1) 要批判"事故难免论"的错误思想。重要的是要提高各级人员的安全思想认识和安全技术知识以及各班组安全员的责任心,使其认识到不安全因素是可以被认识的,事故是可以控制的,只要思想重视,实现安全作业是完全可能的。

(2) 建立和健全劳动保护机构和规章制度。专业管理与群众管理相结合,把安全工作贯穿到仓库与配送中心作业的各个环节,对一些有害有毒工种要建立保健制度,实行专人、专事、专责管理,推行安全生产责任制,并建立群众性的安全生产网,大家管安全,使劳动保护收到良好效果。

(3) 结合仓库与配送中心业务开展劳保活动。要根据上级指示结合仓库与配送中心具体情况,制定有效的预防措施,做到年度有规划、季度有安排、每月有纲要,使长计划与短安排结合,同时还要经常检查,防止事故的发生。仓库与配送中心要经常开展安全检查,清查潜在的不安全因素,及时消除事故的隐患,防患于未然。

(4) 经常组织仓库与配送中心职工开展文体活动,丰富职工精神生活,增强体质,改善居住条件等,这些都将对劳动保护起着重要的作用。

除此之外,还应采用具有较高安全系数的作业设备、作业机械,作业工具应适合作业要求,作业场地必须具有合适的通风、照明、防滑、保暖等适合作业的条件。不进行冒险作业和不安全环境的作业,在大风、雨雪影响作业时暂缓作业,避免人员带伤病作业。

12.3 其他安全管理

12.3.1 防台风工作

我国临靠的西北太平洋是热带气旋生成最多的地区,平均每年约有30次台风,其中7~10月份最多,其他月份较少,因而我国将此段时间称为台风季节。台风有一部分在我国登陆,主要分布在5~10月份,12~4月份基本上不在我国登陆。在我国登陆的地点主要集中在华南、华东地区,华北、东北极少。西北路径的台风经常在华东登陆后又回到东海,成为转向路径，这种台风的危害较大。一般台风在登陆后会迅速地转为热带低气压或者温带低气压，风力减弱，但是仍然还会随气流向内陆移动。

在华南、华东沿海地区的仓库与配送中心都会受到台风的危害，处在这些地区的仓库与配送中心要高度重视防台工作，避免这种灾难性天气对仓库与配送中心造成严重的危害。仓库与配送中心应设置专门的防台办公室或专门人员负责研究仓库与配送中心的防台工作，制订防范工作计划，接收天气预报和台风警报，与当地气象部门保持联系，组织防台检查，管理相关文件，承担台汛期间防台联络组织工作。在台汛期间，建立通讯联络、物资供应、紧急抢救、机修、排水、堵漏、消防等临时专业小组。

预防台风，应做好以下几方面的预备措施：

（1）积极防范。台风并不是年年都在一个地区登陆，防台工作是一项有备无患的工作。企业要对员工进行防台宣传和教育，促使其保持警惕，不能麻痹。

（2）全员参与。台风对仓库与配送中心造成的损害不仅是仓储和配送物资，而且包括仓库与配送中心建筑、设备、设施、场地、树木，以及物料备料、办公设施等一切财产和生命安全，还会造成环境污染危害。防台抗台工作是所有员工的工作，需要全员参与。

（3）不断改善仓库与配送中心条件。为了使防台抗台取得胜利，需要有较好的硬件设施和条件；提高仓库与配送中心设施设备的抗风、防雨、排水防水浸的能力；减少使用简易建筑，及时拆除危房危建和及时维修加固老旧建筑、围墙；提高仓库与配送中心、货场的排水能力，注意协调仓库与配送中心外围避免对排水的阻碍；购置和妥善维修水泵等排水设备，备置堵水物料；牢固设置仓库与配送中心、场地的绑扎固定绳桩。

12.3.2 防汛工作

洪水和雨水虽然是一种自然现象，但时常会对货物的安全储存带来不利影响，所以应认真做好仓库与配送中心防汛工作。

（1）建立组织。汛期到来之前，要成立临时性的短期工作机构，在仓库与配送中心领导者的领导下具体组织防汛工作。

（2）积极防范。平时要加强宣传教育，提高职工对自然灾害的认识；在汛期职工轮流守库，职能机构定员驻库值班，领导现场安排，以便在必要时统一指挥、积极组织抢救。

（3）加强联系。仓库与配送中心防汛组织要主动争取上级主管部门的领导，并与气象电台联系了解汛情动态、预见汛情发展，克服盲目性，增强主动性。

除此之外，还要注意对陈旧的仓库与配送中心改造排水设施，提高货位；新建仓库与配送中心应考虑历年汛情的影响，使库场设施能抵御雨汛的影响。

12.3.3 防雷工作

雷电是大自然中雷云之间或雷云对地之间的大规模放电现象。雷云放电会产生雷电流，雷电流除具有电流的一般的特性外，还有发生时间短（微秒级）、幅值高（几百千安）的特点，因此其瞬间功率是巨大的。正因为雷电流的特殊性，使得雷电有其特殊的破坏力，所以常常给人类带来巨大损失。雷击可以把建筑物劈裂、使架空的电线短路、引起森林大火，还会造成人员的直接伤亡。

仓库与配送中心是商品储运和检修的场所，一旦受到雷击，就会造成重大损失。因此，必须采取相应的防雷措施，保护仓库的安全。

（1）安装防雷装置。常见的防雷装置有避雷针、避雷线、避雷网、避雷带及避雷器等。一般应在易受雷击部位安装避雷装置，使被保护库房和突出库房屋面的物体均处于接闪器的保护范围之内；仓库内的金属制品和突出屋面的金属物应接到防雷电感应的接地装置上；低压架空线宜用长度不小于 50m 的金属铠装电缆直接埋地引入，入户端电缆的金属外皮应与防雷接地装置相连，电缆与架空线连接处还应装置阀型避雷器。

（2）在每年雷雨季节来临之前对防雷措施进行全面检查。主要应检查的方面：建筑物维修或改造后是否改变了防雷装置的保护情况；有无因挖土方、铺设管线或种植树木而挖断的接地装置；各处明装导体有无开焊、锈蚀后截面过小而导致损坏折断等情况；接闪器有无因接受雷击而熔化或折断；避雷器磁套有无裂缝、碰伤、污染、烧伤等；引下线距地 2m 一段的绝缘保护处理有无破坏；支撑物是否牢固，有无歪斜、松动；引下线与支持物的固定是否可靠；断接卡子有无接触不良；木结构接闪器支柱或支架有无腐蚀；接地装置周围土壤有无塌陷；测量全部接地装置的流散电流。

12.3.4　防震工作

为搞好仓库与配送中心防震工作，应做到以下几点：

（1）在仓库与配送中心建筑上，要以储存物资的价值大小为依据，审视其建筑物的结构、质量状况，从保存物资的实际需要出发，合理使用物力财力，进行相应的加固。新建的仓库与配送中心，特别是多层建筑、现代化立体仓库与配送中心，更要结合当地地质结构类型，预见地震的可能性，在投资上予以考虑，做到有所准备。

（2）在情报信息上，要密切注视毗邻地区及地震部门预测和预报资料。

（3）在组织抢救上，要做好充分的准备。当接到有关部门地震预报时，要建立必要的值班制度和相应的组织机构，当进入临震时，仓库与配送中心领导要通盘考虑、全面安排、合理分工、各负其责，做好宣传教育工作，动员职工全力以赴做好防震工作。

12.3.5　防静电工作

（1）爆炸物和油品应采取防静电措施。

（2）静电的安全应由懂有关技术的专人管理，并配备必要的检测仪器，发现问题及时采取措施。所有防静电设施都应保持干净，防止化学腐蚀、油垢沾污和机械碰撞损坏。

（3）每年应对防静电设施进行一两次的全面检查，测试应当在干燥的气候条件下进行。

> **拓展阅读**

仓库防盗小常识

（1）人防。由于看管工作比较特殊，看管物品多为贵重生产资料，应尽量选择年轻力壮的青年人负责看管工作，在重点时段、重点部位安排多人看管。同时，在上岗前进行专门培训工作，让看管人员了解仓库周边环境及被盗应急措施。

（2）物防。因为仓库里存放的都是贵重或者对生产很重要的物品，所以在仓库建立时就要考虑到防盗的需要，除了墙体要厚，防止暴力破坏之外，对一些重要的地方要进行多重加固。例如，多装几重锁具，提高围墙的高度，在围墙顶端装一些尖锐的东西并在墙上贴上警示语，防止小偷翻墙入院，在仓库大门等有门窗的地方进行特别的加固处理以达到拒贼于仓库之外的效果，增加了小偷作案的时间成本和风险，对保护仓库里的重要物资也会取得更好的效果。

（3）技防。为提高仓库防盗性，也可在仓库内部和附近安置监控录像设备或红外线防盗报警系统，同时安排专人进行监控，充分利用先进的高科技产品保护企业财产的安全。

使用灭火器

一、实训要求

（1）熟悉灭火器的种类。
（2）针对特定的火灾，选用适当的灭火器，并且操作正确。

二、操作步骤

（1）将全班学生按 5 人为一组，分成若干小组。
（2）让学生了解灭火器的性能和操作要求。
（3）让每个学生轮流打开灭火器灭火（使用方法参见下图）。

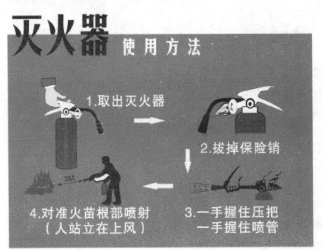

一、单项选择题

1. 下面不是仓库与配送中心灭火的基本方法有（   ）。
A. 通风法　　　　B. 隔离法　　　　C. 冷却法　　　　D. 窒息法

2. (　　)属于常用的灭火剂。
   A. 盐水　　　　　B. 水　　　　　C. 氯化钾　　　　D. 干粉
3. 火灾种类根据燃烧物质及其燃烧特性可以分为(　　)类。
   A. 二　　　　　　B. 三　　　　　C. 四　　　　　　D. 五

二、多项选择题

1. (　　)的灭火方法属于冷却法。
   A. 清水灭火器　　　　　B. 干粉灭火器　　　　　C. 二氧化碳灭火器
   D. 泡沫灭火器　　　　　E. 1211 灭火器
2. (　　)引起的初起火灾不能用水扑灭。
   A. 普通火　　　　　　　B. 油类火　　　　　　　C. 电气火
   D. 图书　　　　　　　　E. 油脂火
3. 燃烧三要素指的是(　　)。
   A. 可燃物　　　　　　　B. 助燃物　　　　　　　C. 着火源
   D. 电源　　　　　　　　E. 电线
4. 灭火的方法主要有(　　)。
   A. 冷却法　　　　　　　B. 窒息法　　　　　　　C. 隔离法
   D. 化学抑制法　　　　　E. 以上都是
5. 油类和油脂类发生燃烧，应采用(　　)灭火器灭火。
   A. 清水灭火器　　　　　B. 干粉灭火器　　　　　C. 二氧化碳灭火器
   D. 泡沫灭火器　　　　　E. 1211 灭火器

三、判断题

1. 可燃金属燃烧的火灾属于 C 类火灾，如钾、钠、镁等的燃烧。　　　　　(　　)
2. 用泡沫作为灭火剂，其作用主要是隔离作用，同时也有一定的冷却作用。(　　)
3. 手提式灭火器宜设置在挂钩、托架或灭火器箱内，其顶部离地面高度应小于 1.5m，底部离地面高度不宜小于 0.15m。　　　　　(　　)
4. 自然风险是指由于自然界的运动和变化给生命和财富造成伤亡和损失的现象，如暴风雪、暴乱、洪水等。　　　　　(　　)
5. 仓库与配送中心的着火源比较多。　　　　　(　　)

四、思考题

1. 现代仓储安全管理的重要意义是什么？
2. 现代仓库与配送中心安全的要求有哪些？
3. 现代仓库与配送中心防火工作的措施是什么？
4. 燃烧的 3 个必备条件是什么？
5. 报警的内容主要应包括哪些？
6. 灭火的基本方法是什么？
7. 常用的灭火器材有哪几种？其使用的范围是怎样的？
8. 灭火工作中应如何逃生及有组织地疏散火场上的物资？
9. 电气设备初起火灾应如何扑救？

参 考 文 献

[1] 刘军，左生龙. 现代仓储作业管理[M]. 北京：中国物资出版社，2006.
[2] 高本河，等. 仓储与配送管理基础[M]. 深圳：海天出版社，2004.
[3] 曾宏，王兰会. 仓库管理人员岗位培训手册[M]. 北京：人民邮电出版社，2007.
[4] 向海峡，等. 仓储物流员[M]. 北京：中国劳动社会保障出版社，2006.
[5] 陈修齐. 现代仓储与配送管理[M]. 北京：电子工业出版社，2008.
[6] 李洛嘉. 模拟库管员岗位实训[M]. 北京：高等教育出版社，2006.
[7] 蔡改成. 仓储与库存管理实务[M]. 武汉：武汉理工大学出版社，2007.
[8] 孙秋高. 仓储管理实务[M]. 上海：同济大学出版社，2007.
[9] 杜朝晖. 仓储与配送[M]. 哈尔滨：哈尔滨工业大学出版社，2008.
[10] 花永剑. 仓储管理实务[M]. 杭州：浙江大学出版社，2008.
[11] 王煜洲，等. 仓储管理实务[M]. 北京：人民交通出版社，2007.
[12] 李松庆. 物流学[M]. 北京：清华大学出版社，2008.
[13] 马俊生，王晓阔. 配送管理[M]. 北京：机械工业出版社，2008.
[14] 劳动和社会保障教材办公室. 配送物流员[M]. 北京：中国劳动社会保障出版社，2006.
[15] 贾争现，刘康. 物流配送中心规划与设计[M]. 北京：机械工业出版社，2004.
[16] 刘伟. 物流管理概论[M]. 北京：电子工业出版社，2007.
[17] 郑克俊. 仓储与配送管理[M]. 北京：科学出版社，2006.
[18] 储雪俭. 物流管理概论[M]. 北京：高等教育出版社，2005.
[19] 邬星根. 仓储配送与管理[M]. 上海：复旦大学出版社，2005.
[20] 吉亮，初倍. 物流成本[M]. 成都：西南交通大学出版社，2008.
[21] 曾益坤. 物流成本管理[M]. 北京：知识产权出版社，2006.
[22] 李松庆. 物流学[M]. 北京：清华大学出版社，2008.
[23] 汤齐，等. 物流技术基础[M]. 北京：中国铁道出版社，经济科学出版社，2008.
[24] 申金升，等. 现代物流信息化及其实施[M]. 北京：电子工业出版社，2006.
[25] 冯耕中. 物流信息系统[M]. 北京：机械工业出版社，2009.
[26] 马跃月，等. 物流管理与实训[M]. 北京：清华大学出版社，2008.
[27] 陈达强，等. 配送与配送中心运作与规划[M]. 杭州：浙江大学出版社，2009.
[28] 谭刚，姚振美. 仓储与配送管理[M]. 北京：中央广播电视大学出版社，2005.
[29] 宋玉. 仓储实务[M]. 北京：对外经济贸易大学出版社，2004.
[30] 张远昌. 仓储管理与库存控制[M]. 北京：中国纺织出版社，2004.
[31] 孙慧. 仓储运作与管理[M]. 重庆：重庆大学出版社，2008.
[32] 谢鹏，洪友祥. 库存管理[M]. 武汉：武汉理工大学出版社，2008.
[33] 潘迎宪. 物流仓储管理[M]. 成都：四川大学出版社，2006.

北京大学出版社第六事业部高职高专经管教材书目

本系列教材的特色：

1. 能力本位。以学生为主体，让学生看了就能会，学了就能用；以教师为主导，授人以渔；以项目为载体，将技能与知识充分结合。

2. 内容创新。内容选取机动、灵活，适当融入新技术、新规范、新理念；既体现自我教改成果，又吸收他人先进经验；保持一定前瞻性，又避免盲目超前。

3. 精编案例。案例短小精悍，能佐证知识内容；案例内容新颖，表达当前信息；案例以国内中小企业典型事实为主，适合高职学生阅读。

4. 巧设实训。实训环节真实可行，实训任务明确，实训目标清晰，实训内容详细，实训考核全面，切实提高能力。

5. 注重立体化。既强调教材内在的立体化，从方便学生学习的角度考虑，搭建易学易教的优质的纸质平台，又强调教材外在的立体化，以立体化精品教材为构建目标，网上提供完备的教学资源。

物流管理系列

序号	书 名	标准书号	编著者	定价	出版时间
1	现代物流概论	978-7-81117-803-6	傅莉萍	40	201010 第 2 次印刷
2	现代物流管理	978-7-301-17374-9	申纲领	30	201205 第 2 次印刷
3	现代物流管理	978-7-5038-4854-4	沈 默	37	201107 第 4 第印刷
4	现代物流概论	978-7-301-20922-6	钮立新	38	201207
5	企业物流管理	978-7-81117-804-3	傅莉萍	32	201308 第 4 次印刷
6	物流专业英语	978-7-5655-0210-1	仲 颖	24	201205 第 2 次印刷
7	现代生产运作管理实务	978-7-301-17980-2	李陶然	39	201211 第 2 次印刷
8	物流市场调研	978-7-81117-805-0	覃 逢	22	201309 第 3 次印刷
9	物流营销管理	978-7-81117-949-1	李小叶	36	201205 第 2 次印刷
10	采购管理实务	978-7-301-17917-8	李方峻	28	201402 第 3 次印刷
11	采购实务	978-7-301-19314-3	罗振华	33	201306 第 2 次印刷
12	供应链管理	978-7-301-20639-3	杨 华	33	201205
13	采购与供应管理实务	978-7-301-19968-8	熊 伟	36	201308 第 2 次印刷
14	采购作业与管理实务	978-7-301-22035-1	李陶然	30	201301
15	仓储管理技术	978-7-301-17522-4	王 冬	26	201306 第 2 次印刷
16	仓储管理实务	978-7-301-18612-1	李怀湘	30	201209 第 2 次印刷
17	仓储与配送管理（第2版）	978-7-301-24598-9	吉 亮	36	201409
18	仓储与配送管理实训教程	978-7-81117-886-9	杨叶勇	24	201209 第 2 次印刷
19	仓储与配送管理实务	978-7-5038-4857-5	郭曙光	44	201009 第 2 次印刷
20	仓储与配送管理实务（第2版）	978-7-301-24597-2	李陶然	37	201408
21	仓储与配送管理项目式教程	978-7-301-20656-0	王 瑜	38	201205
22	仓储配送技术与实务	978-7-301-22673-5	张建奇	38	201307
23	物流运输管理	978-7-301-17506-4	申纲领	29	201109 第 3 次印刷
24	物流运输实务	978-7-301-20286-9	黄 河	40	201203
25	运输管理项目式教程	978-7-301-19323-5	钮立新	30	201108
26	物流信息系统	978-7-81117-827-2	傅莉萍	40	201205 第 2 次印刷
27	物流信息系统案例与实训	978-7-81117-830-2	傅莉萍	26	200908
28	物流成本管理	978-7-301-20891-5	傅莉萍	28	201207
29	第三方物流综合运营	978-7-301-21213-4	施学良	32	201209
30	物流市场营销	978-7-301-21249-3	张 勤	36	201209
31	国际货运代理实务	978-7-301-21968-3	张建奇	38	201301
32	物流经济地理	978-7-301-21963-8	葛颖波等	29	201301
33	运输组织与管理项目式教程	978-7-301-21946-1	苏玲利	26	201301